中国史一本通

康瑞锋/编著

当代世界出版社

图书在版编目（CIP）数据

中国史一本通/康瑞锋编著. —北京：当代世界

出版社，2010.1

ISBN 978 - 7 - 5090 - 0469 - 2

Ⅰ.①中… Ⅱ.①康… Ⅲ.①中国－历史－通俗读物

Ⅳ.①K209

中国版本图书馆 CIP 数据核字（2009）第 228085 号

书　　　名：中国史一本通
出版发行：当代世界出版社
地　　　址：北京市复兴路 4 号（100860）
网　　　址：http：//www. worldpress. com. cn
编务电话：（010）83908400
发行电话：（010）83908410（传真）
（010）83908408
（010）83908409
（010）83908423（邮购）
经　　　销：新华书店
印　　　刷：香河县宏润印刷有限公司
开　　　本：710mm × 1000mm　1/16
印　　　张：19.75
字　　　数：260 千字
版　　　次：2010 年 1 月第 1 版
印　　　次：2010 年 1 月第 1 次印刷
书　　　号：ISBN 978 - 7 - 5090 - 0469 - 2
定　　　价：30.00 元

前　言

　　中华民族历史悠久，源远流长，博大精深，给人们留下了几千年的回忆。在这几千年中，中华儿女创造的奇迹犹如夏夜繁星，数不胜数，向世人展示了东方智慧的无穷魅力。这些丰厚的文化遗产不仅是炎黄子孙的骄傲，也是我们中华民族得以凝聚并且繁衍不息的源泉。每当我们回忆历史，都会从中发现许多可贵的知识点和智慧点。历史虽然成为了过去，但这些宝贵的财富会一直刻在我们的脑海，引起我们深深的思考，使我们有所领悟。

　　在中国这个有着深厚人文传统的国度，历史向来为人们所重视。人们重视读史、学史，以能否博古通今、见解独到作为衡量一个人是否具有才华和修养的重要尺度。不仅如此，我国历朝历代也都非常重视修史，历史学家们以各种形式编撰出版历史文献，使中国的史籍浩如烟海，五千年的文明得以延绵不绝。但是，从我们现代人的角度来看，这些古老的史籍大多文字艰涩，篇幅冗长，使人们在阅读时很难以轻松的心情和方式获取历史知识。

　　针对这些情况，我们编写了《中国史一本通》一书。本书从浩瀚的历史长河中精心选取了对中国历史进程产生最深远影响的 190 多个重要问题，按时间顺序以点连线。同时，我们力求语言简洁生动，将浩繁的中国历史深入浅出地展现在读者面前，使各个阶层的读者都能够以轻松愉悦的方式最大限度地获取历史知识。除此之外，我们还选取了相关的历史图片，使事件更加立体，内容更加丰富，让读者真实感受到历史演进的全过程。本书融科学性、知识性、趣味性、观赏性为一体，不仅是学生的补充读物，也是各阶层读者全面系统了解中国历史的优良读本。

编　者

第一章 文明曙光——远古传说

> 早在距今大约170万年前，中国这块古老的土地上就已经出现了早期人类进化的痕迹。在此后的170万年的时间里，丰富多彩的石器文明遗迹和许许多多生动有趣的神话传说共同勾画出夏王朝以前中国先民的文明进化进程。

第二章 青铜时代——夏商西周

> 公元前21世纪，禹的儿子启打破了尧舜以来的禅让制，开创了父死子继的王位世袭制度。中国历史上的第一个王朝——夏便这样出现了。随后，经过商和西周两朝几十代人的努力，中国灿烂辉煌的奴隶社会文明走向了顶峰。

第三章　群雄争霸——春秋战国

公元前 770 年,周平王东迁开始了一个大动荡的时代。早期春秋,各诸侯国振兴霸业的混战不断,争雄称霸。战国七雄逐鹿,变法运动此起彼伏。最后,改革最成功的秦国力量最为强大,终致扫六合归一统,秦始皇实现了一统中国的夙愿。

目录

第四章　帝国雄风——秦、汉

秦国以秋风扫落叶之势，一举消灭六国，开创万世之基。二世以后，出身草莽的刘邦代秦而有天下。历经400多年的汉王朝以充足的时间完成和巩固了秦朝开创的伟大事业，使封建社会的政治、经济和文化得到了全面发展。中国历史迎来了第一个盛世，大汉王朝的威名也通过"丝绸之路"而传向世界。

第五章　分裂动荡的年代——三国、西晋、南北朝

　　这是一个战乱纷繁的时代。汉末争战后，三国鼎立形成。魏、蜀、吴的统治者们怀着一统天下的雄心，进行了连年战争。公元 280 年，西晋统一全国，成为了魏晋南北朝时期唯一的统一政权。然而，好景不长，西晋统一中包含的分裂因素和不安定成分使中国很快再次陷入了更严重的分裂和混乱之中。中华文明遭受了历史上时间最长、规模最大的一次浩劫。

第六章　巍巍盛世——隋唐五代

公元581年，北周外戚杨坚夺取帝位，建立隋朝，结束了魏晋以来近400年的分裂局面。隋炀帝穷兵黩武，统治仅十几年便断送了隋朝的进程。公元618年，李渊建唐，建立了中国历史上最强盛的一个封建大帝国，经济文化空前繁荣。可是，至唐中晚期，各种问题层出不穷，迫使帝国走向衰亡。又一个分裂割据时期开始了。

目录

第七章　割据与统一——辽、宋、夏、金

封建王朝发展到宋时，可以说各方面均已相当成熟。然而，辽、金、夏与宋同时占据着中国的北方、东北和西北。因此，整个宋朝历史几乎就是一部战争的历史。300余年间，它几乎没有停止地与辽、金、夏进行着战争。而宋积贫积弱，最终北宋为金灭亡，南宋为元所亡。

第八章　草原帝国——元

元朝是我国历史上第一个由少数民族建立的统一政权。13世纪初，蒙古族的杰出首领铁木真征服了各兄弟部落，建立了统一的蒙古汗国。随后，他继续东征西讨，不但建成了统一全国的元王朝，还使蒙古大汗国的版图横跨欧亚大陆。元朝统治时间虽短，但它所制定的许多政策到今天仍有影响。

第九章　汉族复兴的王朝——明

明朝是中国君主专制政权发展至极从而逐渐扭曲的时期。它的皇权绝对化,宦官当权,"东厂"、"西厂"的设立,无一不是这一结论的阐释。与此同时,北方少数民族及东南倭寇的相继侵扰更使明王朝内忧外患,风雨飘摇。虽然后来有张居正的改革,但仍是杯水车薪无法挽救其衰败之势。唯一可提的是,郑和七次下西洋,成为中国乃至世界航海史上的壮举。

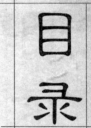

目录

第十章 末代封建王朝——清

这是中国历史上最后一个封建王朝。在这200多年的时间里，既有繁荣昌盛的封建盛世，又有备受欺凌、任人宰割的屈辱时刻；既有开明的君主，开放的文化，又有文字狱的文化桎梏以及对外的闭关锁国；它前期尚武，广占土地，在鸦片战争中却一再割地求和。终于，1911年的辛亥革命将这个走到末路的王朝一举推翻，中国历史开始了新的时代。

目录

第十一章　由衰而兴——现代

封建王朝虽然被彻底推翻了，可中国人民的苦难并没有随之结束。列强瓜分、军阀混战、日本侵略……数不清的痛苦和磨难仍然缠绕在中国这片饱经风霜的土地上。在经历了半个世纪的战乱之后，中国人民终于重新站了起来，建立了新中国，中华大地开始了社会主义的新纪元。

第一章　文明曙光——远古传说

　　早在距今大约 170 万年前，中国这块古老的土地上就已经出现了早期人类进化的痕迹。在此后的 170 万年的时间里，丰富多彩的石器文明遗迹和许许多多生动有趣的神话传说共同勾画出夏王朝以前中国先民的文明进化进程。

本章主要内容

第一节 盘古开天地

在中国这片广阔的土地上，从最早的人类产生到现在，已经有 170 万年的历史了。在最初的很长一段时间里，文字没有产生，人们还不能如实地记录下当时的生活到底是怎样的。于是，人们就利用自己的想象，编造出许许多多有趣的神话，使远古时期的历史世代流传下来。其中流传得最久、最广泛的神话就是盘古开天地的故事。

据说在很久很久以前，整个宇宙混沌一片，既分不出上下左右，也认不清东西南北，形状就像是一个浑圆的鸡蛋。在宇宙的中心，居住着盘古氏，他就是人类的始祖。盘古氏在这个浑圆的东西中孕育了 18000 年，终于有一天，他用自己的巨斧把宇宙劈成了两半，破壳而出。

宇宙一经盘古劈开，就分成了两半。一半又轻又明，一半又重又浊。轻的那部分越来越高，每天都上升一丈，渐渐地就成了高高的蓝天；重的那部分一点点地下降，每天都下降一丈，时间长了，就成了广阔的大地。又过了 18000 年，盘古氏长成了高大的巨人。他有时哭，有时笑。因为天地间就只有他一个人，所以天地间的气候就都

盘古像

随着盘古氏的喜怒哀乐不断地变化。盘古氏高兴时，天空就蔚蓝一片，万里无云；盘古氏生气了，天地间就阴沉灰暗，乌云滚滚；盘古氏哭泣的时候，他的眼泪就会变成一串串的雨滴，洒落大地，汇成一道道的河流和小溪；盘古氏叹气了，他的叹息就会变成一阵阵的狂风，吹得大地飞沙走石。

过了漫长的岁月以后，盘古氏终于死去了。他平躺在他所开辟的广阔大地上，他身上隆起的地方，变成了一座座高大的山脉；他的头发和汗毛，变成了大地上茂密的树木和花草；他的左眼，成为了光辉夺目的太阳；他的右眼，变成了美丽皎洁的月亮；他的肌肉化成了肥沃的土地；他的牙齿和骨骼经过日晒雨淋，

变成了洁白的玉石和地下无穷的宝藏。

就这样，一个丰富而又美丽的世界诞生了。

第二节　女娲造人补天

盘古开天地的故事只讲述了天地是怎么起源的，但是那个时候只有盘古一个人，后来世界上怎么会有许许多多的人呢？女娲补天的故事回答了这个问题。

据说盘古去世以后，天地间一直是空荡荡的，一个人也没有，又过了许多许多年，才出现了人类的另一个始祖——女娲。

女娲一个人生活在天地间，非常寂寞。她想，如果能有其他的人和她一起生活该有多好。于是，她就用水和了一大堆泥土，捏起泥人来。她捏好一个泥人，往地上一放，然后朝泥人吹一口气，这个泥人就变成一个会跑会跳会说会笑的活人了。女娲高兴极了，她一会儿捏个男的一会儿捏个女的，不一会儿，她的身边就有了一大堆人。他们成群结队的围在女娲周围，吵嚷跳跃。

女娲就这样不停地捏呀捏呀，她觉得太累了，想歇一会儿。但和好的泥土还很多，女娲有些着急，就随手从地上拾起一根绳子，向泥土抽去，谁知道她这一抽，那些溅起来的泥土也都变成了一个个大大小小的活人。这些被女娲造出来的人们共同劳动，共同生活，慢慢地繁衍着子孙后代。

那时候人们都认为天是圆的地是方的，天所以能覆盖在地上，是因为地是由四根柱子支撑着它。但是，时间长了，这四根柱子经过风吹雨淋都磨损了，快要支撑不住天了。地上出现了很多裂缝，不断地冒出烈火来；

唐代伏羲女娲帛画

天上也出现了不少漏洞，雨水不断地从漏洞中倾泻下来。

突然有一天，整个大地上不是燃起熊熊大火就是汪洋一片，许多凶猛的野兽都跑出来伤害人们，女娲看见人类的处境这样危险非常着急。她从深山中采来红、黄、蓝、白、黑五种颜色的彩石，又点燃一堆堆的芦柴火开始冶炼，她用炼好的彩石修补天上的漏洞，把天上的漏洞一个一个都修好了。但是，支撑蓝天的柱子已经腐坏，快支持不住了。于是，女娲又从大海里抓了一只很大很大的乌龟，砍下了它的四条腿，用来替换已经腐坏的柱子。后来，女娲又杀死了威胁人类生活的凶猛野兽，人们又能安安稳稳地生活了。地上的树木和花草也重新长了出来。

女娲补天的故事虽然十分荒诞，但它反映了上古时代人类的生活状况。据考古证明，人类历史上曾经有过一个母系氏族公社时期。在那个时候，妇女是氏族公社的首领，在生产和生活中起重要作用，男子只是外出打猎，生活游动不定。神话故事把女娲说成是人类的祖先，正是母系氏族公社的反映。

第三节　华夏足迹

古时候的人们虽然通过自己的想象编造出了许多有趣动人的神话，解释了天地的起源和人类的起源等问题。但是，现代的考古学家经过科学考证，可以肯定地告诉我们，人类是由古猿经过长时间的演化，经历直立人、早期智人和晚期智人三个阶段以后，开始向现代人转化的。人类在刚刚起源的时候，并没有完全摆脱猿的特征，但是他们的双手已经能够进行劳动，并且开始使用石器。

在我国，根据目前的研究表明，最早的人类出现在大约170万年前的云南元谋。那时候，元谋还是一

古猿　　能人　　直立人　　早期智人　　晚期智人

人类演变示意图

片榛莽丛生的亚热带草原和森林，在这里生活着各种各样的野生动物。元谋人为了生存，使用粗糙的原始石器捕猎它们。中华文明就这样开始萌芽。

大约80至75万年前，在今天的陕西省蓝田县公主岭地带，生活着一群前额低平、眉骨粗壮隆起的原始人类。他们打制的石器比较简单，又粗又大，但仔细一看，却发现已经有了不同类型石器分工的迹象。这就是著名的蓝田人。蓝田人的脑容量非常小，差不多只相当于现代人平均脑容量的一半，但是他们已经能完全直立行走，是已发现的亚洲北部最早的直立人。

1929年，考古学家在北京西南周口店的山洞里发现了生活在距今大约50万年前的人类的化石。经考证，这些人的体质结构已经构成了人类的体质的基本特征。他们的身材矮小，男性平均身高1.558米左右，女性则约1.435米。与现代人比较，这些北京人面部稍短而嘴巴特别前伸，前额比现代人低平，有点向后倾斜。他们已经知道根据选取砾石或石英，打制具有不同形状和用途的石器。他们还学会了人工取火以及保存火种，烧烤食物。北京人遗址不仅是中国北方旧石器时代早期文化的代表，也是中国境内人类遗址中材料最丰富、最系统的一个。

后来，考古学家又陆续在中国的西北、华北、东北和西南地区发现了旧石器时代原始人类的遗址。这些地方的原始人类在使用的石器上、身体的结构上，都比北京人有了不同程度的进步。甚至在有些人类遗址中，还发现了一些装饰品，似乎那时的原始人已经有了爱美的观念。可以肯定，中国人类从40-50万年前，就开始在中国这片广阔土地的各个地区创造着自己的文明。

第四节　氏族社会

在距今大约1万年前，人类社会开始进入了氏族社会。在氏族社会中，人们以血缘为纽带结成基本的社会单位，共同生产，共同生活。早期的氏族社会产生于旧石器时代晚期，叫做母系氏族社会。从新石器时代晚期开始，母系氏族社会开始逐渐过渡到父系氏族社会。

　　在母系氏族社会时期，妇女是氏族中的首领，组织氏族成员进行日常生产和劳动，而男子在氏族中处于从属地位。那时候，石器制作进步很快。人们不但开始使用了磨制石器，而且这些石器的种类逐渐增多，制作也日趋精致。人类社会的生活逐渐由野蛮走向文明。在母系氏族社会中，最具代表性的当属仰韶文化和河姆渡文化。

用火图

　　仰韶文化主要分布在黄河流域，由于最初在河南渑池县的仰韶村发现而得名，距今大约 5 千年。在仰韶文化的遗址中，发现了许多以女性为主要地位的墓葬。这些同坑埋葬的死者，全部都是迁移而来合葬的，人数不统一，男女老少都有。其迁移合葬的程序比较复杂，大概是人死后，先将尸体进行临时处理，等遇到母系氏族中某个地位较高的妇女死亡后，就把她的尸体直接放在葬坑的主要位置上，将与她同族的早死者的尸骨迁移过来，排在一起合葬。这突出反映了妇女在氏族中的重要地位。除此之外，在仰韶文化中，陶器被首次发现。这个时期的陶器多为红色彩陶，美观实用。人们开始种植粟，过上了定居的生活。

　　河姆渡文化代表长江流域的母系氏族社会。它第一次发现于浙江余姚河姆渡，因而得名，距今大约 5000 ~ 7000 年。河姆渡文化的骨器制作水平比较高，器形多样，磨制精细，一些骨器上还雕刻有饰纹，堪称精美的实用工艺品。农业以种植水稻为主，在其遗址中发现的稻谷遗存，是迄今为止中国最早的稻谷实物，也是世界上最古老的人工栽培水稻。

　　仰韶文化与河姆渡文化代表了母系氏族的繁荣时期。此后，人类社会开始进入了父系氏族社会。在父系氏族社会中，英雄辈出，早期的代表就是炎黄二帝。

第五节　黄帝战蚩尤

在距今大约 4 千年以前，我国黄河、长江流域一带居住着许多氏族和部落。其中最强大的是以黄帝和炎帝为首的两个部落。

以黄帝为首的部落，居住在我国西北方的姬水附近，后来搬到涿鹿（今河北省涿鹿、怀来一带），开始发展畜牧业和农业，定居下来。而炎帝的部落则居住在我国西北方的姜水附近。

炎帝图

据传说，黄帝部落与炎帝部落世代通婚，但为了部族之间的利益冲突，炎帝和黄帝之间展开了一场大战，最后炎帝因为力量不足而告败。

炎帝被黄帝打败之后，便带领他的部落向东发展。这时，炎帝碰到了一个很凶悍的敌人蚩尤。蚩尤是九黎族的首领，传说他有 81 个兄弟，全都长着猛兽的身体，铜头铁额，凶猛无比。他们还经常制造各种各样的兵器，侵扰别的部落。

有一次，蚩尤侵占了炎帝的地方，炎帝起兵抵抗，但他不是蚩尤的对手，被蚩尤杀得一败涂地。炎帝没法子，逃到涿鹿请黄帝帮助。黄帝早就想除去这个各部落的祸害，就联合各部落人马，在涿鹿的田野上和蚩尤展开一场大决战。

黄帝平时驯养了熊、罴、虎等野兽，在打仗的时候，就把这些猛兽放出来助战（有人认为，传说中的六种野兽实际上是以野兽命名的六个氏族）。蚩尤的军队虽然凶猛，但是遇到这一群凶猛野兽，也抵挡不住，纷纷败逃。这时，蚩尤张开大口，喷吐烟雾，顿时浓雾弥天，天昏地暗，黄帝的军队迷失了方向。聪明的黄帝利用北斗星的原理，制造了一辆"指南车"。他在车前立了一个小人，不管怎样转动，小人的一只手总是指向南方。黄帝的军队依靠着这辆"指南车"，杀出重围，打败了蚩尤的军队。

黄帝打败了蚩尤的部落后，受到许多部落的拥护。他趁势南下，进入了中原地区。黄帝部落和炎帝部落再次结成联盟，并逐渐融合了黄河、长江两河流域的各氏族部落，共同发展农业生产，定居稳定下来。各个氏族部落交错而居，相互通婚，形成了共同的文化。在长时间的共同生活和相互交流的过程中，新的民族出现了，就是后来的华夏族。因此，后来的中华儿女都称自己是"炎黄"子孙。

第六节　神农尝百草

远古的时候，人们吃野草，喝生水，食用树上的野果，吃地上爬行的小虫子，所以常常生病、中毒或是受伤。神农教人类怎样播种五谷，用自己的劳动，保障有足够的生活资料。

神农是慈爱的天神，他长的是牛头、人身，力大无穷，他常常帮助穷苦人家耕种，像牛一样，辛辛苦苦为人类服务。人类跟神农学会了种地，有了足够的粮食，从此不愁挨饿。

可是，不少人吃饱饭之后，常常会生病。有的人患了病，很长时间也不好，只能挺到死亡为止。

这类事情被神农知道之后，他感到很焦急，他不相信巫医问卜，但他也没有治疗疾病的办法。于是，他便与不少人商讨，怎样才能把人们患的疾病治好，使他们摆脱疾病的困扰。他想了很多办法，如火烤水浇、日晒、冷冻等等，虽然能使某些疾患的症状有所缓解，但效果却不理想。

有一天，神农来到山西太原金冈一带，品尝草木，发现草木有酸、甜、苦、辣等各种味道。他就将带有苦味的草，给咳嗽不止的人吃，这个人的咳嗽立刻减轻不少；把带有酸味的草，给肚子疼的人吃，这个人的肚子就不疼了。

神医尝百草是十分辛苦的事，不仅要爬山走路寻找草木，而且品尝草药还有生命危险。神农为了寻找药品，曾经在一天当中中毒70次，神农被毒得死去活来，痛苦万分。可是凭着他的强壮的体力，又坚强地站起来，继续品尝更多的草木。大地上的草木品种多得很，数也数不清，神农为了加强品尝草木的速度，使用了一种工具，叫"神鞭"，也叫"赭鞭"，用来鞭打各种各样的草木，这些草木经过赭鞭一打，它们有毒无毒，或苦或甜，或寒或热，各种药性都自然地显露出来。神农就根据这些草木的不同赋性，给人类治病。他在成阳山上，曾经使用神鞭，发现不少疗效显著的草药，如甘草可以治疗咳嗽，大黄可以治疗便秘，黄连可以消肿等等。所以对成阳山，后人管它叫神农原，也叫药草山。

人类在世界上生活，所患的疾病很多，而神农所发现的草木有治病功效的不多，他为了治疗更多的疾病，便不停地去品尝更多的草木。一次，他在品尝一种攀援在石缝中开小黄花的藤状植物时，把花和茎吃到肚子里以后，没有多久，就感到肚子钻心地痛，好像肠子断裂了一样，痛得他死去活来，满地打滚。最后神农没能顶得住，被这种草所毒死。神农虽然被毒死，却用他的生命，发现了一种含有剧毒的草，人们给它起名叫断肠草。

第七节 燧人氏钻木取火

在远古蛮荒时期，人们不知道有火，也不知道用火。到了黑夜，四处一片漆黑，野兽的吼叫声此起彼伏，人们蜷缩在一起，又冷又怕。由于没有火，人们只能吃生的食物，经常生病，寿命也很短。

天上有个大神叫伏羲，他看到人间生活得这样艰难，心里很难过，他想让人们知道火的用处。于是伏羲大展神通，在山林中降下一场雷雨。随着"咔"的一声，雷电劈在树木上，树木燃烧起来，很快就变成了熊熊大火。人们被雷电和大火吓着了，到处奔逃。不久，雷雨停了，夜幕降临，雨后的大地更加湿冷。逃散的人们又聚到了一起，他们惊恐地看着燃烧的树木。这时候有个年轻人发现，原来经常在周围出现的野兽的嚎叫声没有了，他想："难道野兽怕这个发亮的东西吗？"于是，他勇敢地走到火边，他发现身上好暖和呀。他兴奋地招呼大家："快来呀，这火一点不可怕，它给我们带来了光明和温暖！"这时候，人们又发现不远处烧死的野兽，发出了阵阵香味。人们聚到火边，分吃烧过的野兽肉，觉得自己从没有吃过这样的美味。人们感到了火的可贵，他们拣来树枝，点燃火，保留起来。每天都有人轮流守着火种，不让它熄灭。可是有一天，值守的人睡着了，火燃尽了树枝，熄灭了。人们又重新陷入了黑暗和寒冷之中，痛苦极了。

大神伏羲在天上看到了这一切，他来到最先发现火的用处的那个年轻人的梦里，告诉他："在遥远的西方有个遂明国，那里有火种，你可以去那里把火种取回来。"年轻人醒了，想起梦里大神说的话，决心到遂明国去寻找火种。

年轻人翻过高山，涉过大河，穿过森林，历尽艰辛，终于来到了遂明国。可是这里没有阳光，不分昼夜，四处一片黑暗，根本没有火。年轻人非常失望，就坐在一棵叫"遂木"的大树下休息。突然，年轻人眼前有亮光一闪，又一闪，把周围照得很明亮。年轻人立刻站起来，四处寻找光源。这时候他发现就在遂木树上，有几只大鸟正在用短而硬的喙啄树上的虫子。只要它们一啄，树上就闪出明亮的火花。年轻人看到这种情景，脑子里灵光一闪。他立刻折了一些遂木的树枝，用小树枝去钻大树枝，树枝上果然闪出火光，可是却着不

钻木取火图

起火来。年轻人不灰心，他找来各种树枝，耐心地用不同的树枝进行摩擦。终于，树枝上冒烟了，然后出火了。年轻人高兴地流下了眼泪。

年轻人回到了家乡，为人们带来了永远不会熄灭的火种——钻木取火的办法，从此人们再也不用生活在寒冷和恐惧中了。人们被这个年轻人的勇气和智慧折服，推举他做首领，并称他为"燧人"，也就是取火者的意思。

商丘市城西南2公里的燧皇陵，相传就是燧人氏的葬地，其冢高约7米，周围松柏环绕。冢前有中国历史博物馆馆长俞伟超先生的手书碑刻及后世刻的石

像，是人们为纪念燧人氏而立的。

第八节　有巢氏筑木为巢

史书上说：上古时人类少而禽兽多，人类居住在地面上，经常遭受禽兽的攻击，每时每刻都存在着伤亡危险。在恶劣环境的逼迫下，部分人类开始往北迁徙。他们来到今山西和陕西一带，受鼠类动物的启发，在黄土高原的山坡上打洞，人居住在里面，用石头或树枝挡住洞口，这样就安全了许多。但是北方气候寒冷，许多人宁愿留在危险的南方，也不肯往北迁移。这时候有巢氏出现了。传说他出生在九嶷山以南的苍梧，曾经游过仙山，得仙人指点而有了超人的智慧。他受鸟类在树上筑巢的启发，最先发明了"巢居"。他指导人们用树枝和藤条在高大的树干上建造房屋，房屋的四壁和屋顶都用树枝遮挡得严严实实，既挡风避雨，又可防止禽兽的攻击，人们从此不用再过那种担惊受怕的日子。

人们非常感激这位发明巢居的人，便推选他为当地的部落酋长，尊称他为有巢氏。有巢氏被推选为部落酋长后，为大家办了许多好事，名声很快传遍中华大地。各部落的人都认为他德高望重，有圣王的才能，一致推选他为总首领，尊称他为"巢皇"，也就是部落联盟总部的大酋长。

第九节　仓颉造字

相传，仓颉"始作书契，以代结绳"。在此以前，人们结绳记事，即大事打一大结，小事打一小结，相连的事打一连环结。后又发展到用刀子在木竹上刻以符号作为记事。随着历史的发展，文明渐进，事情繁杂，名物繁多，用结和刻木的方法，远不能适应需要，于是就有了创造文字的迫切要求。黄帝时是上古发明创造较多的时期，那时不仅发明了养蚕，还发明了舟、车、弓弩、镜子和煮饭的锅与甄等，在这些发明创造影响下，仓颉也决心创造出一种文字来。

传说仓颉，四目重瞳，非常聪明，有一年，仓颉到南方巡狩，登上一座阳虚之山（现在陕西省雒南县），临于玄扈洛邙之水，忽然看见一只大龟，龟背上面有许多青色花纹。仓颉看了觉得稀奇，就取来细细研究。他看来看去，发现龟背上的花纹竟是有意义可通的。他想花纹既能表示意义，如果定下一个规则，岂不是人人都可用来传达心意，记载事情么？

仓颉日思夜想，到处观察，看尽了天上星宿的分布情况、地上山川脉络的样子、鸟兽虫鱼的痕迹、草木器具的形状，描摹绘写，造出种种不同的符号，并且定下了每个符号所代表的意义。他按自己的心意用符号拼凑成几段，拿给人看，经他解说，倒也看得明白。仓颉把这种符号叫作"字"。

第十节　尧舜禅让

传说黄帝以后，在黄河流域的部落联盟出现了尧、舜、禹三个著名的领袖。关于他们"禅让"的故事，古书有不少的记载。

尧，号陶唐氏，是帝喾的儿子、黄帝的五世孙，居住在西部平阳（今山西省临汾县一带）。尧当上部落联盟的首领，和大家一样住茅草屋，吃糙米饭，煮野菜作汤，夏天披件粗麻衣，冬天只加块鹿皮御寒，衣服、鞋子不到破烂不堪绝不更换。老百姓拥护他，如爱"父母日月"一般。

尧在位七十年后，年纪老了。他的儿子丹朱很粗野，好闹事。有人推荐丹朱继位，尧不同意。后来尧又召开部落联盟议事会议，讨论继承人的人选问题。大家都推举虞舜，说他是个德才兼备、很能干的人物。尧很高兴，把自己的两个女儿娥皇、女英嫁给舜，并考验了三年才将帝位禅让给舜。

舜，号有虞氏，传说是颛顼的七世孙，距黄帝九世，生于诸冯（在今山东省境内）。舜接位后，亲自耕田、打渔、制陶，深受大家爱戴。他通过部落联盟会议，让八元管土地，八恺管教化，契管民事，伯益管山林川泽，伯夷管祭祀，皋陶作刑，完善了社会管理制度。他也仿照尧的样子召开继位人选会议，民主讨论。大家推举禹来做继承人。舜到晚年身体不好，依旧到南方各地去巡视，竟病死在去苍梧（今湖南境内）的途中。舜死后，禹做了部落联盟的首领。

尧舜"禅让"的历史传说，反映了原始公社的民主制度。禅让的方式是和平、民主地推选，不是个人权利的转移。体现了"以人为本，任人为贤"的思想。有利于部落联盟的团结，协调社会生产。

第十一节　大禹治水

尧在位的时候，黄河流域发生了很大的水灾，庄稼被淹了，房子被毁了，老百姓只好往高处搬。尧召开部落联盟会议，商量治水的问题。他征求四方部落首领的意见：派谁去治理洪水呢？首领们都推荐鲧（gǔn）。

尧对鲧不大信任。首领们说："现在没有比鲧更强的人才啦，你试一下吧！"尧才勉强同意。

鲧花了九年时间治水，没有把洪水制服。他就偷了天上的一种叫息壤的能自生自长的土，天帝知道了，大怒，命令火神将鲧处死，鲧临死前嘱咐儿子"一定要把水治好"。

禹改变了他父亲的做法，他带领群众凿开了龙门，挖通了九条河，把洪水引到大海中去。他和老百姓一起劳动，戴着箬帽，拿着锹子，带头挖土、挑土，禹常年脚泡在水里连脚跟都烂了，只能拄着棍子走。

经过十年的努力，终于把洪水引到大海里去，地面上又可以供人种庄稼了。

大禹像

禹到了30多岁还没结婚，在涂山（今安微省蚌埠市西郊）遇到一个名叫女娇的姑娘，两人相互十分爱慕，便成了亲。

禹新婚仅仅四天，还来不及照顾妻子，便为了治水，到处奔波，三次经过自己的家门，都没有进去。第一次，妻子生了病，没进家去看望。第二次，妻子怀孕了，没进家去看望。第三次，他妻子涂山氏生下了儿子启，婴儿正在哇哇地哭，禹在门外经过，听见哭声，也忍着没进去探望。

当时，黄河中游有一座大山，叫龙门山（在今四川）。它堵塞了河水的去路，把河水挤得十分狭窄。奔腾东下的河水受到龙门山的阻挡，常常溢出河道，闹起水灾来。禹到了那里，观察好地形，带领人们开凿龙门，把这座大山凿开了一个大口子。这样，河水就畅通无阻了。

第二章　青铜时代——夏商西周

　　　公元前 21 世纪,禹的儿子启打破了尧舜以来的禅
让制,开创了父死子继的王位世袭制度。中国历史上的
第一个王朝——夏便这样出现了。随后,经过商和西周
两朝几十代人的努力, 中国灿烂辉煌的奴隶社会文明
走向了顶峰。

本章主要内容

第一节 第一个王朝的建立

禹做了部落联盟首领后，威望和权势非常大。有一次，他召开部落首领大会，各部落的首领为了表示对禹的尊重，都带着各自的贡品按时赶到。但是，有一个叫防风氏的南方部落首领却迟到了。禹认为防风氏怠慢了他的命令，一怒之下，就把防风氏给杀了。从此，禹就更加威震四海。

禹晚年的时候，也像尧和舜那样召开部落首领大会，想找一个贤能的人做自己的继承人。大家都觉得皋陶最合适。但是，皋陶没过多久就病死了，于是大家就又推荐了皋陶的儿子伯益。

但是，禹的儿子启心里却非常不服气，他觉得天下是他父亲禹辛辛苦

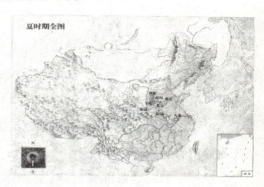

夏时期全图

苦得来的，是他父亲的财产，如果父亲死了，财产就应该由儿子来继承。于是，启就发动了一场动乱，杀了伯益，然后召开部落联盟大会，宣布自己即位称王，建立夏朝。中国历史上第一个朝代就这样产生了，选举贤能的"禅让"制度也被父死子继的"家天下"制度所代替。

启的行为遭到了很多人的反对。一个叫有扈氏的部落首领最不服气，带头出来反对启，并起兵叛乱。启率兵迎战，两军在甘泽（今陕西户县）展开大战。有扈氏的士兵都觉得启把天下据为己有是非常不对的，因此都非常勇猛地与启的军队作战。启的军队被打得七零八落，溃不成军。

启退兵回到都城后，认真分析了一下失败的原因。他觉得自己没有战胜有扈氏主要是因为百姓们不理解自己，自己没有取得人心。于是，启就严格要求自己，以博得人们对他的信任。他每天吃饭只吃一碗蔬菜，从来不吃肉；每天睡觉时，他只铺一床粗糙的旧褥子；他还注意尊敬老人，爱护小孩；对于有才能的

人，他也从不计较他们的出身，加以重用。

时间一长，启的声誉果然大大提高，大家都觉得启是禹理所当然的继承人。启得到了大家的拥护，就再次发动了对有扈氏的战争，把有扈氏打了个大败，并将他的部落全部消灭。其他的部落见到有扈氏的下场，也不敢再反对启。夏朝的统治终于稳定了下来。

第二节 少康复国

夏启死后，他的儿子太康即位。太康非常荒淫，经常不理朝政，带着一帮人出去打猎，几个月都不回来。于是，东夷族的首领后羿就趁机夺取了国家大权，立太康的弟弟仲康为傀儡王。后羿掌握大权后，不吸取启的教训，每天也以田猎为乐。没过多久，后羿就被他的亲信寒浞杀死。傀儡王仲康的儿子后相也被寒浞杀死，后相的妻子后缗带着身孕逃了出来，生下了少康。

少康很小的时候就非常聪明，后缗觉得这个儿子很有希望，在他刚刚懂事的时候，就把先辈们的故事讲给他听，并且叮嘱他长大以后一定要为国报仇，把失去了的国家夺回来。

少康果然发愤图强，为复兴夏朝做准备。他先在外祖父那里担任管理畜牧业的官，一有机会就学习带兵打仗的本领。后来，为了躲避寒浞的追杀，少康逃到虞舜的后代有虞氏那里。有虞氏的首领看到少康精明能干、志向远大，就叫他在部落里担任管理膳食的官，学习管理财物，并把自己的女儿嫁给了他，还把一块叫纶的地方和500名兵士交给他管理。从此，少康就有了恢复夏朝的根据地和武装力量。

《春秋左传》中关于夏军制的记载

少康为了号召人们支持他复国，就向人们宣扬他的祖先夏禹的功绩。他还把那些被后羿和寒浞搞得家破人亡、流浪在外的夏朝旧官召集来，让他们跟着自己一起复国。他派了一个名叫艾的大将去打探寒浞的儿子浇的实力，又派自己的儿子前去削弱浇的力量。两个人都出色地完成了任务。

一切安排就绪后，少康便起兵，向夏朝的旧都城安邑进攻。这时，寒浞已经死了，浇虽然想抵抗，但终究不是少康的对手，不久就被少康消灭了。天下又回到了夏禹子孙的手里。

少康光复了夏王朝后，将都城建在阳夏。他吸取了夏朝一度亡国的教训，励精图治，精心治理国家，使夏王朝再次兴盛起来。历史上把这件事称为"少康复国"或"少康中兴"。

第三节　夏桀亡国

夏桀是夏朝最后一个君主，也是中国历史上著名的暴君之一。他即位以后，立即大兴土木，在洛阳修建倾宫。这座倾宫修建了 7 年才完成，动用了成千上万的奴隶，花费无数钱财，百姓们怨声载道。

夏桀吃饭也非常讲究。他吃的蔬菜必须是西北出产的；鱼必须是从东海中捕来的；调味品必须是南方的生姜，北方的海盐。每天为了准备他一个人的饭菜，需要成百上千的人来为他服务，谁要是稍有差错，就会被杀头。

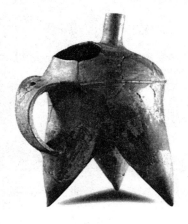

夏代陶盉

除此之外，夏桀还喜好喝酒，贪恋女色。每次夏桀喝醉了酒，都要找人来当马骑。要是有人不让他骑，他就把那人打一顿或是拉出去杀了。夏桀宠爱妹喜，对妹喜言听计从。妹喜想听撕裂布帛的声音，夏桀就向百姓征集布帛，全部堆在宫中。

夏桀经常无耻地把自己比做太阳。百姓们恨透了夏桀，就诅咒说："这个太阳什么时候才会灭亡？我们宁愿与你同归于尽。"

这时，黄河下游有个叫商的部落强大了起来。

商的首领汤看到夏桀这样残暴，就决心消灭夏朝。他表面上对夏桀表示服从，但暗地里却不断扩张自己的势力。为了显示自己是个贤明的君主，商汤还十分注意笼络百姓。

有一次，商汤看见一个人在用四面网捕鸟，四面八方的鸟都掉进了他的网中。商汤就对捕鸟的人说："你应该撤掉三面网，只留下一面就够了。你这样捕鸟太残忍了。"百姓们听说了这件事后，觉得商汤非常仁慈，就都表示愿意跟随他。很快就有40多个小国投奔了商。

商汤见时机成熟了，就决定召集商军将士，准备攻打夏国。临行前，商汤对将士们说："不是我要叛乱，实在是夏桀作恶多端，上天的旨意要我消灭他，我不敢不听从天命啊！"

夏桀听说商汤带兵打来了，赶忙调集各个小国的军队，亲自带兵与商军作战。但夏朝的士兵全都不听他的指挥，不是投降，就是逃散。不久，夏桀的军队就被打败了。夏桀仓皇出逃，不久也病死了。

这样，夏朝就被商朝代替了。汤即位后，吸取了夏桀的教训，勤政爱民，鼓励生产，并且不断发展商朝势力。几年之后，商朝就成为了一个强大的王朝。

第四节　奴隶宰相伊尹

伊尹名叫挚，本来是商汤岳父家的奴隶，后来作为陪嫁来到了商汤家里。他非常善于烹饪，做得一手好菜，而且喜爱读书，懂得许多治理国家的道理。他每天利用侍奉商汤吃饭的机会，与商汤聊天，给他分析天下形势，进献灭夏建商的大计。时间长了，商汤就觉得伊尹很不一般，提拔他做自己的助手。

朝中的大臣们见了伊尹，都觉得伊尹很丑，忍不住笑了起来。原来伊尹长得又黑又矮，而且眼睛上没有眉毛，像个怪物。商汤见大臣们瞧不起伊尹，就说："人不可貌相，海水不可斗量，伊尹这人很有学问，大家不要小看了他，我要拜他为右相。"

伊尹做了商的右相后，帮助商汤筹划了许多进攻夏朝的大计，一举消灭了夏朝，建立了商朝。后来，伊尹又为商朝制定了各种典章制度，使官吏们都能勤恳地工作，商朝的统治稳定地发展。

商汤死了以后，他的两个儿子相继即位，但都过了不久就死了。伊尹就决

伊尹像

定，让商汤的嫡长孙太甲做天子。太甲做了天子后，整天吃喝玩乐，不顾百姓疾苦，不遵守祖宗立下的法制。伊尹一连写了3篇文章给太甲，教导他如何做一个好的君主。太甲看了这些文章后，开始还能照着去做，过了不久就都忘到脑后去了。

伊尹见到太甲这样不争气，非常生气。他再次对太甲进行规劝，让他勤政爱民，可太甲依然我行我素。于是，伊尹就把太甲赶下了台，把他关在商汤的陵墓所在地桐宫（今河北省临漳县），闭门思过。而伊尹自己则摄政当国，暂时管理国家大事。

太甲在桐宫住了3年，在伊尹的不断开导下，终于悔过，开始痛改前非，弃恶行善。于是，伊尹就亲自带着文武大臣迎接太甲回到都城，郑重其事地把政权交还给他。太甲复位后，果然实行了一系列政策，把国家治理得井井有条，诸侯归顺，百姓们安居乐业。

太甲死了以后，沃丁即位。伊尹觉得自己年纪大了，就不再参与朝政，回家养老，活了一百多岁。伊尹死后，沃丁用天子之礼隆重安葬了伊尹，并亲自戴孝3年，以报答他对商朝所做的贡献。

第五节　盘庚迁都

商朝初建的时候，国都在亳（今河南商丘）。那时，黄河下游常常发大水，一闹水灾，都城就会被淹。而且，商朝王室的贵族们整天追求享乐，生活腐化，他们还经常为了争权夺位而拼得你死我活，国家被他们搞得乱七八糟。因此，商朝建国后不断迁都，在大约三百年的时间里中，都城一共搬迁了五次。

商朝的第20个国君盘庚是个能干的君主。他为了改变当时社会不安定的局面，缓解社会矛盾，挽救商朝的衰亡，决心再进行一次迁都。

盘庚决定把都城迁到殷（今河南安阳小屯村）。他认为殷的土地比较肥沃，自然灾害少，适于农作物生长，有利于商朝的经济发展。另外，迁都以后，一切都要重新建设，贵族们没有那么多享乐的东西，阶级矛盾也会缓和一些。而且，新建的都城比较安全，反叛势力不容易进行干扰，统治会相对稳定。

商代四羊方尊

但是，王室中的贵族大多数贪图安逸，不愿意搬迁。一部分有势力的贵族还煽动平民反叛，企图大闹一场。盘庚是个办事坚决的人，他不会因为有人反对就改变决定。他把贵族们都召集起来，先是进行劝说，告诉大家迁都到殷的好处。然后，他又利用占卜对贵族们进行威胁，说先王们都按照天帝的意思迁了五次都，他也做过了占卜，得到了天帝的允许。他说这并不是他个人的意愿，而是遵照上天的旨意，如果有人违背了上天的旨意，就要受到惩罚。

盘庚通过软硬兼施的手段，终于把都城迁到了殷。但是，新都城的条件比较差，很多人都不习惯新的生活环境，吵闹着要搬回老家去。盘庚又下了一道命令，严厉制止住了人们的反对。几年之后，局面才渐渐稳定下来。

商代的奴隶们辛勤劳动，把殷建设成了一座繁荣的都城。从此以后，商朝一改往日的衰落景象，社会开始呈现出了稳定的局面，经济、文化有了很大发展，都城也再也没有迁到别的地方去。所以商朝又被称为殷商，或称殷代。

第六节　傅说拜相　武丁中兴

武丁是盘庚的弟弟小乙的儿子。他从小就被父亲送到了民间，和百姓的孩子们一块干活，一同玩耍。渐渐地，武丁养成了简朴的生活习惯，也体会到了百姓

24

们生活的艰苦。小乙做了 10 年国王之后，把王位让给了武丁。

武丁即位后，没有忘记百姓的疾苦和过去简朴的生活习惯。他一心想要振兴商朝，做一个像商汤那样的名君。武丁知道，要想干一番大事业，必须要有有才能的人来帮助自己。于是，他在即位的头三年，对国家大事不发表任何意见，全部交给大臣处理，自己则暗中寻找能够辅佐自己成就大事的人。

后来，武丁在民间发现了一个名叫傅说的奴隶，觉得他很有才能，就解除了他的奴隶身份，把他任命为丞相，让他帮助自己管理国家大事。

武丁在傅说的帮助下，仅仅用了几年的工夫，就把国家治理得安定富足，人口也增加了许多，于是又开始把势力向四方扩展。这时，北方草原地区有一个名叫鬼方的游牧部落，经常骚扰商朝百姓。武丁亲自率军征讨鬼方，只用了 3 年时间就将它平定。后来，又有一个叫方的游牧部落在北方骚扰商朝的属国。为了掠夺更多的生活资料，方还不断地扩张势力，深入到商朝国都的西郊进行抢掠。方的这一举动严重威胁到了商朝的统治。武丁派军进行征讨，经过十几年的战争，将方平定。土方是距离商朝国都距离比较近的又一个北方部族，他们屡次侵扰商朝的居民，还劫掠了商朝的两个居民部落。武丁在征讨方的同时，用了 3 年时间把土方也给消灭了。随后，武丁又先后征伐了西部的羌族、南方的荆楚等地，使江汉流域成为商朝版图的一部分。商朝的诸侯国大彭和豕韦不愿臣服于商，拒绝纳贡，武丁也把他们消灭了。

经过一系列战争，商朝不但从周边的民族那里获得大量的人口和财富，也与他们进行经济文化的交流，各个诸侯国纷纷加入到商王朝，使商朝的版图和政治影响迅速扩大，达到了商朝的最高峰，商朝也因此而成为古代世界历史上的泱泱大国。于是，人们就把这个时期的统治称为"武丁中兴"。

武丁像

第七节　武王伐纣

商朝末年的时候，统治非常昏暗。商朝的最后一个国君商纣王，成天只知道自己奢侈享乐，根本不管百姓们的死活。他非常宠爱一个叫妲己的妃子，为了讨妲己的欢心，他想尽了各种办法。他让人把美酒装在水池子里，把肉都挂在树上，他和妲己就在这酒池肉林中不分昼夜地饮酒作乐，嬉戏游玩。为了让妲己高兴，商纣王还发明了许多残酷的刑法，其中一种叫"炮烙之刑"，就是把青铜制成空心铜柱，中间放进燃烧着的木炭，将铜柱烧得又红又烫，然后强迫犯人在上面行走，犯人站不住，就掉在炭火中活活烧死。朝中的两个大臣看不下去了，就对商纣王提意见。结果商纣王不但听不进任何劝说，还把一个大臣的心挖了出来，把另一个大臣剁成了肉酱。商朝的百姓们对商纣王痛恨得不得了，纷纷诅咒他早点儿灭亡。

商代贵族服饰

这时，渭水流域兴起了一个叫周的强国。周文王一心要治理好自己的国家。他不但重视农业生产，注意发展与邻国的关系，而且礼贤下士，重用人才。没过多久，周国的势力就强大了起来。

公元前11世纪中期，周文王死了，周武王即位。武王在姜尚等贤臣的帮助下，把周国治理得更加兴盛，许多四方的小国也纷纷拥护周国。这时候，商朝的腐朽统治已经再也维持不下去了，周武王就在公元前1046年，联合西方和南方的部落，进攻商纣王。双方在牧野（今河南省境内）展开了大战。商朝军队的人数远远多于武王的军队，但因为纣王暴虐至极，残害百姓，士兵们都恨透了纣王，他们只盼着武王能快点将纣王打败。因此，两军一交锋，纣王的军队就纷纷调转矛头，向纣王的宫殿杀去。纣王知道自己的末日到了，就把自己所有的宝物都搬上了鹿台，在鹿台上放了一把火，把自己烧死了。商朝就这样灭亡了。

周武王得到了各个部落和小国的拥护，于公元前1046年建立了周朝，定都镐京（在今天陕西西安），历史上称为西周。

第八节　周公吐哺　天下归心

周武王建立周朝以后，过了两年就得病死了。即位的周成王才十三岁。为了稳固刚刚建立起来的周王朝，周武王的弟弟周公旦就辅助周成王主持朝政，治理国家，实际上是履行天子的职权。人们都把周公旦称为周公。

周公非常贤能，每日不辞辛苦处理国事。他洗头发的时候，如果遇到了急事，就马上停止洗发，把头发握在手里去办事；他吃饭的时候，如果有人求见，就把来不及咽下的饭菜吐出来，去接见那些求见的人。

但是，管叔和蔡叔心里却非常嫉妒周公。他们在外面到处造谣，说周公有野心，想要篡夺王位。同时，商纣王的儿子武庚在周朝被封为殷侯。他一直不甘心商朝灭亡，巴不得周朝发生内乱，他好趁机恢复商朝的统治。因此，武庚就和管叔、蔡叔串通一气，并联络了一些殷商的旧贵族和东部的几个部落，一起发动叛乱。

周公像

周公篡位的谣言在镐京传得沸沸扬扬，连朝中的大臣和年幼的成王都开始怀疑起来。周公心里很难过，就找到怀疑他的大臣进行了一次谈话。大臣们被周公的诚恳打动，消除了误会，继续听从周公的领导。

周公安定了内部之后，毅然调动大军，以成王的名义亲自率领大军东征。经过三年的艰苦征战，周公终于平定了叛乱。带头叛乱的武庚被杀，管叔看到武庚失败，觉得自己没有面目再见周公和成王，也上吊自杀了。蔡叔被流放。

为了消除殷商残余势力对周朝的隐患，周公让人在镐京的东边建立了一座新城，叫做洛邑（今河南洛阳市），把曾经反对过周朝的殷商遗民都迁到那里，派兵监视他们。

从那以后，周朝就有了两座都城。西部是镐京，又叫宗周，表示周朝祖宗营建的地方；东部是洛邑，定名为成周，表示周朝建立以后建的地方。

周公辅助成王执政了七年，把周王朝的统治巩固了下来。他为周朝制定了一套典章制度来管理国家。后来周成王 20 岁的时候，周公就把政权还给了成王。

第九节　厉王止谤　国人暴动

西周在成王、康王统治的时期，政局比较稳定。后来，奴隶主贵族剥削不断加重，加上连年发动战争，平民和奴隶的不满情绪也随之增长。周朝的统治者为了镇压人民，采用十分严酷的刑罚。只周穆王就制订了三千条刑法。

周厉王即位后，对人民的压迫更重了。他宠信一个名叫荣夷公的大臣，实行"专利"，他们霸占了一切湖泊、河流，不准人民利用这些天然资源谋生；他们还勒索财物，虐待人民。

西周战车（模型）

那时候，住在野外的农夫叫"野人"，住在都城里的平民叫"国人"。都城镐京的国人不满厉王的暴虐措施，怨声载道。

大臣召公听到国人的议论越来越多，进宫劝戒厉王说："再这样下去，百姓会活不下去的。"厉王不但不听，还从卫国找来巫师，要他专门监视老百姓，如果有人私自议论朝政，就抓回来杀头。于是，镐京的国人们不敢在公开场合说话，即使是在路上遇见了，也只能相互交换一下眼色，就匆匆离开。

周厉王以为他已消除了民众的愤怒，非常高兴。召公说："防民之口，甚于防川。硬堵住河流，就要决口；硬堵住人的嘴，是要闯大祸的呀！"但周厉王仍然不听劝告，一意孤行。

不到三年，镐京的百姓终于忍无可忍，于是举行了一次大规模的暴动。成千上万的奴隶和平民联合起来，冲进王宫，要杀死周厉王。周厉王知道后，慌慌忙忙带了一批人逃命，一直逃过黄河，到彘（音 zhì，今山西霍县东北）才停下来。

起义群众攻进王宫，没有搜到厉王。有人探知厉王的太子逃到召公家躲了起来，又围住了召公家，要召公交出太子。召公没办法，只好把自己的儿子冒充太子送出去，才把太子保护下来。

厉王出走后，朝廷里没有了国王。大臣们商议，让召公和另一个大臣周公共同主持朝政，处理国事，历史上称为"共和行政"。这一年是公元前 841 年，也被称为共和元年。从这一年开始，中国的历史才有了确切的纪年。

第十节　幽王烽火戏诸侯

西周末年，周王室已经越来越衰弱了。周幽王即位后，整天吃喝玩乐，醉心女色。在后宫中，幽王非常宠爱一个叫褒姒的妃子。褒姒非常漂亮，可就是有一个怪脾气，她从来不笑，不管多么有趣的事情，她都不露笑容。周幽王想尽了办法，但她怎么也笑不出来。于是，他悬赏说，谁能叫褒姒一笑，就赏给千金。

骊山烽火台遗址

周幽王手下有个大官叫虢石父，专会拍马逢迎。他给幽王出了个坏主意，就是"烽火戏诸侯"。原来，周王室为了防备西边犬戎的进攻，在镐京附近的骊山一带造了 20 多座烽火台，每隔几里地就有一座。一旦敌人入侵，把守第一道关的兵士就把烽火烧起来。第二道关上的兵士见到烟火，也把烽火烧起来。这样一个接一个烧着烽火，附近的诸侯见到了，就会带兵援救。因此烽火台是很重要的报警设施，但虢石父和周幽王却想用它来开个玩笑。一天，天气晴朗，幽王和褒姒上了骊山，真的在烽火台上把烽火点了起来，顿时狼烟四起，直冲云天。邻近的诸侯得了这个警报，以为犬戎打过来了，赶快带领兵马来救。没想到赶到哪儿，连一个犬戎兵的影儿都没有，只听见山上一阵阵奏乐和唱歌的声音，大伙都愣了。看到诸侯们乱哄哄地一阵奔忙，褒姒真的笑了起来。褒姒这一笑，让周幽王非常高兴，可那些诸侯知道受了愚弄，就大骂一气带兵回去了。幽王宠爱褒姒，后来干脆把王后和太子废了，立褒姒为王后，立褒姒生的儿子为太子。

原来王后的父亲是申国的诸侯，得到这个消息，就联合西方少数民族犬戎进攻西周。公元771年，犬戎兵临镐京城下，幽王惊惶失措，连忙下令把骊山的烽火点起来。烽火倒是着了起来，可是诸侯们怀疑是天子与王后嬉戏，全都按兵不动。因为兵马不多，镐京很快就被犬戎攻破了，周幽王逃到骊山脚下，被杀掉了，褒姒也被掳走了。西周就这样结束了，后来即位的周平王把都城迁到洛邑，历史上叫做东周。

第三章　群雄争霸——春秋战国

公元前770年，周平王东迁开始了一个大动荡的时代。早期春秋，各诸侯国振兴霸业的混战不断，争雄称霸。战国七雄逐鹿，变法运动此起彼伏。最后，改革最成功的秦国力量最为强大，终致扫六合归一统，秦始皇实现了一统中国的夙愿。

本章主要内容

第一节　齐桓公九合诸侯

　　周平王迁都到洛邑以后，东周分为"春秋"和"战国"两个时期。春秋的时候，周王室衰落，天子名义上是各国共同的君主，但实际上地位只相当于一个诸侯。强大的诸侯国通过战争兼并小国，大国之间也经常混战。得胜的诸侯趁机称霸，号令其他诸侯。其中最先称霸的就是齐桓公。

春秋齐国殉马坑

　　齐国是周武王时姜太公的封地。这里土地肥沃，物产丰富。齐襄公当政的时候，国家开始强盛起来。公元前 686 年，齐国发生内乱，齐襄公在内乱中被杀。他的两个弟弟公子小白和公子纠知道后，都想回到齐国接替国君的位置。管仲是公子纠的师傅，他为了阻挡公子小白回国，就在通往齐国的路上守候。当他看见公子小白时，就向他射了一箭。小白假装中箭，骗过了管仲。然后急忙赶回齐国，做了齐国国君。这就是齐桓公。

　　齐桓公即位后，立即派人追杀公子纠。朝中大臣向齐桓公推荐管仲，说他是个难得的人才。齐桓公就不记前嫌，任命管仲为相国，让他管理朝政。

　　管仲一上任，立即对齐国各方面进行了大胆的改革。他开发资源，大开铁矿，生产农业用具，提高耕作技术。他还鼓励用海水煮盐，使离海较远的诸侯国都依靠齐国供应食盐和海产。齐国的国力大大增强了。

　　有了国力做后盾，齐桓公就开始对外发展。但他几次与临近的鲁国交战，都没有取得很大的胜利。齐桓公和管仲开始觉得，光是靠齐国自己的力量，并不能称霸天下。于是，齐桓公就与周王室结亲，娶了周王的女儿。随后，他又打出了尊崇周天子的口号，取得了各诸侯国的支持。

这时，宋国正好发生内乱，新国君的位置很不稳定。齐桓公就借周天子的名义，召集诸侯在齐国会盟，说是要与诸侯共同帮助宋国平定内乱。但是，齐桓公的威望还并不高。通知发出后，一共只来了四个国家。还有几个诸侯国根本不把齐国的号召当回事。齐桓公就先拿鲁国为突破口，出兵攻打，将鲁国制服。随后，齐桓公又打着"尊王攘夷"的口号，帮助燕国打败山戎，又帮助卫国打败狄人。齐桓公的霸主地位终于得到了各诸侯国的认可，齐国开始称霸中原。

第二节　晋文公退避三舍

晋文公名叫重耳，是晋献公的儿子。晋献公因为宠爱骊姬，就把她立为皇后。骊姬为了让自己的孩子继承国君的位置，害死了太子。晋献公的另外两个儿子重耳和夷吾也不得不跑到别的国家去逃难。

不久，晋献公死了，夷吾在秦穆公的帮助下回国当上了国君，就是晋惠公。晋惠公怕重耳想争夺国君的位置，仍然不许重耳回国，并派出刺客企图刺杀重耳。于是，重耳就带着一些有文武才能的人，开始了他的流亡生活。

重耳在外流亡 19 年，辗转了 8 个国家。在很多国家，重耳都受到了热情的招待。在楚国，楚成王用招待国君的礼节招待重耳。重耳为了表达自己的感激之情，就对楚成王说："如果我能够回到晋国，一定与楚国和睦相处。将来万一打起仗来，我也会命令晋军退避三舍，来报答您的恩情。"重耳和他手下的大臣

《春秋》书影

们在长期的流亡生活中磨练了意志，增长了见识，增强了政治才干。

公元前 636 年，秦穆公派兵护送重耳回到晋国。重耳杀死了当时在位的晋怀公后，做了国君，就是晋文公。

晋文公即位后，凭借他的机智、勇敢、宽厚，很快就赢得了民心，晋国的国力也强盛了起来。

晋文公把国内治理好了，就想向中原地区扩张。这时，南方的楚国也强大了起来，想要在中原称霸。晋楚两国发生了尖锐的矛盾。

公元前 634 年，楚国出兵攻打宋国，宋成公派人到晋国请求援救。晋文公就出兵讨伐依附楚国的曹国和卫国，企图孤立楚国。但是，楚国仍然围住宋国不放，晋国又设离间计，把齐、秦两国也拉到自己这一边来，取得了战略主动权。

公元前 632 年，晋楚两国在城濮开战。两军刚一交手，晋军就假装败退。他们这样一方面是表示遵守当年晋文公"退避三舍"的承诺，向楚王表示谢意；另一方面有意以退为进，疲惫敌军，选择有利时机和地势同楚军决战。楚军见晋军退避，果然以为晋文公不敢和楚国打仗，十分轻敌，结果被晋军打得大败。

城濮之战结束后，晋文公把作战所获战俘和战利品全都献给了周天子，周天子就封晋文公为侯伯（诸侯首领），并赐给他侯伯才会享有的礼遇。晋文公趁机召集诸侯，举行会盟，当上了霸主。

第三节　秦穆公厉政称霸

春秋时期，秦国在渭水流域兴起。秦国的势力不断扩大，到了秦穆公的时候，秦国的疆土已经占据了大半个关中。但是，秦穆公并没有就此满足，他想进一步从狭窄的关中地区走出来称霸中原。为此，秦穆公四处招揽人才。

有个叫百里奚的人非常有才能，他本来是虞国的大夫，后来虞国被晋国灭掉，他也就成了晋国的奴隶。晋献公的女儿出嫁到秦国，百里奚作为陪嫁，一起来到了秦国。但是，百里奚不愿忍受奴隶的生活，半路逃了出来，被楚国人捉了去。秦穆公听说了这件事后，就想以重金把百里奚赎回来，又怕楚国人不给，于是就派使者到楚国，说："秦国的奴隶百里奚逃到了楚国，请允许我用五张公羊皮把他赎回去。"楚国人一看百里奚这么不值钱，就答应了秦国使者的请求。

这时，百里奚已经 70 多岁了。他来到秦国后，秦穆公与他谈了很久，觉得他的确有治国之才，就把国家大事交给他管。后来，又有很多有才能的人纷纷来到秦国，秦穆公都很信任并重用他们，秦国很快就富强起来。

百里奚认为，秦国要想获得发展，首先要打通晋国。于是，秦国就出兵灭了晋国的属国滑国。刚刚即位的晋襄公知道后非常生气，他亲自率领大军在崤山（今河南洛宁）设下埋伏，等着秦军的到来。崤山非常险要，四周都被大山包围，只有一条通道可以出入。秦军一进到这里就知道中了埋伏，晋军立即将出口堵住，堆起木材，将火点着，秦军顿时乱成一团，全军覆没。

春秋时期节符图

经过这次较量，秦国向东发展的道路被晋国牢牢地扼住，只得谋求向西发展。秦国的西部生活着许多戎狄的部落和小国，他们见秦国与晋国作战失败，就觉得秦国力量很弱，不把秦国放在眼里，纷纷自立了起来。秦穆公吸取攻晋失败的教训，采取了比较谨慎的策略，先强后弱，依次征服。公元前623年，秦穆公向西戎大举进攻，很快就消灭了西戎建立的12个国家。秦国的疆域一下子向西扩展了1000多公里。诸侯国纷纷向秦国进贡，秦穆公终于称霸西方。

第四节　楚庄王一鸣惊人

城濮之战不久，楚成王就被自己的儿子害死了。他的儿子商臣做了国君。商臣死了以后，他的儿子旅做了国君，就是楚庄王。

楚庄王即位后，成天饮酒作乐，不理国事。他还下了一道命令：有来劝谏者，格杀勿论。于是，大臣们都不敢对楚庄王进行劝说。

有一天，楚国的大夫伍举实在看不下去了，就对楚庄王说："有一个谜语我始终猜不出来，特来向大王请教：楚国的南方有一只鸟，一连三年都不飞不叫，这是一只什么鸟呢？"楚庄王立即明白了伍举的用意，就笑着说："这可不是一只普通的鸟。这只鸟不飞则已，一飞冲天；不鸣则已，一鸣惊人。你等着看吧。"

伍举听了非常高兴，这才知道楚庄王并不是昏君。

曾侯乙编钟

果然，不久楚庄王就解散了乐队班子和歌女，整顿朝政，任用贤良，诛杀奸臣，扩充军队。楚国百姓都为楚庄王的改变欢呼叫好。

公元前608年，楚庄王亲率大军攻打陈和宋，大胜而归。为了向周王室示威，他还在洛邑附近举行了声势浩大的阅兵。周天子很害怕，就派大臣王孙满前去慰劳楚军。楚庄王见了王孙满就问周王室的九鼎有多重。王孙满是个聪明人，他知道楚庄王是在问周天子的力量有多大，于是就回答说："国家的强盛，最重要的是要靠国君的品行，以德服人，而并不应该随便打听人家鼎的轻重。"楚庄王听了，知道周王室在诸侯中还有影响，也不敢贸然进攻，就带着部队回去了。

过了几年，楚国的势力越来越大，楚庄王就决定向晋国进攻，以报城濮之战的仇。他先是派兵攻打陈国和赵国。陈、赵两国是晋国的保护国，楚国向这两个国家进攻，就等于是向晋国挑战。晋国不甘示弱，出兵迎战。但是，晋国军队内部命令不统一，一支部队企图私自偷袭楚营，被楚兵发现，一夜之间，就被打得溃不成军。晋军大败而逃。

从此，楚庄王终于不鸣则已，一鸣惊人，当上了霸主。

第五节　孔子周游列国

孔子（前551—前479年），名丘，字仲尼，春秋时期鲁国人。他三岁时就死了父亲，母亲带着他搬到曲阜住了下来，把他抚养成人。

孔子年少时就很爱礼节，读书很用功。他非常崇拜周朝初年制礼作乐的周公旦，对古礼特别熟悉。当时读书人推崇的六艺，即礼节、音乐、射箭、驾车、书写、计算，他都非常精通。因此，还没到30岁，名声便大了起来。

当时有许多人愿意拜他为师，他索性办了个书房，收起学生来。鲁国的大夫孟僖子临死时，嘱咐他的两个儿子孟懿子和南宫敬叔到孔子那里去学礼。经过南宫敬叔的推荐，鲁昭公让孔子到周朝都城洛邑去考察周朝的礼乐。

孔子不仕退修诗书图

公元前501年，鲁定公派公子做了中都（今山东汶上县）宰，第二年做了司空，又从司空做了司寇。

鲁定公把准备到夹谷同齐国会盟的事告诉了孔子，孔子说："齐国屡次犯我边境，是想侵占我土地。这次约我们去会盟，我们要提高警惕，得有兵马防备着，希望能把左右司马都带去。"

在夹谷会议上齐景公也以礼相迎。在互赠礼品之后，举行盛大宴会。在宴会上，齐国礼官给鲁定公奏"四方之乐"。只见一队队武士手持戈矛剑戟，在音乐声中蜂拥而上，杀气腾腾，虽有左右司马护卫，但鲁定公仍吓得面如土色。孔子见状，快步登上台阶，向齐国礼官高声喊道："两国君主举行友好会晤，为什么要舞戈弄剑？你还不把他们赶走！"那位礼官只好下令武士们退下。武士们不听，他们要看齐景公的态度行事。齐景公自觉理亏，只好挥手叫他们退下，并换上"宫中之乐"，鲁国取得了外交胜利。会后齐景公又决定把从鲁国侵占来的汶阳（今山西阳曲西北）地方的三块土地归还给鲁国。孔子因护卫国君有功，更加得到鲁定公的信任。

夹谷会议后，齐国大夫黎钮认为孔子留在鲁国对齐国不利，就劝齐景公选80名歌女送给鲁定公。鲁定公接受了这班歌女，天天吃喝玩乐，不管国家政事。孔子劝他，他躲着孔子。孔子认为留在鲁国不可能有什么作为，就领着一批学生离开鲁国到别处去推行他那以礼治国的政治主张去了。

孔子热心政治活动。他周游列国14年，先后到过卫、曹、宋、郑、陈、楚等国，希望有机会推行他的政治主张。可是，那个时候大国忙着争霸的战争，小国都面临被吞并的危险，整个社会正发生变革。孔子宣传的那一套恢复周朝初年礼乐制度的主张，当然没有人接受。大家对他敬而远之，尊敬他却不重用他。他四处碰钉子，最后又回到鲁国。从此，他专心一志在家里编书和教授学生，直到73岁死去。相传他有门徒3000多人，比较有名的有72人。他编了好多古代文化典籍，像《诗经》、《尚书》、《春秋》等。

孔子去世后，他的门徒继续传授他的学说，形成了一个儒家学派。而他，就是儒家学派的创始人。

第六节　百家争鸣

在中国历史上，春秋战国是思想和文化最为辉煌灿烂、群星闪烁的时代。这一时期出现了诸子百家彼此诘难，相互争鸣的盛况空前的学术局面，在中国思想发展史上占有重要的地位。使这一时期成为中国历史上诸子百家政治学术思想大融合的重要时期，这个时期，社会结构急遽变化，社会矛盾异常尖锐，兼并战争接连不断，文化思想空前活跃。中国伟大的思想家大多出现于这个时代，构成了中华文明的精华和基础。

儒家是战国时期重要的学派之一，它以春秋时孔子为师，以六艺为法，崇尚"礼乐"和"仁义"，提倡"忠恕"和不偏不倚的"中庸"之道，主张"德治"和"仁政"，重视道德伦理教育和人的自身修养的一个学术派别。儒家强调教育的功能，认为重教化、轻刑罚是国家安定、人民富裕幸福的必由之路。主张"有教无类"，对统治者和被统治者都应该进行教育，使全国上下都成为道德高尚的人。在政治上，还主张以礼治国，以德服人，呼吁恢复"周礼"，并认为"周礼"是实现理想政治的理想大道。至战国时，儒家分有八派，重要的有孟子和荀子两派。

诸子百家图

道家是战国时期重要学派之一，又称"道德家"。这一学派以春秋末年老子关于"道"的学说作为理论基础，以"道"说明宇宙万物的本质、本源、构成和变化。认为天道无为，万物自然化生，否认上帝鬼神主宰一切，主张道法自然，顺其自然，提倡清静无为，守雌守柔，以柔克刚。政治理想是"小国寡民"、"无为而治"。老子以后，道家内部分化为不同派别，著名的有四大派：庄子学派、杨朱学派、宋尹学派和黄老学派。

墨家是战国时期重要学派之一，创始人为墨翟。这一学派以"兼相爱，交相利"作为学说的基础：兼，视人如己；兼爱，即爱人如己。"天下兼相爱"，就可达到"交相利"的目的。政治上主张尚贤、尚同和非攻；经济上主张强本节用；思想上提出尊天事鬼。同时，又提出"非命"的主张，强调靠自身的强力从事。墨家有严密的组织，成员多来自社会下层，相传皆能赴火蹈刀，以自苦励志。其徒属从事谈辩者，称"墨辩"；从事武侠者，称"墨侠"；领袖称"巨（钜）子"。其纪律严明，相传"墨者之法，杀人者死，伤人者刑"《吕氏春秋·去私》，墨翟死后，分裂为三派。至战国后期，汇合成二支：一支注重认识论、逻辑学、数学、光学、力学等学科的研究，是谓"墨家后学"（亦称"后期墨家"），另一支则转化为秦汉社会的游侠。

法家是战国时期的重要学派之一，因主张以法治国，"不别亲疏，不殊贵贱，一断于法"，故称之为法家。春秋时期，管仲、子产即是法家的先驱。战国初期，李悝、商鞅、申不害、慎到等开创了法家学派。至战国末期，韩非综合商鞅的

"法"、慎到的"势"和申不害的"术"，以集法家思想学说之大成。这一学派，经济上主张废井田，重农抑商、奖励耕战；政治上主张废分封，设郡县，君主专制，仗势用术，以严刑峻法进行统治；思想和教育方面，则主张禁断诸子百家学说，以法为教，以吏为师。其学说为君主专制的大一统王朝的建立，提供了理论根据和行动方略，《汉书·艺文志》著录法家著作有217篇，今存近半，其中最重要的是《商君书》和《韩非子》。

兵家是战国时期的重要学派之一，主要是在军事方面大有成就，"知己知彼，百战不殆。"等军事名言都出自兵家，代表作有《孙子兵法》、《孙膑兵法》，当今社会也深受影响，在国内外都享有盛名。

名家是战国时期的重要学派之一，因从事论辩名（名称、概念）实（事实、实在）为主要学术活动而被后人称为名家。当时人则称为"辩者"、"察士"或"刑（形）名家"。代表人物为惠施和公孙龙。

阴阳家是战国时期重要学派之一，因提倡阴阳五行学说，并用它解释社会人事而得名。这一学派，当源于上古执掌天文历数的统治阶层，代表人物为战国时齐人邹衍。阴阳学说认为阴阳是事物本身具有的正反两种对立和转化的力量，可用以说明事物发展变化的规律。五行学说认为万物皆由木、火、土、金、水五种原素组成，其间有相生和相胜（羲）两大定律，可用以说明宇宙万物的起源和变化。邹衍综合二者，根据五行相生相胜说，把五行的属性释为"五德"，创"五德终始说"，并以之作为历代王朝兴废的规律，为新兴的大一统王朝的建立提供理论根据。《汉书·艺文志》著录此派著作21种，已全部散佚。成于战国后期的《礼记·月令》，有人说是阴阳家的作品。《管子》中有些篇亦属阴阳家之作，《吕氏春秋·应同》、《淮南子·齐俗训》、《史记·秦始皇本纪》中保留一些阴阳家的材料。

纵横家是中国战国时以纵横捭阖之策游说诸侯，从事政治、外交活动的谋士。列为诸子百家之一。主要代表人物是苏秦、张仪等。战国时南与北合为纵，西与东连为横，苏秦力主燕、赵、韩、魏、齐、楚合纵以拒秦，张仪则力破合纵，连横六国分别事秦，纵横家由此得名。他们的活动对于战国时政治、军事格局的变化有重要的影响。《战国策》对其活动有大量记载。据《汉书·艺文志》

记载，纵横家曾有著作"十六家百七篇"。

杂家是战国末期的综合学派。因"兼儒墨、合名法"，"于百家之道无不贯综"（《汉书·艺文志》及颜师古注）而得名。秦相吕不韦聚集门客编著的《吕氏春秋》，是一部典型的杂家著作集。

农家是战国时期重要学派之一。因注重农业生产而得名。此派出自上古管理农业生产的官吏。他们认为农业是衣食之本，应放在一切工作的首位。《孟子·滕文公上》记有许行其人，"为神农之言"，提出贤者应"与民并耕而食，饔飧而治"，表现了农家的社会政治理想。此派对农业生产技术和经验也注意记录和总结。《吕氏春秋》中的《上农》、《任地》、《辩土》、《审时》等篇，被认为是研究先秦农家的重要资料。

小说家，先秦九流十家之一，乃采集民间传说议论，借以考察民情风俗。《汉书·艺文志》云："小说家者流，盖出于稗官。街谈巷语，道听途说者之所造也。"

第七节　越王勾践卧薪尝胆

正当晋楚争霸在北方日渐平息的时候，江浙一带的吴国和楚国也相继而起，开始北上争霸。

吴王寿梦死了以后，经过几次传位，他的孙子僚做了吴王。但是，公子光是寿梦的长孙，他觉得他应该继承王位，就发动政变，派专诸把剑藏在煮好的鱼肚子里，趁给吴王僚上菜的时候刺杀了他。公子光继承了王位，就是吴王阖闾。他任命伍子胥为相，治国强兵，国力不断增强。公元前511年，吴王阖闾采用伍子胥的建议讨伐楚国，一举将楚国消灭，吴国从此威震诸侯。

公元前486年，吴王阖闾听说越王允常死了，他的儿子勾践正要即位，就趁机出兵攻打越国。吴王阖闾不幸战死，他的儿子夫差即位后，决心报仇。两年后，吴国再次出兵攻打越国。越国大败，成为了吴国的属国，越王勾践和大臣范蠡作为人质被扣留在吴国。

勾践在吴国三年，忍辱负重，终于取得了吴王夫差的信任，回到了越国。为了报仇，勾践发奋图强，召贤纳士，增强越国实力。为了不让自己忘记屈辱，他在屋子里挂了一个苦胆，每天吃饭前一定要尝一下；他睡觉的时候在身下垫着木柴，让自己警惕，要居安思危。勾践还亲自下地耕种，让自己的夫人织布裁衣，食不加肉，衣不饰彩，与百姓们同甘共苦。几年之后，越国果然重新崛起。

为了不让吴王夫差起疑，勾践仍旧经常派使者到吴国朝见进贡。他还让范蠡挑选越国最漂亮的两个姑娘西施和郑旦送给吴王，使吴王终日沉迷于女色，不理朝政。

时机成熟之后，公元前482年，越王勾践趁吴王夫差远征之机，率军进攻吴国。经过3天激战，越军就攻占了吴国都城。夫差听到消息后，马上向勾践求和。勾践见吴国还有一定力量，就答应讲和，退兵回国。四年后，勾践再次发兵攻打吴国，很快又占领了吴国都城。吴王夫差被围困在姑苏台上，派人向勾践求和，勾践不肯，吴王夫差走投无路，就拔剑自杀了。

勾践灭了吴国之后，率军北上，在徐地（今山东藤州）召集齐、晋、宋等诸侯国会盟，当上了盟主。周天子也派人给勾践送来了祭祀用的肉，承认了勾践的霸主地位。这样，勾践就成了春秋时期的最后一位霸主。

第八节 韩、赵、魏三家分晋

晋国称霸中原后，起初尚能保持霸主的地位，但后来势力逐渐衰微。到了春

春秋末期士的崛起

秋末期，晋王已经成了傀儡，一些卿大夫掌握了军政大权。这些卿大夫各有各的

地盘和武装，互相攻打，你争我夺。最后，一些小国被大国吞并了，只剩下智、赵、韩、魏四家。这四家中，又以智家的势力最大。

智家的大夫智伯想侵占其他三家的土地，对三家大夫赵襄子、魏桓子、韩康子说："晋国本来是中原霸主，后来被吴、越夺去了霸主地位。为了使晋国强大起来，我主张每家都拿出一百里土地和户口来归给公家。"

三家大夫都知道智伯存心不良，想以公家的名义来压他们交出土地。可是，三家心不齐，韩康子和魏桓子不敢违抗，把各自的土地和一万家户口割让给智家。

智伯又向赵襄子要土地，赵襄子可不答应，说："土地是上代留下来的产业，无论如何也不送人。"

智伯很生气，纠集韩、魏两家一起发兵攻打赵家，将晋阳城团团围住，赵家危在旦夕。这时，赵襄子的门客张孟献计说："我看韩、魏两家同智家面和心不和，我们应该找他们谈谈，争取让他们同我们一起对付智家。"当晚，赵襄子就派张孟去行使离间计。韩、魏本来就对智伯存有戒心，怕这次灭了赵以后，自己也会落得和赵家一样的下场。于是，韩、赵、魏三家就联合起来反攻智伯。他们杀死了智伯，瓜分了他的地盘。三家趁晋国新国君刚刚即位，索性把晋国的土地也平分了。这样，晋国就只剩下韩、赵、魏三家。他们各自独立，成为鼎足之势，晋国名存实亡。

但是，这三家名分上还是"卿"，在跟别的诸侯国打交道时仍然矮一截。于是公元前403年，韩、赵、魏三家各派使者去见周威烈王，要求周天子把他们三家封为诸侯。周威烈王见分裂已成定局，不承认也没有用，不如做个顺水人情，就把三家正式封为诸侯。从那以后，韩、赵、魏都成为中原大国，它们与秦、齐、楚、燕并列，被后人称为"战国七雄"。

第九节　李悝变法与西门豹治邺

在从晋国独立出来的韩、赵、魏三国中，魏国发展最快。其中最主要的原因就是魏文侯能礼贤下士，重用贤能。因此，各诸侯国中一些有才能的人，纷纷来到了魏国，为魏文侯效力。他们当中最有名的就是李悝、西门豹、吴起等人。

李悝是战国初期的大政治家，在魏国做宰相。他根据当时魏国的具体情况，给魏文侯提出了一套改革方案，在魏国实行变法。他首先让魏文侯减轻了农民的负担，鼓励他们精耕细作，以增加粮食产量；同时，在粮食丰收的时候，国家把粮食收购起来，等到歉收的时候，再卖给农民，这样，农民的生产积极性就被调动了起来，社会也更加安定了。在政治上，李悝建议魏文侯废除了维护贵族特权的制度，并健全了魏国的法制，制定法律，在全国颁布执行。通过实行这些措施，魏国很快就强大富裕起来。

为了巩固北方的边防，魏文侯派西门豹到邺城（今河北磁县）去做太守。那个时候，邺城的漳河年久失修，每到雨季，河水就泛滥成灾。于是，这里的巫婆就与地方豪强、官吏勾结，说是每年给河伯送一个漂亮媳妇，就可以避免水灾。每到春天，巫婆都去寻找漂亮的姑娘。谁家的姑娘被选中了，就得花钱买通巫婆，让她再挑一个；没钱的人家，就只能眼看着自己的孩子被带走，装在芦苇编成的船里，沉入漳河。西门豹暗自察明了情况，就决定破除迷信，为老百姓除害。

又是一年河伯娶媳妇的时候，西门豹来到了漳河。巫婆正要把一个选好了的姑娘放进芦苇船，西门豹就对巫婆说要看一看姑娘长得怎么样。他随便看了姑娘一眼，对巫婆说："这个姑娘不够漂亮。你去对河伯说，我们过几天再给他送一个漂亮的。"说完，几个卫兵就抓起巫婆将她扔到了河里。过了一会儿，西门豹向河里看看，又说："老巫婆怎么去了这么久，

战国武士复原图

还不回来，再派两个人去看看。"于是，卫兵又将两个巫婆丢进了河里。地方官和豪强见了，吓得面如土色，终于承认了与巫婆串通起来敲诈百姓的事。

后来，西门豹又带领百姓修筑水渠，疏通河道。漳河的百姓从此安居乐业，

鄴城的边防也巩固了。

在巩固了北方之后，魏文侯又起用卫国人吴起，让他驻守西部重镇。吴起上任后，与最下等的士卒吃穿一样，并对士卒们关怀备至，所以他部下的士卒都努力作战，固守了城池。后来，吴起又看准时机，率兵攻秦，夺得了秦国的五座城池。

从此，魏国的国力越来越强，成为了战国初期最强大的国家。

第十节　齐威王治国

战国初期的时候，齐国一直在各国当中保持着领先的地位。但是，到齐威王即位的时候，他却不关心朝政，整日无所事事。齐国的大夫们胡作非为，欺压百姓，把国家搞得一塌糊涂，田野荒芜，人民贫困，引起民众的强烈不满，到处发生骚乱。不久，齐国周边的各路诸侯相继举兵攻打齐国，齐国的国势日渐衰弱。

就在这时，齐国来了个琴师，自称是邹忌，求见齐威王。齐威王喜爱音乐，一听是个弹琴的，马上召见了邹忌。邹忌拜过齐威王以后，把琴放好，调好琴弦，两手放在琴弦上之后，就动也不动了。齐威王见了非常奇怪，就问邹忌为什么不弹琴。邹忌就回答说："我按琴不弹，大王就不高兴了，那么请问，大王身居王位，掌握着整个国家的命运却不管国家大事，这跟我按着琴却不弹有什么两样？难道您就不怕全国百姓们的反对吗？"

邹忌说齐威王图

齐威王听了恍然大悟，这才知道邹忌是在劝他要勤政，把心思用在治国上。他深受感动，连忙把邹忌奉为上宾，请他做相国，开始专心治理国家。

在邹忌的帮助下，齐威王经过一番明察暗访，了解了当时官府吏治的弊端。他采取了一系列强硬的措施，严惩贪官污吏，杀掉了一些大贪官以及朝中一些阿谀奉承的庸流之辈。齐威王还广开言路，鼓励百姓他向提建议，并规定："不论朝廷大臣、地方官吏，还是黎民百姓，凡是能当面指出我过错的，得上等奖；能在书面上指出我过错的，得中等奖；在背后议论我的过错，传到我耳朵里的，给下等奖。"官吏和百姓听说后，都争先恐后向齐威王进谏。齐国的国力蒸蒸日上。

公元前353年，齐国发兵围魏救赵，大败魏军，使赵国摆脱困境。公元前341年，齐国又在马陵击溃魏军，魏惠王不得已向齐国求和。齐国打败了战国初期最强大的魏国，各诸侯国都慑于齐国的威力，20多年不敢轻举妄动进攻齐国。到了齐威王末年，齐国的势力达到了顶峰，成为诸侯国中最强大的国家。

第十一节　胡服骑射

战国时期，赵国曾一度是个强国，后来渐渐衰落下来。赵武灵王即位时，国势更是一天不如一天。秦国多次来侵犯，北方的少数民族也经常骚扰边境，就连中山那样的小国也仗着齐国的支持常常欺辱赵国。

赵武灵王是个有志气的人，决心要改变落后挨打的状态。他重用肥义、楼缓

赵武灵王胡服骑射复原图

等有经验的大臣，请他们出谋划策；同时军事上也采取了一些措施，在边境一带修筑起了望台，随时观察齐国和中山国军队的动向。而且，他看到胡人穿着短衣皮靴，骑马打仗非常灵便，就想向胡人学习，把服装改革一下，再把战车换成骑兵。有一天，他召集大臣们一起商量这件事，许多大臣都佩服大王有勇气，说干就干。那些反对改革的大臣却不停地摇头叹息。虽然有这么多人反对，赵武灵王却毫不动摇，他想：叔叔在大臣中威望最高，如果他能同意改革，其他大臣就不会反对了。于是他亲自来到叔叔家，

耐心地讲穿胡服、学骑马射箭的好处，叔叔终于被说服了，答应穿胡服上朝。大臣们一看赵武灵王的叔叔都穿起了胡服，也只好跟着穿起来。后来，赵武灵王又下令，全国百姓一律改穿胡服，又挑选强壮的青年学习骑马射箭。不出一年，一支精锐的轻骑部队就训练出来了，打了很多胜仗。赵国从此国威大振，就连强大的秦国也不得不对赵国另眼相看。

赵武灵王并不满足于这些胜利，他把国内的事交给小儿子管理，自己做主父，主要考虑国家的长远大计。为了对付秦国的威胁，他还假装成赵国的使者，亲自到秦国去了解情况，以便制定对付秦国的策略。他装作去向秦王递交新王登基的国书，见到秦王，还和秦王谈了很久。后来秦王知道他就是赵武灵王时，后悔莫及。而赵武灵王知道眼下赵国还不是秦国的对手，而且秦国一时并没有攻赵的打算，就决定利用这个机会向西北方向发展。他带领军队灭了楼烦，过了两年，又联合齐、燕两国灭了中山国。这时候在原来的"三晋"中，赵国算是最强的了。

第十二节　商鞅变法强秦

在战国七雄中，秦国在政治、经济、文化各方面都比较落后。中原的诸侯国不但瞧不起秦国，还时不时地侵占秦国的土地。

公元前 361 年，秦国的新君秦孝公即位。他下决心发奋图强，改变国家落后的面貌。他首先下了一道命令，说谁能使秦国强大，就封谁做官。

一个卫国的贵族卫鞅听到这个消息后，就跑到秦国，见到了秦孝公，把他的富国强兵的思想讲给秦孝公听。秦孝公非常赞同卫鞅的主张。公元前 356 年，秦孝公正式任用卫鞅，开始了大规模的变法。

商鞅像

卫鞅很快起草了一个改革的法令。但是他怕百姓不信任他，不按照新法令去做，就先叫人在都城的南门竖了一根三丈高的木头，下命令说："谁能把这根木头扛到北门去的，就赏10两金。"人们听了以为是在开玩笑，没人去扛。卫鞅知道老百姓不相信他，就把赏金提高到50两。人们开始在木头旁议论起来，终于有一个人把木头扛起来，一直扛到了北门。结果卫鞅真的赏给那人50两金。这件事在秦国引起了轰动，百姓们都觉得卫鞅说到做到，是个值得信赖的人。卫鞅见时机成熟，就把新法令公布了出去。

新法令的内容主要有三条：首先，废除了井田制，打破过去土地上的界限，国家承认土地私有，允许自由买卖。其次，生产粮食布帛多的人可以免除徭役。在战争中军功越大，授予的爵位越高，赐给的土地和房子也越多。旧贵族没有军功，就不能享受特权。第三，在全国设置31个县，由国君直接派官吏管理。

由于这些法令触犯了一些秦国旧贵族的利益，因此才刚刚推行不久，就遭到了旧贵族们的强烈反对。太子的两个老师鼓动太子带头反对变法，卫鞅知道后就处罚了那两位老师，一个割掉了鼻子，一个在脸上刺了字。这样，大家就不敢反对了。

秦国经过卫鞅的变法，果然经济得到发展，军队战斗力有了增强。十年之后，秦国成为了战国七雄中最强大的国家，中原各国再也不敢得罪秦国了。

秦孝公为了表示对卫鞅的感谢，把商、於一带的15座城镇封给了卫鞅。从此以后，人们就把卫鞅称作商鞅了。

第十三节　马陵之战

秦国强大后，出兵攻打魏国。原本十分强盛的魏国被打得溃不成军，国势也一天天衰落下去。魏惠王心中非常焦虑，就四处招募有才能的人，帮他治理国家。魏国人庞涓听说了，就前去应召。由于他学习过兵法，很快就做了魏国的大将军，先后打败了几个小国，取得了魏惠王的信任。后来，魏惠王听说庞涓有个同门师兄名叫孙膑，本事比庞涓还要大，就把孙膑也请到了魏国来。

庞涓心胸非常狭窄，他知道孙膑本事比自己大，怕魏惠王会冷落自己，就在魏惠王面前诬陷孙膑，说他私通齐国。魏惠王相信了庞涓的话，就挖去了孙膑的膝盖骨，还在他脸上刺了字。

孙膑知道自己被庞涓陷害以后，决心报仇。他每天装疯卖傻，希望逃出魏国。齐威王知道孙膑是个有才能的人，就偷偷把孙膑救了出来，接到了齐国，还拜他为军师。

公元前353年，魏惠王派庞涓攻打赵国，赵国向齐国求救。孙膑知道赵国不是魏国的对手，就假装要攻打魏国，并让齐军在魏国军队回来的必经之地设下了

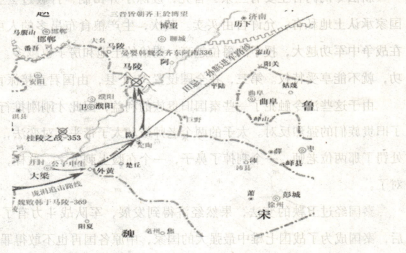

马陵之战

埋伏。庞涓果然中计，魏军被打得大败。

公元前351年，赵国为了向魏国报仇，联合韩国，攻打魏国。魏惠王集中兵力先打韩国，韩国连吃败仗，急忙向齐国求救。孙膑再次使出了他调虎离山的老法子，不去救韩，却直接去攻打魏国的都城。

庞涓一听国都危急，只好把军队从韩国撤回，并加速追赶齐军。庞涓仔细察看齐军住过的营地：第一天，他发现齐军做饭用过的炉灶够10万人用；第二天，炉灶减少，只够供5万人用的了；第三天，炉灶又大为减少，仅剩3万人用的了。于是，庞涓认为齐军逃兵甚多，就舍弃了一部分军队，亲自率精兵日夜不停地追赶齐军。庞涓一直追赶到了马陵（今河北大名县）。马陵地势险要，路边都

是障碍物，孙膑早就派人在这里设下了埋伏，等庞涓的到来，杀他个措手不及。魏军果然猝不及防，人慌马乱，被齐军打得大败。庞涓也被乱箭射死。

从此以后，孙膑的名气越来越大，他的军事著作《孙膑兵法》也一直流传到现在。

第十四节　合纵连横

秦国经过商鞅变法之后，实力越来越强大。从秦孝公开始，秦国的每一任君主都雄心勃勃地想要统一中原，不断地出兵进攻各个诸侯国。齐、楚、赵、燕、韩、魏6国见秦国这样强大，都很害怕。于是，有的人就提出了"合纵"抗秦的主张，意思就是6个国家联合起来，共同抵抗秦国。当时倡导"合纵"主张最出名的人是苏秦。

苏秦本是洛阳人。他出身低微，人们都很看不起他。为了争一口气，苏秦发奋读书。他经常读书读到半夜，觉得困了，就用锥子扎自己的大腿来防止瞌睡。就这样，苏秦果真成了一个具有真才实学的谋略家。

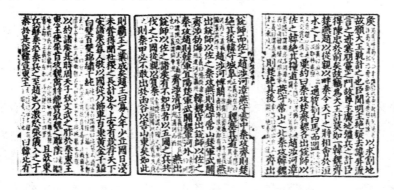

《史记·苏秦列传》中记载的苏秦合纵战略

后来，苏秦来到了燕国，提出了"合纵抗秦"的主张。他认为中原各国不应该都用自己的土地去讨好秦国，而应该联合起来，订立盟约，无论秦国攻打哪国，各国都会出兵援助，这样，秦国就不敢再侵犯六国了。燕王非常赞同苏秦的办法，就为他准备了车和马，让他到各国去游说。苏秦先后来到赵、韩、魏、齐、楚，以他的三寸不烂之舌，向各国国君详细讲述了合纵抗秦的主张，各国基本同意。公元前333年，六国诸侯在赵国开会，定下了合纵盟约。

但是，"合纵"的主张遭到了一些人的反对。他们认为秦国太强大了，六国要想各自强大起来，只有依赖秦国，与秦国一起去对付其他国家，才能取得胜利。人们把这种主张称为"连横"，最主要的倡导者就是张仪。

张仪是魏国人，精通政治和外交。他最先来到了楚国，提出了他的"连横"主张。但是楚国不但不接受他的主张，还派人把他痛打一顿。后来，秦惠王听说了张仪的连横亲秦的策略，很赞同，就让张仪做了秦国的相国。当时，除秦国以外，齐国和楚国都是势力比较强大的国家。他们两国定下了盟约，对秦国构成了严重的威胁。于是，秦惠王就派张仪去楚国游说。张仪到了楚国，花言巧语让楚怀王与齐国解除盟约，与秦国结盟，秦国则愿意把过去占领的楚国土地还给楚国。楚怀王非常高兴，立即与齐国断交。这时，张仪就开始赖账，否认自己曾经说过的话。楚怀王上当受骗，恨死了秦国，就出兵攻打秦国，被秦国打了个大败。

后来，张仪又不断到六国游说，挑拨各国之间的关系，对各国采取又拉又打的策略，迫使各国合纵不成，还都力图侍奉秦国以求相安无事。这样，六国的"合纵"联盟就被张仪拆散了。

第十五节　三闾大夫沉江

屈原是我国历史上一位伟大的爱国诗人，也是战国时期的杰出政治家、思想家。他出身于楚国贵族，楚怀王时担任左徒，经常与楚怀王一起议论国事，制定法令。

当时，秦国正向外积极扩张，企图吞并六国。屈原就向楚怀王建议，对内进行改革以增强国家实力；对外则联合齐国共同抗秦。楚怀王接受了屈原的建议，派他出使齐国。屈原到了齐国后，全力劝说齐王与楚国重新建立联盟。秦国昭襄王听说齐楚又要结盟了，有些害怕，就假惺惺地给楚怀王写信，请他到秦国武关（在陕西丹凤县东南）相会，当面订立盟约。

楚怀王接到秦王的信后犹豫不决，大臣们也争论不休。屈原坚决反对楚怀王前去和谈，但在一些奸臣的煽动之下，楚怀王还是去了。结果不出屈原所料，楚怀王刚踏进秦国的武关，就被秦国预先埋伏下的人马扣押。秦王逼迫楚怀王割地给秦国，楚怀王不肯，不久就死在了秦国。

屈原像

楚顷襄王即位后，整天吃喝玩乐，不理朝政。屈原见国家命运越来越危机，接连几次上书给楚顷襄王，劝他起用贤人，改革内政。但是，一些嫉恨屈原的奸臣故意在楚顷襄王面前说屈原的坏话，歪曲陷害屈原。楚顷襄王听信了奸臣的话，撤了屈原的职，把他流放到了外地。

屈原的流放生活虽然非常艰苦，但他仍无时无刻不挂念着楚国的安危。他在这段时间里写下了很多为后世所传诵的著名诗篇来抒发他的爱国情怀。他盼望着楚顷襄王能够回心转意，召他回去，挽救国家。但是一年一年过去了，楚顷襄王始终没有召他回去的意思。

公元前278年，秦国再次攻打楚国，占领了楚国的都城郢，楚顷襄王逃走。屈原看见楚国沦亡的景象，内心十分悲愤痛苦，终于在秦军入郢的这一年五月初五抱着一块大石头跳进了汨罗江。享年62岁。

当地的百姓非常爱戴屈原，他们怕汨罗江里的鱼把屈原吃掉，就把竹筒里的米撒进江里。后来，每年的五月初五那一天，百姓们都会想起这是屈原投江的日子，就用包粽子代替撒米，用赛龙船代替划小船来纪念屈原。这种纪念活动渐渐地成为了一种风俗，人们就把每年农历的五月初五称为端午节。

屈原死后，留下了一些优秀的诗歌，其中最有名的是《离骚》。他在诗歌里，痛斥卖国的小人，表达了他忧国忧民的心情，对楚国的一草一木，都寄托了无限的深情。后来人们都认为屈原是我国古代一位杰出的爱国诗人。

第十六节　李冰与都江堰

秦国强大以后，为了富国强兵，秦昭王非常重视农业生产和水利建设。公元前 251 年，秦昭王任命李冰为蜀郡太守，为成都平原兴修水利。

那时，蜀地岷江水流湍急，每到夏秋季节，就会江水泛滥，造成灾害。李冰通过实地考察，发现岷江在发源地一带，水源丰沛；到了灌县，地势一下变得平坦，水无遮拦，往往冲决堤岸；特别是在灌县西南，有一座玉垒山，阻碍江水东流，水流无处排泻，常造成东旱西涝。李冰认为，要消除水患，就必须在平原上广修渠道，一来可以泻洪，二来可以灌溉；而要使水能灌入渠中，又必须凿开玉垒山，使岷江的水能够东流。

经过一番周密策划，李冰先从玉垒山开始动手。他指挥民工在玉垒山开凿宝瓶口，然后在江心构筑分水堰，由于这个分水堰的前端开头很像一个鱼头，所以就把这个分水堰取名叫"鱼嘴"。鱼嘴把江水分成东西两股，西股的叫外江，是岷江的正流；东股的叫内江，是灌溉渠系的总干渠，流入宝瓶口。李冰还亲自规划、修建许多大小沟渠直接通向宝瓶口，形成了一个纵横交错的扇形水网。

都江堰工程示意图

后来，为了进一步控制流入宝瓶口的水量，李冰又在鱼嘴分水堰的尾部，修建了分流洪水用的平水槽和飞沙堰。当内江水位过高的时候，洪水就经由平水槽漫过飞沙堰流入外江，保障平原地区免遭水淹。同时，由于流入外江的水流的潴涡作用，还有效地冲刷了沉积在宝瓶口周围的泥沙。通过这些设施的建设，都江堰成为了一个宏伟而又缜密的系统工程。

但是，李冰并不满足于此。他考虑到都江堰的维护和长久使用，又制定了一系列维修和监控的办法，许多至今还为人们所沿用。

都江堰建成以后，发挥了良好的引水、防沙、排洪等综合作用，成都平原从此再也没有发生过水患和旱灾，生产迅速发展起来。四川因而成为"天府之国"。

后来，李冰在蜀郡又主持兴办了其他一些水利工程，造福万代，为百姓所颂扬、怀念。李冰也被四川人们尊称为"川主"，四川各地还修有"川主祠"，表达了百姓对他的怀念。

第十七节 荆轲刺秦王

秦王嬴政掌握大权后，一心想统一中原，不断向各国进攻。公元前230年，秦国出兵灭掉了六国中最弱的韩国。随后，秦国拆散了燕国和赵国的联盟，用反间计灭掉了赵国，又北上攻打燕国。燕国接连丢了好几座城池，燕国没有办法，只好把太子丹送到秦国去当人质求和。但秦王手下的官员总是欺负太子丹。太子丹一怒之下逃回了燕国。

太子丹恨透了秦国，一心想替燕国报仇。但秦国和燕国实力相差悬殊，各国又都有自己的打算，很难共同联合抗秦。情急之下，太子丹决定铤而走险，派人刺杀秦王。

荆轲刺秦王画像砖

不久，太子丹就物色到了合适的人选——荆轲。荆轲本是卫国人，喜欢读书又精通剑术。卫国被灭后，荆轲不愿做亡国奴，就逃到了燕国，被太子丹收留。荆轲知道了太子丹的难处后，非常同情，当即表示愿意去刺杀秦王。

当时，秦国有个大将樊于期背叛秦国逃到了燕国，秦王悬赏千金捉拿。荆轲为了取得秦王的信任，就决定拿着樊于期的头去见秦王。但是，太子丹不忍心杀害樊于期。荆轲就自己去找到了樊于期，说明了来意。樊于期非常憎恨秦王，他听说荆轲可以杀死秦王，就拔出宝剑，抹脖子自杀了。

公元前227年，荆轲带着樊于期的头和燕国最富饶的地方督亢的地图在易水河与大家告别。临行时，荆轲为大家唱道："风萧萧兮易水寒，壮士一去兮不复还。"大家听到这样慷慨悲壮的歌，都痛哭了起来。

秦王听说燕国的使者把樊于期的头和督亢的地图送来了，非常高兴，急忙召见。他先打开了荆轲手中的木匣，见果然是樊于期的头颅，又叫荆轲打开地图。荆轲慢慢地展开地图，突然，一把匕首露了出来。荆轲揪住秦王的袖子，抓了匕首就刺，被秦王躲开。荆轲追了上去，秦王吓得绕着大殿里的柱子跑。朝中的官员们都吓呆了，不知如何是好。一个医生把药盒扔了出去，荆轲没注意，绊倒在地，秦王急忙拔出剑来，砍断了荆轲的腿。荆轲见无法追杀秦王了，就把匕首投向秦王。秦王躲过匕首，接连向荆轲砍了八剑。荆轲倚着柱子长笑，大骂秦王。侍从武士赶上殿来，杀死了荆轲。

从此以后，秦王恨死了太子丹，第二年就出兵攻打燕国，占领了燕国的都城。燕王只好杀了太子丹，向秦国谢罪求和。

第十八节　统一六国

秦国灭了韩国和赵国之后，又占领了燕国大部分土地，迫使燕国退守辽东。这时，六国之中就只剩下魏国、楚国和齐国。秦王逐一攻破，统一中原。

公元前225年，秦王嬴政派兵十万进攻魏国。魏国军队抵挡不住秦军进攻，一路退到都城大梁（今河南开封），躲到城门后不敢出来。魏王派人向齐国求救，但齐国惧怕秦国，不敢出兵援救。秦国见魏军躲着不出来，就掘开黄河大堤，把黄河水引入大梁城内。河水把城墙冲开了好几个大口子，成千上万的魏国军民被河水淹死。秦军趁机杀入城中，魏王只好投降。魏国就这样灭亡了。

第二年，秦国准备进攻楚国。但楚国是个大国，力量很强大。于是，秦王就请来两位大将，共同商讨消灭楚国的办法。秦王问："消灭楚国需要多少兵力？"年轻的大将李信回答说："20万人就够了。"王翦是名老将，他仔细考虑了一下，说："我看非得有60万不可。"秦王听了，就觉得王翦老了，胆子变小了，采用了李信的方案。王翦觉得秦王不再信任自己，就告老还乡去了。

李信受到秦王夸奖，带着20万兵马进攻楚国。不久就被楚国打得大败。秦王知道后非常生气，立即把李信革了职。他亲自跑到王翦家，向王翦道歉，并请

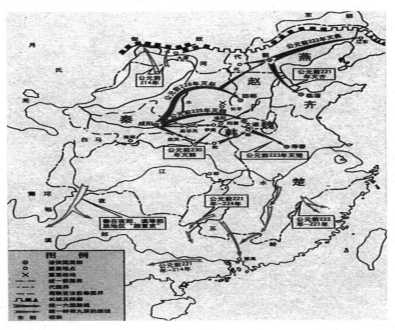

秦统一六国示意图

他出来带兵作战。王翦答应了。

　　王翦率领 60 万大军，再次征战楚国。王翦先让秦军按兵不动，只顾修营扎寨。楚国军队一再挑战，秦军也不予理会。时间一长，楚国将领就想，原来秦国的军队是到这驻防的，就没把秦军放在心上。就在楚国掉以轻心，没有防备的时候，秦军突然发起总攻，把楚军打得大败。秦军一路攻到了楚国的都城，俘虏了楚王，灭了楚国。

　　公元前 222 年，秦王派兵追赶退至辽东的燕国军队，抓获了燕王。燕国灭亡。

　　这时，六国之中就只剩下东面的齐国了。齐国畏惧秦国的强大，一向不敢得罪秦国。公元前 221 年，秦军如破竹之势，一路攻打到齐国都城临淄，将齐王俘虏。六国中的最后一个国家齐国也灭亡了。

　　秦王嬴政用了 39 年的时间，终于灭掉了六国，统一了中原，结束了春秋战国长达 500 年的诸侯混乱争霸局面，建立了中国历史上第一个统一的封建王朝。

第四章 帝国雄风——秦、汉

秦国以秋风扫落叶之势，一举消灭六国，开创万世之基。二世以后，出身草莽的刘邦代秦而有天下。历经400多年的汉王朝以充足的时间完成和巩固了秦朝开创的伟大事业，使封建社会的政治、经济和文化得到了全面发展。中国历史迎来了第一个盛世，大汉王朝的威名也通过"丝绸之路"而传向世界。

本章主要内容

第一节　千古一帝秦始皇

公元前 221 年，秦王嬴政在统一全国后，建立了一个以咸阳（今陕西西安）为都城的幅员辽阔的国家。这个国家的疆域东至大海，西到陇西，南至岭南，北到河套、阴山、辽东地区。为了统治这个前所未有的封建大国，秦王嬴政创建了一系列专制主义中央集权的政治制度，树立了绝对皇权，巩固了统一。他的这些活动，把中国历史推到了一个新的阶段。

秦王嬴政兼并六国以后，觉得自己的功德已经超过了三皇五帝，继续称"王"不足以显示自己的丰功伟绩，就决定给自己换一个名号。他从"泰皇"和"五帝"的名称中各取一字，自称"皇帝"，并说："我是中国第一个皇帝，就叫始皇帝，以后我的子孙万代以世来记数，第二代叫二世皇帝，第三代叫三世皇帝，这样一代一代传下去，一直传到千世万世。"

秦始皇像

面对刚刚统一的国家，秦始皇吸取周朝分封诸侯导致诸侯混战的教训，不再分封诸侯，而是采纳丞相李斯的建议，在全国实行郡县制。这种制度把全国分为 36 个郡，郡下设若干个县；郡、县的长官由朝廷直接任命；国家大事，一律由皇帝决定，郡、县长官完全听命于皇帝。对于中央机构，秦始皇也进行改革，在中央设置三公九卿。三公就是丞相、太尉和御史大夫。九卿则是奉常、廷尉、内史等，分管全国各方面事务。中央官员全部由皇帝任免，不再世袭。这样，就建立了以皇帝为核心的中央集权的封建制度。

为了防止六国的旧贵族们谋反，秦始皇下令收缴六国的所有兵器。他派人将这些兵器都集中到咸阳，回炉熔化，铸成了 12 个铜人。

在秦始皇统一中原以前，各国根本没有统一的度量衡，尺寸、斤两、大小、轻重都没有统一的标准。这样混乱的度量衡，不能适应统一国家的管理和人们日常生活的需要。于是，秦始皇下令，将秦国制定的度量衡作为全国统一的度量衡。

公元前220年，秦始皇下令在全国修建相同的驰道。这些驰道以首都咸阳为中心，向四周辐射。他还规定全国车辆的轮子之间的距离要相同，使车辆的轨道相同，实现了"车同轨"。与此同时，秦始皇还下令使用小篆作为全国通用的文字，实现了"书同文"。

通过这些措施，秦始皇巩固了他的统治，建立了高度集中的君主专制的中央集权制度，对以后我国两千多年的封建制度产生了深远的影响。

第二节　焚书坑儒

正当秦始皇进行国内改革的时候，在北方的蒙古高原上，分布着一支匈奴人。这些匈奴人以游牧为生，经常南下抢掠粮食和财物，对秦王朝构成了严重的威胁。为了保证中原地区的安定，秦始皇派大将蒙恬率兵30万，镇守北方。经

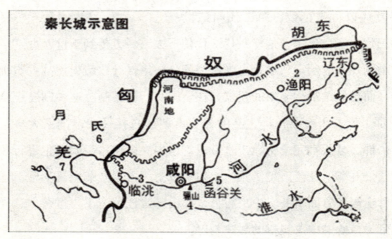

秦长城示意图

过几次战斗，蒙恬终于攻取了黄河河套地区，在这里建城设县，又从中原地区迁移了3万多户人家到这里安家落户、垦荒种田。

后来，秦始皇为了防御匈奴的再次侵犯，征用民夫30万人，在燕、赵、秦三国长城原有的基础上，进行连接和修补，建成了举世闻名的万里长城。这座长城西起临洮（今甘肃岷县），东到辽东（今辽宁辽阳西北），对于抵御匈奴的侵扰，保障内地人民生活安定起了重要作用。它不但是中国历史上的一个历史奇迹，也是世界历史上最伟大的建筑之一，成为了中华民族悠久文明的象征。

公元前213年，为了统一全国人民的思想，丞相李斯向秦始皇建议说："现在天下已经安定，法令统一。但是有一批读书人不学现在，却去学古代，对国家大事乱发议论，在百姓中制造混乱。如果不加禁止，会影响朝廷的威信。"秦始皇听了，深以为然。他采纳了李斯的建议，立刻下了一道命令：除了医药、占卜、种植以及秦国史官所记的历史书以外，凡是私人收藏的《诗经》、《尚书》和诸子百家的书籍，一律交出来烧掉；谁要是再私下谈论这类书，按死罪论处；谁要是拿古代的制度来批评现在，满门抄斩。

秦始皇的这道命令一下，引起了儒生们的强烈不满，他们纷纷在私下里指责秦始皇。公元前212年，几个为秦始皇炼制仙丹的方士联合起来攻击秦始皇的错误做法，并在百姓中间广泛散布言论。秦始皇知道后，非常生气，下令严加查办，查出受牵连的儒生和方士共有460人之多。秦始皇下令将这些人全部活埋了。这就是历史上有名的"焚书坑儒"事件。从此以后，再没有人敢对秦始皇提意见了。

第三节　陈胜、吴广揭竿起义

秦始皇称帝后，不但通过一系列措施巩固了统治，而且连年大兴土木，给人民带来了数不尽的痛苦。他先是征集几十万民夫修建万里长城，后又为自己修宫殿建皇陵。前后被征发的民夫差不多有300多万人，许多人不堪忍受，累死在工地上。公元前210年，秦始皇病死，宦官赵高控制秦二世把持了政权，实行了更加残暴的统治。百姓们终于忍无可忍，揭竿而起。

兵马俑全景图

公元前209年，900多名贫苦民夫被征发到渔阳（今北京密云）戍守边疆。陈胜和吴广都被征调，担任屯长。当队伍走到大泽乡（今安徽宿县）时，忽然下起了大雨，道路不通，无法按期到达渔阳。根据当时秦朝的法令，如果被征集的民夫误了期限，就要砍头。陈胜和吴广等人就商议，与其等到雨停去渔阳白白送死，还不如起兵造反夺天下。于是，他们就杀死了押送他们的军官，并召集其余的民夫说："我们遇上了大雨，已经不能按期赶到渔阳了。按照法律，我们都得砍头。即使侥幸不杀我们，驻守边防的人，又有几个人能活着回来呢？难道王侯将相就都是天生的吗？"900多人异口同声，赞成揭竿起义。中国历史上第一次大规模的农民起义就这样爆发了。

陈胜和吴广带领起义军从大泽乡出发，接连攻克了六座县城。附近的贫苦百姓纷纷赶来加入到起义军队伍，起义军不断壮大。不久，起义军就打到了陈县（今河南淮阳）。陈胜在大家的拥护下称王，立国号为"张楚"，就是要"张大楚国"的意思。消息传出后，全国各地纷纷响应。原来的赵、齐、燕、魏等地方都有许多人打着恢复六国的旗号，反对秦朝，自立为王。陈胜派人分头去接应，各地队伍相互配合，反秦的烈火越烧越旺。

不久，起义军就攻入了函谷关（今河南灵宝），向秦朝发起了总攻。秦二世听说起义军打到京城边上了，很害怕，赶忙派大将组织军队向起义军进攻。由于起义军的队伍都是临时组建起来的，平时又缺乏训练，最后被秦军打败。陈胜和吴广在撤退的路上相继被杀。不久，秦军攻陷了陈县，这支起义队伍最终失败。

第四节 巨鹿之战

继陈胜、吴广大泽乡起义之后，又有许多义军争相起兵灭秦。项梁和项羽的起义队伍就是其中比较著名的一支。

项梁是楚国大将项燕的儿子。楚国被秦国攻灭的时候，项燕兵败被杀。项梁一直想要为父报仇，恢复楚国。陈胜在大泽乡起义后，项梁看到为楚国报仇的时机来了，就和侄儿项羽杀了会稽（今江苏省苏州市）郡守，占领了会稽郡。他们两人只用了几天的功夫，就迅速组织了一支 8000 人的队伍。由于这支队伍里的士兵大都是当地青年，人们就把这支队伍称为"子弟兵"。

子弟兵的队伍在项梁和项羽的率领下，一路向南攻打。沿路一些零散的反秦队伍见项梁的队伍纪律严明，士气高涨，都纷纷前来投奔，起义队伍很快就发展到了六七万人。为了提高号召力，项梁听取了谋士范增的意见，把流落民间的楚怀王的孙子找了来，把他仍然称为楚王，果然又有很多人前来投奔了项梁。不久，秦国大将章邯率军攻打项梁，项梁不幸被杀。

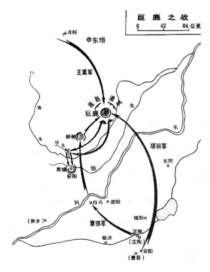

巨鹿之战

章邯打败项梁后，认为楚军已经大伤元气，就暂时绕过楚军，北上攻打另一个反秦政权的赵国，不久就将赵国围困在巨鹿（今河北平乡西南）。赵王没有办法，向楚怀王求救。楚怀王派宋义为上将军，项羽为副将，率军到巨鹿解围。

宋义率军到达安阳（今河南安阳西南）后，听说秦军声势浩大，就命令楚军就地扎营，想等秦军和赵军打得差不多时再进攻。项羽多次向宋义建议引兵渡河，与赵军里外夹击，宋义因为贪生怕死，都没有同意。项羽一气之下，将宋义杀死，亲自率领大军渡河作战。

为了表示有进无退的决心，项羽命令将士准备好三天的干粮，过了河以后，将过河用的船以及做饭用的锅全部砸破，誓死与秦军决以死战。项羽的决心极大地鼓舞了楚军士气，将士们无不奋勇杀敌，以一当十。经过一番殊死血战，项羽终于打败了秦国的 20 万大军，生擒了秦将王离。章邯带着残兵败将逃走了。

从此以后，项羽威震诸侯，被楚怀王封为上将军，成为了各路反秦军队的首领。

第五节 刘邦"约法三章"

就在项梁和项羽在会稽起兵的时候，刘邦也在沛县（今江苏省沛县）一带进行起义。但刘邦的起义队伍太小，只有两三千人，为了能够站稳脚跟，刘邦决定寻找一个靠山。他与谋士萧何和张良经过一番商量，觉得附近的起义队伍中，只有项梁声势最大，就带着人马投奔了项梁。

刘邦像

后来，项梁在与秦军的作战中战死，楚怀王命令项羽先率兵北上，营救赵国，然后再挥兵西进，攻打咸阳；又命令刘邦带兵从背后包抄咸阳，与他们约定谁能首先进入咸阳，平定关中，谁就做关中王。

刘邦西进以后，采用谋士郦食其的建议，避开秦军的主力部队，首先攻取了秦朝的交通要道陈留（今河南开封市东南），获得了大批军粮。随后，又采用张良的建议，以高官厚禄招降南阳郡守，攻下了南阳郡。

从此，刘邦势力日渐壮大，军队所到之处，秦朝守军纷纷投降，一路顺利攻到了咸阳。

这时，项羽已经在巨鹿大败秦军主力，秦朝的很多将领都投降了项羽。赵高见秦朝的大势已去，就杀了秦二世，想要自己称王。但他害怕朝中大臣反对，就假意另立秦二世的侄儿子婴为秦王，等时机成熟再废帝自立。子婴察觉了赵高的阴谋，与大臣合谋杀掉了赵高，带着秦朝的文武百官，向刘邦投降。秦朝就这样灭亡了。

刘邦的军队进入咸阳城后，立即被咸阳城里豪华的宫殿和耀眼的金银珠宝给迷住了。军队的士兵们纷纷在咸阳城里争抢财物，刘邦也想呆在阿房宫里面再也不出来了。这时，刘邦的手下樊哙和张良及时提醒了他，刘邦重新振作起来，整顿军队，带兵回到灞上。他把咸阳附近的父老百姓召集到一起，对他们说："秦朝的残酷法令把大家都害苦了。我来咸阳是要为百姓除害，不是要坑害大家。从今天起，我与大家约法三章：杀人者偿命；伤人者治罪；偷盗者治罪。除了这三条，秦朝的法令一律废除！"咸阳的百姓们听了，十分高兴，自愿拿出酒肉和粮食慰劳刘邦的军队。刘邦也奠定了民众基础，为他日后称王创造条件。

第六节 楚汉之争

项羽在巨鹿打败了秦军以后，听说刘邦已经攻入了咸阳，非常生气，就带兵来到咸阳，杀掉了秦王子婴和800多个秦国贵族，放火烧掉了阿房宫。后来，他觉得自己的功劳大得不得了，就自封为西楚霸王，倚仗自己的军事实力，向天下发号施令。他又把刘邦封为汉王，统辖汉中、巴蜀等地方，让刘邦位于自己之下，听从自己的调遣。

刘邦被封为汉王，只能管辖一些偏僻的地方，心里一直憋着一口气，想和项羽较量一番。但刘邦的势力当时还太小，没法与项羽抗衡，只好暂时忍气吞声，带着人马来到了汉中的封地。为了能使自己的势力得以扩张而又不引起项羽的疑心，刘邦采纳张良的计策，烧掉了从关中通向汉中的栈道，让项羽以为自己安于汉中，不会与项羽争夺天下。可暗地里，刘邦却在汉中和巴蜀广集屯粮，训练军队，准备东进。刘邦非常重视任用贤能，他将萧何拜为丞相，又先后拜曹参、樊哙、周勃和韩信为将军，让他们为帮助自己成就事业而出谋献策。

公元前206年，刘邦率领汉军从巴蜀出发向汉中进发。关中百姓本来就对刘邦有好感，汉军一来，他们没有抵抗，刘邦很快就占领了关中。随后，刘邦又攻占了楚国的都城彭城，并使反间计驱逐了项羽身边的谋士范增。项羽与刘邦经过几次交战，各有损失，就派人讲和，罢兵休战。双方规定以荥阳东南的鸿沟为界，以西属汉，以东属楚。合约订立后，项羽履约，率兵东归；刘邦则毁约，带兵猛追。

公元前202年，刘邦率领30万汉军将项羽的楚军包围在垓下（今安徽灵璧东南），与楚军展开厮杀。项羽的军队寡不敌众，连吃败仗，损失了大量兵马。夜里，项羽听到四面军营里全都唱起了楚歌，十分吃惊，以为楚国的地方全被汉军占领了。他的爱妾虞姬为了让他安心突出重围，与项羽诀别后自杀了。项羽率领剩下的800多骑兵连夜逃走，汉军紧追不舍，逃到乌江边上的时候，项羽的身边只剩下了20多人。项羽想起了自己起义之初，江东八千子弟跟随自己征战，如今只有20多人生还，觉得自己无颜面对江东父老，就举剑自刎于乌江岸边。

鸿门宴

项羽死后，刘邦很快平定楚地，其他地方也渐渐投降归附。刘邦得了天下，不久就建立汉朝，正式做了皇帝。

第七节　西汉立国

公元前202年，刘邦正式称帝，建立汉朝。他起初把都城建在洛阳，不久又迁都长安（今陕西西安），因此历史上把他建立的汉朝称为"西汉"，也叫"前汉"。刘邦是汉朝的第一个皇帝，被后人称为"汉高祖"。

汉高祖即位不久，就在洛阳大宴群臣。席间，他让诸位大臣总结一下自己能够夺取天下的原因。

有个大臣回答说："陛下赏罚分明，对有功劳的人有封有赏，得到了大家的拥护；而项羽却疾贤妒能，所以失去人心，丢掉了天下。"

汉高祖听了以后笑着说："你只知其一，不知其二。要论出谋划策，决胜于千里之外，我不如张良；要论治理国家，安抚百姓，筹集粮饷，我不如萧何；要论带兵打仗，战必胜，攻必取，我不如韩信。这3个人都是当代豪杰，我能重用他们，这是我能够得到天下的原因。项羽有一个范增却不好好利用，那是他所以失败的缘故。"汉高祖的一席话把大家说得心服口服。

但是，汉高祖却不想永远维持功臣们的高位。他在汉朝刚刚建立的时候，出于政治、军事需要，把一些帮助他开国的功臣们分封为王。可到后来，一些异姓王威望过大，又手握重兵，刘邦对他们越来越不放心。他想方设法剪除异姓王，韩信等人相继被废或被杀。随即，他又以天下刚刚平定、儿子幼小、兄弟少、在讨伐秦朝的战争中多有阵亡等为借口而分封同姓诸侯王。他先后分封刘姓11人为王，统治关东地区。后来，汉高祖又与大臣们杀马盟誓，规定今后凡是不是刘氏而称王者，天下共同讨之。

为了使社会得以稳定，汉高祖还采取了一系列恢复经济的"休养生息"政策。他下令把大量军队解散，让士兵们回家从事农业生产；让战时逃亡在外的人们返回家乡，并发放原有的田宅；把一些奴婢释放为平民等。通过这些措施，汉朝的社会局势开始稳定，为文景时期的经济恢复奠定了良好的基础。

第八节 白登之围

匈奴是我国北方的一个古老的游牧民族。他们为了在中原地区掠夺生活资料，经常南下侵扰中原百姓。公元前200年，匈奴首领冒顿率领40万大军南下，直奔长安。为了安定边境，汉高祖亲自带兵北上迎战。

这时，北方正是冬天，天空下着大雪，气候特别冷。很多汉朝的士兵都没遇到过这样冷的天气，冻坏了不少人。但是，汉军刚同匈奴兵交战，匈奴兵就败走。汉军接连打了几个胜仗，匈奴首领冒顿也逃之夭夭。

汉高祖非常高兴，决定乘胜追击。但他毕竟是个久经沙场的老将，为了确保敌情准确无误，他先后派出十几个使者前去探察情况，回来的人都说冒顿的部下全是一些老弱残兵，连他们的马都是瘦的。汉高祖还是怕这些士兵的侦察不可

刘邦祭孔图

靠，又派刘敬到匈奴营地去刺探。刘敬回来说："我们看到的匈奴人马的确都是些老弱残兵，但我认为冒顿一定是把精兵埋伏起来，陛下千万不能上这个当。"

汉高祖听了非常生气，破口大骂刘敬，还把他关到了监牢里。汉高祖怕冒顿闻风逃走，亲自带着一支骑兵追赶上去。他们刚到平城（今山西大同），就听见四面八方响起了哨声，匈奴兵象蚂蚁一样涌了出来。他们个个兵强马壮，原来的老弱残兵全都不见了。汉高祖拚命杀出一条血路，退到平城东面的白登山。

冒顿派出40万精兵，把汉高祖围困在白登山。周围的汉军没法救援，汉高祖的一部分人马在白登，整整被围了七天，没法脱身。

后来，汉高祖身边的谋士陈平想出了一个办法。他派了一个使者带着黄金和珠宝去见冒顿的阏氏（就是匈奴的皇后），并对阏氏说："这是中原皇帝送给您的礼物，中原皇帝愿意同匈奴大王重归于好，还请皇后多多帮忙。"阏氏见了这些珍贵的礼物，心里乐开了花。当天晚上，她就对冒顿说："我们占领了汉朝地方，没法长期住下来，再说，汉朝皇帝也有人会来救他。咱们不如早点撤兵回去吧！"

冒顿听了阏氏的话，第二天一早，就下令将包围网撤开一角，放汉兵出去。陈平仍不放心，让弓箭手拉开了弓向着左右两旁，保护汉高祖下山。

汉高祖提心吊胆地逃出了匈奴的包围圈，快马加鞭，一口气逃到广武（山西代县）。他立即下令放了刘敬，并向他赔罪。汉高祖知道自己现在还没有力量征服匈奴，只好回到长安。

又过了两年，刘邦采纳了刘敬建议，实行"和亲"政策，把汉朝的公主嫁给单于做妻子。匈奴与汉朝的关系渐渐缓和了下来。

第九节　吕后篡权

吕后是汉高祖刘邦的原配夫人，名叫吕雉。她心肠狠毒，是个权力欲望极强的女人。

在汉高祖还活着的时候，吕后就采用阴谋的手段，与汉高祖策划杀戮异姓功臣。汉高祖死后，吕后为了排除自己日后专权的障碍，用更加残酷的手段杀戮刘姓诸侯王。在短短几年间，汉高祖的 8 个儿子就被杀掉了 4 个。

汉高祖长陵

继承皇位的汉惠帝刘盈是吕后唯一的儿子。他年纪小，人又老实，大权全部落到了吕后手里。

　　吕后生平最痛恨的就是戚夫人和她的儿子赵王如意。汉高祖不但生前非常宠爱戚夫人，而且还多次想要废掉优柔寡断的太子刘盈，改立如意为太子，只是由于大臣们的反对，最后才没有办成。汉高祖死了以后，吕后立即把戚夫人抓了起来。她先是派人砍断了戚夫人的手脚，又把戚夫人的头发剃光、眼珠挖掉、耳朵熏聋，最后将戚夫人关进了厕所里。接着，吕后开始准备加害赵王如意。汉惠帝看出了吕后的用心，他念及与如意的手足深情，就把如意接到了宫里，每天吃饭睡觉都在一起，使吕后没法下手。一天，汉惠帝早晨独自外出了一会儿，一回来，就看见如意七窍流血，中毒身亡。汉惠帝抱着如意的尸体大哭起来，回去就大病一场。不久，汉惠帝也抑郁而亡。

　　由于汉惠帝一直没有儿子，吕后就让皇后假装怀孕，然后从别的地方抱来一个婴儿，立为皇帝，称为少帝。吕后就借这个小小的傀儡皇帝任意发号施令。

　　吕后为了能在朝廷中站住脚，把吕家的子孙一一封王，还让他们掌握了军权。这时，刘姓的天下已经完全被吕后和她的侄子侄孙们篡夺了。

　　后来，吕后一病不起。她临死之前，把她的两个侄子吕产和吕禄分别封为相国和上将军，统领两支军队，以防备刘家人的报复。吕后死后，吕氏家族把持着朝政大权，企图篡夺皇位。朝中太尉周勃和丞相陈平暗中策划，准备发动政变，除掉诸吕。周勃设计迫使吕禄交出兵权，并将他杀掉；然后又在吕产企图劫持皇帝、发动叛乱的时候将吕产杀死。接着，周勃和陈平率领着拥护刘氏天下的将士们，到各地搜捕吕氏同党，清除吕氏集团。从此，刘氏天下再次安定了下来。

第十节　文景之治

　　汉高祖即位后，虽然采取了一些恢复经济发展的政策，但由于国家还没有稳定，年年征战，所以那时的国家政治还是以武备为主。直到文帝即位后，汉朝的政治中心才转到了经济建设上来。

　　汉文帝的母亲是个出身贫寒的人，因为惧怕吕后，与儿子长期住在宫外。汉文帝从小生活在平民当中，对百姓的疾苦非常了解。他即位不久，就下令减轻刑罚，废除了一人犯法、全家治罪的法令，又规定犯人可以罚钱赎罪，并且废除了肉刑。他还下命令规定百姓有什么解决不了的困难，或愿意给皇帝提合理建议的，可以直接给皇帝上书。

为了恢复经济，文帝把重点放在发展农业上，轻徭薄赋，约法省禁。为了鼓励农民种粮，减轻农民负担，文帝把 15 税一的田租改为 30 税一，后来索性把田租免收，直到景帝时才恢复为 30 税一。为了减轻徭役，文帝下令列侯回到自己的封国，以减轻戍卒的运输之苦。对于匈奴，文帝也是尽量避免战争的发生，以和亲为主，从各个方面维护了国家的稳定。

独轮车（模型）

汉景帝即位后，也像汉文帝一样，一心想要治理好国家。他除了在大的方面继承文帝的政策之外，在一些小的措施上也有所改进。对于匈奴，汉景帝继续采取和亲政策，拉拢匈奴，稳定边疆。他还减轻刑罚，允许对人心不服的案子进行重审，避免出现冤狱等。公元前 154 年，汉景帝进行"削藩"，平定了吴楚七国之乱，把诸侯王任免官吏的权力收归中央，巩固了中央集权。

文帝和景帝前后统治了将近 40 年。在这段时间里，朝廷国库充实，地方上吏治严肃，人民自给自足，生活有保障。历史上把这一段时期称为"文景之治"。

第十一节 周亚夫平定七国之乱

汉朝初年，汉高祖为了巩固刘氏家族的统治，大封刘姓子弟为王。这些诸侯王的势力很大，他们不但占据很多土地，而且还有自己的军队和法律。到了汉景帝的时候，诸侯王的势力更强了，光齐、楚、吴三个封国所占有的土地，合起来就占了整个西汉国土的一半，严重威胁着西汉王朝的统治。

御使大夫晁错眼看分封的这些诸侯王势力越来越大，有些还不愿受朝廷管束，就对汉景帝说："现在诸侯王越来越狂妄自大，我听说有些还正在招兵买马，准备造反。眼看国家就要大乱，我们还是趁早削了他们的封地，限制他们的发展为好。"汉景帝觉得晁错的话非常有道理，就下决心削减诸侯的封地。

周亚夫像

汉景帝先从几个诸侯国入手，找出他们的罪证作为削减封地的借口，然后把他们的管辖区划归汉朝中央政府直接管辖。过了不久，诸侯国的土地就被削减了不少。

吴王刘濞势力很大，他早就想起兵叛乱，篡夺皇位。他见景帝"削藩"的政策很快就要轮到他了，就决心用武力对抗。公元前154年，吴王刘濞联合了楚、赵、胶西、胶东、甾川、济南等六个诸侯王，以"诛晁错，清君侧"为名，发动叛乱，史称"七国之乱"。

七国发兵后，汉景帝很害怕。朝中一些平日嫉恨晁错的人趁机向晁错报复，他们劝景帝说："七国叛乱完全是为了晁错一个人。您只要杀了晁错，恢复诸侯王原来的封地，他们就会自动退兵。"汉景帝为了保住自己的皇位，就真的把晁错给杀了。

但是，七国叛军接连打了几个胜仗，正准备向长安进攻，根本没有退兵的打算。景帝没有办法，只好派遣太尉周亚夫率兵征讨。周亚夫能攻善守，他一面以主力部队挡住叛军的进攻势头，一面暗中切断叛军粮道，挑起叛军内乱。3个月之后，七国之乱终于被平定下去。

后来，汉景帝继续推行削藩政策，把诸侯的势力大大削弱，汉朝这才真正成为了一个统一的封建帝国。

第十二节　汉武雄风

汉朝经过汉高祖和文景二帝的休养生息政策，国家不但政治稳固，而且国库充实，国力已经达到了相当强大的水平。在这样的情况下，公元前140年，汉武帝刘彻即位。他对外积极开拓疆土，对内加强专制主义中央集权，使这个时期的西汉王朝无论在文治还是武功上都达到了顶峰。中国历史迎来了封建社会的第一个黄金时代。

为了加强中央集权，汉武帝首先采用了董仲舒的建议，兴办太学，培养专门的儒士，以为统治机构培养人才，并以此加强对百姓的思想统治。

汉武帝像

其次，在政治上，汉武帝颁布推恩令，让诸侯王的子孙在封国内继续分封为侯，把封国的势力化整为零。同时，汉武帝又以种种借口剥夺诸侯爵位。终于在他统治时期，把从汉高祖时期遗留下来的封国问题彻底解决。他创立刺使制度，加强对地方的控制和监督，打击地方豪强；削弱丞相权力，任用酷吏，严格刑法，建立察举制度，加强中央集权的统治力量。

在经济上，汉武帝将冶铁、铸钱、煮盐收归官营；设立均输、平准官，平衡物价；实行算缗告缗，打击富商大贾；兴修水利，治理黄河，灌溉农田；改进农具，推进农业生产发展。

在加强对内统治的同时，汉武帝还大规模地对外开拓疆土。在他统治初期，出兵平定了闽越、南越和东越，使居住在江淮地区的越人与汉人融合，共同归属西汉管辖。他又遣派使者出使西南夷，加强对西南少数民族的控制和开发，使今天西南地区的大部分地区归入了中国的版图。最重要的是，汉武帝多次出兵攻打匈奴，使从战国时期起就威胁中原北方边境的匈奴势力基本解除。并且，他还两次派遣张骞出使西域，加强了与西域各国的交流；征战朝鲜，打败当地贵族，在朝鲜地区设立四郡。汉武帝经过了几十年的努力，建立起一个空前强大的汉帝国。汉朝成为了当时世界上疆域最大、国力最雄厚的国家，华夏民族也从此被称作"汉族"。

第十三节 "罢黜百家、独尊儒术"

汉武帝为了巩固他的统治，希望进一步加强人们思想上的统一。他接受了董仲舒的建议：罢黜百家，独尊儒术。

《公羊传》拓片

董仲舒是广川（今河北枣强县）人，汉景帝时任博士官，精通儒家学说。他看到汉朝建立以来经历了几次诸侯谋反事件，就认为应该宣传大一统思想，加强皇帝的中央集权。董仲舒根据当时的政治需要，把由孔子创立经过孟子发展的儒家学说加以改造，又融合各家学说和阴阳五行等迷信思想，形成了一种为封建政治制度服务的理论。他向汉武帝提出了"天人三策"的建议，认为皇帝是天的代表，皇帝的权力由上天赐予，人们服从皇帝就是顺从天意。在天道之下，君臣、父子、夫妻、兄弟之间必须遵守严格的上下尊卑礼节，不可以违反。董仲舒还建议说，诸子百家学说妨碍皇帝的绝对权威，只有儒家学说才能保持思想上的统一，因此，应该把除儒学以外的各派学说都禁止传播。

汉武帝认为董仲舒的建议非常适合集权统治的需要，就在朝廷中设立了专门传播儒家学说的五经博士，并在博士下配置弟子。这些弟子在五经博士的指导下学习儒家经书，每年进行一次考试，五经中能通一经的就可以做官，成绩优秀的可以做大官。这样一来，其他诸子百家学说都被排斥，学习儒家学说成为了做官的主要途径。儒家学说成为了中国封建社会的正统思想。

董仲舒提出的"罢黜百家，独尊儒术"的建议，从当时情况来看，确实起到了加强集权，维护统治的效果，具有一定积极作用。但是，后世各个朝代的统治者为了使这种思想更加适应统治的需要，不断对它进行补充和完善。随着社会的发展和进步，儒家学说越来越落后于时代。它不但禁锢人们的思想，还剥夺了读书人追求学术自由的权利，成为了一种顽固保守的思想。

第十四节　丝绸之路

"丝绸之路"是西汉汉武帝时期开辟的横贯整个亚洲的交通要道。它以长安

丝绸古道商旅图

为起点，沿渭河北上到敦煌，然后分为南、北、西三路，连接各个国家，最远到达大秦（罗马帝国）。"丝绸之路"从西汉开辟一直到唐朝的 1000 多年时间里，一直都是中西贸易的重要通道，为中原地区经济的繁荣起到了巨大的促进作用。为"丝绸之路"的开辟做出重要贡献的人就是张骞。

　　汉武帝在位的时候，北方的匈奴不断南下骚扰，使得中原地区的汉族人民不能安稳地生活。西部地区的月氏国也和匈奴有很深的仇恨。公元前139年，张骞被汉武帝选中，出使月氏，动员月氏与汉朝联合对付匈奴。

　　公元前138年，张骞率领一百多人的队伍出了关中，到西域去联络月氏国。月氏在匈奴的西边，要到月氏必须经过匈奴。他们一路小心翼翼，还是被匈奴骑兵发现。由于寡不敌众，所有出使人员都被匈奴扣留。张骞被囚禁在匈奴十年，并被迫娶妻生子。但他时刻不忘自己的使命，终于等待机会逃出了匈奴，经过大宛（今俄罗斯境内）到达月氏。可那时月氏国生活条件比较优越，人们安居乐业，已经失去了报仇的愿望。张骞经过一年多的努力，也没能说服月氏与汉朝联盟夹击匈奴，只好回国。

　　张骞这次出使西域，虽然没能达到让月氏国出兵的目的，但他了解了西域各国的地理特征和风土人情，对日后开发西南地区起到了积极作用。

　　又过了两年，卫青、霍去病出击匈奴，把匈奴赶到漠北一带，打开了西进的大门。于是，汉武帝再次派遣张骞出使西域。张骞带领着三百多人、六百多匹马、上万头牛羊和大批贵重礼物首先来到了乌孙国。乌孙国王是一个老头子，和当年的月氏王一样，他也满足于现状，不想再与匈奴为敌。张骞在乌孙未能完全如愿，就派副手带着礼物分别前往大宛、康居、月氏等国家联络，表示汉朝的友好。这些国家因未摆脱匈奴的控制，大多想和汉朝进行贸易往来，就派遣使者出使长安。从此，中亚各国与汉朝开始了正式的交通往来。

　　我们今天知道的葡萄、芝麻等食物都是从西域传过来的；中国华贵的丝绸也通过西域大量转运到亚欧国家。在中国乃至世界历史上都享有盛誉的"丝绸之路"就这样开通了。

第十五节　司马迁忍辱著史

　　司马迁（公元前145/公元前135～?）西汉史学家，文学家。字子长，左冯翊夏阳（今陕西韩城西南）人。生于汉景帝中元五年（公元前145年），一说生于汉武帝建元六年（公元前135年），卒年不可考。

司馬遷

司马迁生于史官世家，祖先自周代起就任王室太史，掌管文史星卜。父亲司马谈在武帝即位后，任太史令达30年之久。司马谈博学，精通天文、易学和黄老之学。司马迁十岁起诵读古文，并接受其父的启蒙教育。渊源久长的家学对他后来治学道路有深刻的影响。后随父去长安，同当时著名经学大师孔安国、董仲舒学习《古文尚书》和《春秋》。19岁为补博士子弟。20岁随博士褚太等六人巡行天下，开始了他的游历生活。他的足迹到达会稽，访问夏禹的遗迹；到过姑苏，眺望范蠡泛舟的五湖；到达淮阴，访求韩信的故事；到过丰沛，访问刘邦、萧何的故乡；到过大梁，访问夷门，并考察秦军引河水灌大梁的情形；到过楚，访问春申君的宫殿遗址；到过薛地，考察孟尝君的封邑；到过邹鲁，拜仰孔孟的家乡。此外，他还北过涿鹿，登长城，南游沅湘，西至崆峒。壮游使他开阔了眼界，增长了知识。回到长安后，武帝让他带着皇帝的命令出使巴蜀，到达今天昆明一带大西南地区。

太初元年（公元前104年），与唐都、落下闳等共订《太初历》，以代替由秦沿袭下来的《颛顼历》，《太初历》适应了当时社会的需要。此后，司马迁开始撰写《史记》。元封三年（公元前108年），司马迁继承其父司马谈之职。任太史令。

公元前99年，李陵因战败投降匈奴，李陵家族被诛。司马家与李家是世家，司马迁因为李陵仗义执言而被判死刑。为完成《史记》，自请腐刑，免死。出狱后任中书令，继续发愤著书，终于完成了《史记》的撰写。公元前87年，武帝驾崩，司马迁离开了长安，不知所终。

《史记》是中国第一部纪传体通史，对后世史学影响深远，《史记》语言生动，形象鲜明，也是优秀的文学作品。司马迁忠于写史的精神实在令人敬佩。由于他的决心和毅力，才使我们明了历史的真相。除《史记》外，司马迁还作赋八篇，均已散失。他的《报任安书》，是一篇著名的论说散文。文中叙述了他因李陵事件而受宫刑的过程；抒发了无辜受刑的悲愤，暴露了汉武帝的专横残忍；最后，表达了自已发愤著书、创作《史记》的决心。司马迁的学术思想，在中国古代思想文化史上占有重要突出的地位。《史记》被鲁迅誉为"史家之绝唱，无韵之离骚"，是当之无愧的。

第十六节　苏武牧羊

汉武帝时，北方的匈奴不断侵扰汉朝边境。汉武帝为了改变这种局面，多次与匈奴征战。他先后派出李广、卫青、霍去病等勇猛将领率兵出击，大败匈奴，使匈奴逃到了沙漠以北的地区，很多年都不敢再到汉朝边境骚扰。

匈奴退回漠北以后，一面派出使者表示要与汉朝通好，一面暗中招兵买马，准备进攻中原，他们还时不时地把汉朝派去的使者扣留。公元前100年，匈奴且鞮侯单于刚刚即位，他怕汉朝出兵打他，就把以前扣留的汉朝使者全部放了回去。汉武帝为了报答他的善意，派中郎将苏武为正使，副中郎将张胜为副使，带着100名士兵和许多礼物，护送以前扣留下来的全部匈奴使者返回匈奴。

苏武牧羊图

苏武等人到达匈奴后，原来投降匈奴的汉人虞常与张胜密谋，想把单于的母亲劫持到汉，但还没动手就被匈奴人发觉，苏武被牵连入狱。苏武不愿在匈奴受审，几次拔剑想要自杀，但都被救了下来。单于觉得苏武是个有节气的好汉，十分钦佩，就派汉朝的降臣卫律去劝说苏武投降。苏武不但不为其所动，还把卫律骂走。单于对苏武越发敬重，更想招降他。于是，单于命人把苏武关在地窖里，不给他吃的喝的，想用长期折磨的方法使他屈服。苏武仍然宁死不屈。单于见所有的办法都不能让苏武屈服，就把他流放到北海（今贝加尔湖）没有人烟的地方放牧，还对他说："等到公羊生了小羊，你再回汉朝吧！"

苏武到了北海，度过了漫长的艰苦岁月。北海终年白雪皑皑，荒无人烟，连鸟兽都很少。苏武饿了，就挖野菜，逮田鼠。吃的怎么样，苏武都不在乎，最让他念念不忘的是没有完成与匈奴和好的使命。

公元前85年，匈奴重新与汉朝和亲，苏武被释放回国。他历尽了千辛万苦，终于回到了长安。他回到长安那天，长安的百姓们都出门迎接他，汉昭帝也专门设宴对他隆重招待。人们见到苏武的胡须和头发已经全白了，但手中还握着已经磨光了的使节，都把他视为坚持民族气节的典范。

第十七节　昭君出塞

北方的匈奴自从被卫青、霍去病打败以后，日渐衰败，没有力量再去对抗汉朝。他们为了争夺土地和食物，内部纷争不断。一个叫做呼韩邪的单于因为与其他部族斗争失败，就决定投靠汉朝。

呼韩邪单于亲自前往汉朝的都城长安，拜见当时汉朝的皇帝汉宣帝。汉宣帝非常高兴，到长安郊外迎接。汉宣帝不但为呼韩邪专门摆酒设宴，还送给了他许多金银珠宝、绫罗绸缎。呼韩邪非常感动，表示今后要与汉朝通好。后来，西域各国听说匈奴单于在汉朝受到了礼遇，也都争先恐后地与汉朝通好。

昭君墓

公元前33年，呼韩邪单于再次来到长安，请求汉元帝与他和亲，匈奴与汉朝世代友好。汉元帝非常高兴，就传旨给后宫的宫女：谁要是愿意嫁给匈奴单于，就把她像公主一样对待。

宫中有个新来的宫女名叫王嫱，字昭君。她出身于小康家庭，从小读过几年书，不但长得美丽大方，而且非常明白事理。王昭君听说匈奴想和汉朝结亲，觉得这是关系到汉朝边疆稳定的好事，就表示愿意嫁到匈奴去。

汉元帝知道了非常高兴，他不但亲自为王昭君选定了成亲日期，而且还找了一个匈奴女人来专门为王昭君讲解匈奴的风俗习惯，学习匈奴语言，演奏琵琶、胡琴等西域乐器。王昭君聪明好学，很快就弹得一手好琵琶。

到了成亲这天，新郎呼韩邪单于亲自来迎娶新娘。汉元帝为王昭君准备了丰厚的嫁妆，并设宴为他们送行。呼韩邪和王昭君离开长安返回匈奴的时候，汉朝的文武百官一直把他们送到十里长亭。王昭君心中百感交集，就把自己当时的心情谱成了曲子，边走边弹。这首曲子就是《昭君怨》，它一直流传到今天。

王昭君到了匈奴以后，帮助呼韩邪单于发展生产，改革匈奴落后的风俗习惯，深得匈奴人民的喜爱。匈奴人逐渐学会了农业生产，解决了粮食需要，从此不再到中原地区抢夺食物。农业有了发展，畜牧所用的饲料也就有了保障，匈奴地区出现了人畜两旺的景象。呼韩邪单于去世后，王昭君按照匈奴的习惯，改嫁给新的单于。她经常派使者把匈奴的土特产品送到汉朝，汉朝也把匈奴所需的物品送到匈奴，双方和睦相处，60年没发生战争。

王昭君临死的时候，告诉子女要将自己的坟墓坐北朝南，让她能够永远看着自己的家乡。沙漠里寒冷干燥，少有绿草，只有王昭君的坟墓长年青草丰茂，人们就把昭君墓又称为"青冢"。

第十八节　王莽改制

王莽是汉平帝祖母的侄儿。他早年生活简朴，喜好读书，结交权贵，赢得了很好的名声，最后做了朝廷的大司马，掌握了朝政大权。汉平帝即位时，年纪才九岁，国家大事都由王莽作主。

平帝12岁的时候，王莽把自己的女儿嫁给了平帝，自己做了国丈。王莽怕平帝的母亲家族干预朝政，就有意不许他们来京城。时间长了，平帝就对王莽有些不满，背地里说一些抱怨的话。王莽知道后，非常生气，心里想：现在皇帝才这么小，就口出怨言，要是将来长大了那还得了？于是，在年终大祭时，王莽就暗中在酒里下毒，将汉平帝毒死了。

后来，王莽从刘家的宗室里找了一个两岁的小孩立为太子，自己做了"假皇帝"（假是代理的意思）。有些文武官员想做开国元勋，劝王莽即位做皇帝。王莽也觉得做"假皇帝"不如做真皇帝。于是，有些人就制造出一些迷信的东西来讨好王莽。公元8年，有人在高祖庙里发现了两支刻有"汉高祖让位给王莽"字样的签，说是高祖遗命，令王莽称帝。于是，王莽就跑到太后那抢来玉玺，在公元9年，正式做了皇帝。改国号为新，都城仍在长安。统治了二百多年的西汉王朝，就这样结束了。

王莽做了皇帝以后，为了巩固政权，就打着复古改制的幌子，下令在全国实行变法。首先，王莽下令把全国土地改为"王田"，属国家所有，不准私人买卖；其次，把奴婢称为"私属"，也一律不准买卖；另外，他还在一些比较大的城市中设五均官，控制物价；垄断对盐、铁、酒

王莽时的陶范与铜钱

等六种基本生产和生活资料的经营权；除此之外，王莽废除了汉武帝以来一直使用的五铢钱，四次更改币制；最后，王莽还变革官制，实行分封，挑起与周边少数民族的矛盾与战争。

王莽的这些改革，全都出自于《周礼》和其他古书，因此，人们称他的改革为"复古改制"。这些改革并没有起到维护政权统治的作用，反而引起了一系列混乱，激化了社会矛盾，增加了人民的痛苦，引起了农民起义的爆发。公元23年，王莽被杀，新朝灭亡。

第十九节 绿林、赤眉军起义

王莽改制造成了社会的极大混乱，各种矛盾激化，百姓生活困苦不堪。再加上当时各地普遍发生旱灾和蝗灾，人们的生活艰苦到了极点，各地先后发生饥荒，甚至出现了人吃人的惨剧。人们为了寻找活路，终于发动了大规模起义。

公元17年，荆州（今湖北、湖南）一带闹饥荒，百姓为争夺野菜发生殴斗。新市（今湖北京山）人王匡和王凤因为在当地农民中威信很高，被请来调节矛

盾。王匡和王凤早就想推翻王莽的统治，他们借此机会鼓动百姓们说："为了争

赤眉军无盐大捷

夺这点野菜，咱们自己跟自己打架，太不值了。我们就算今天填饱了肚子，明天咱们的粮食仍然会被搜刮去。害我们没有饭吃的是那些当官的狗东西！只要大家齐心协力，我们谁都不用怕！"

百姓们听了他们的话纷纷赞同，就推选王匡和王凤为首领，聚众起义。起义军在王匡和王凤的带领下，抢了一些粮食，占领了绿林山（今湖北当阳），作为根据地。不久，队伍就壮大到七八千人，人们就把这支起义军称为"绿林好汉"。

第二年，莒县（今山东省）一带发生灾荒，琅邪人樊崇率领百余人起义。他们以泰山为根据地，在青州和徐州之间与官府作战。不到一年，各地投奔樊崇的队伍就有两万多人。为了与官兵区别，樊崇的起义军都把眉毛涂成红色，因此，人们把这支起义军称为"赤眉军"。

绿林、赤眉两支起义军猛烈地冲击着王莽政权。一些刘姓皇族一看有机可乘，就纷纷打出反对王莽、复兴汉室的旗号，想借机恢复刘家天下。其中荆州一带的地主刘玄、刘秀等人都加入了起义军。刘玄凭借丰富的政治经验，很快就取得了农民起义的领袖地位，在宛城建立了政权，年号"更始"。

王莽知道后，迅速调遣42万大军，南下进攻起义军。两军在昆阳（今河南叶县）交战。赤眉军在刘秀的率领下，趁敌军不备先发制人，以几千人的兵力大败王莽军主力。随后，他们乘胜攻占长安，杀掉王莽，推翻了新政权。

后来，刘玄害怕其他起义军将领功大威胁自己的地位，就开始排斥异己，杀

害起义军将领；刘秀也与刘玄决裂，向中原发展势力，对起义军进行残酷镇压。绿林、赤眉起义就这样以失败告终。

第二十节 光武中兴

刘秀是南阳蔡阳（今湖北枣阳）人，汉高祖的九世孙。王莽末年农民起义爆发后，他趁机起兵，加入绿林军。公元23年，他来到河北，以恢复汉家制度为口号，利用农民起义军的声势，取得部分官僚、地主的支持。随后，他又在各派的争斗中逐渐占得了上风，力量逐渐壮大。

汉光武帝刘秀

公元25年，刘秀在鄗城（今河北省高邑县）称帝，仍用"汉"作国号，改年号为建武，不久定都洛阳。因为洛阳在长安的东边，所以历史上称刘秀建立的汉朝为东汉，又叫后汉。刘秀是东汉的第一个皇帝，历史上称他光武帝。

刘秀即位后，趁中原大饥、农民军思念家乡的大好时机，消灭并受降了起义军共三十多万，又消灭各地武装割据。到公元36年，全国恢复统一。

全国平定后，刘秀重建刘氏汉室帝业。他首先废除王莽时的苛政，恢复汉朝的官名。同时，他为人豁达大度，以诚服人，知人善任，注意收揽人才。许多有才能的人都得到了他的重用。

对于那些开国功臣，刘秀给予优厚的封赏。但鉴于王莽篡汉的教训，刘秀在封赏时并没有给他们统治的实权；对于那些手中握有重兵的大臣，刘秀也不让他们接近京师；在地方上，刘秀大力削弱地方兵权，加强对地方的控制。一些掌管兵权的功臣明白了光武帝的意思，先后辞去军职，倡导儒学。

刘秀认识到王莽因为政令繁多以致丧失民心，就诏令群臣"议省刑法"，"还汉世之轻法"。他还精简官吏，裁并了四百多个县，减少地方官吏，在中央加重尚书职权，便于皇帝一人管理。通过这些措施，中央集权得到了加强。

为了使社会稳定，恢复经济发展，刘秀减轻赋税，将税制由十税一恢复为西汉时期的三十税一。他还下令度田，核查田亩户口以打击豪强地主。从公元25年开始，他先后九次下令释放奴婢，安置流民，鼓励贫民开荒，组织军队屯田。除此之外，光武帝积极重视发展农田水利，在全国各地修复并扩建陂塘和渠道，社会经济得到了恢复和发展。

在处理内政的同时，光武帝积极推行开明的民族政策，缓和边境冲突，尽量避免与匈奴等少数民族发生战争。

经过了光武帝三十年的治理，东汉的经济有了明显的恢复，政治比较清明，全国出现了较为安定的局面。历史上把这段时期称作"光武中兴"。

第二十一节　抗击匈奴

东汉持戟青铜骑士俑出行仪仗

东汉初年，匈奴势力有所发展，经常侵扰汉朝边境。但那时光武帝忙于进行统一全国的战争，无暇顾及北方边境。公元33年，光武帝派大司马吴汉领兵征讨。但吴汉带领汉军与匈奴打了好几年，也没打出什么结果。匈奴人从此变本加厉，更加狂妄起来。汉朝北部边境没有一年宁静过。

公元 48 年，匈奴部族内部因为继承人的问题而发生了分裂，又逢连年干旱，蝗虫成灾，整个匈奴地区赤地千里，人畜死亡过半。后来，匈奴南边八个部落共同推选比为南单于，并向汉朝祈求庇护，表示愿意永远为汉朝守卫边疆的土地，与汉朝共同抵御北方的敌人。光武帝接受了比的归附。从此，匈奴分裂成了南匈奴和北匈奴。东汉王朝为了与南匈奴和平共处，经常把一些财物、粮食和牛羊等赠给南匈奴，每年为他们提供的财物总数多达一亿多钱。

汉明帝在位期间，北匈奴日益强盛。它不时攻打南匈奴，侵扰汉朝边境。公元 72 年，汉明帝派窦固反击北匈奴，使北匈奴有所收敛。

公元 89 年，汉朝对北匈奴进行了大规模进攻，给北匈奴以摧毁性打击。汉和帝派出车骑将军窦宪、征西将军耿秉各率 4000 骑兵，调集南匈奴军队、边境驻军以及羌人军队在稽落山（今蒙古共和国西南）大破北匈奴军队。北匈奴 81 个部落共 20 余万人投降。窦宪的军队出塞 1500 公里，一直抵达燕然山（今蒙古共和国杭爱山）。第二年，南匈奴与北匈奴再次爆发战争，北匈奴战败。窦宪认为趁现在北匈奴国力衰弱，应该把他们消灭掉。于是，他派耿夔、赵博带兵进攻，把北匈奴包围在金微山，北匈奴单于逃走，北匈奴由此消亡。

从此以后，北匈奴部分归附了汉朝，部分归附了鲜卑族，还有一部分战败后离开了中国境内的蒙古高原，走上了遥远的西迁路程。匈奴东面的鲜卑族逐步西进，占据了匈奴原来的地方。

第二十二节　班超通西域

张骞通西域以后，西域的一些主要国家都与汉朝建立了友好的关系。但西汉末年，由于王莽的倒行逆施，西域诸国纷纷与汉朝断绝了往来。它们分裂成了五十几个小国，被匈奴所控制。光武帝即位后，汉朝再次强大起来，西域诸国都想与汉朝恢复关系，摆脱匈奴的统治。公元 73 年，东汉明帝派遣班超为使者，带着随从和礼物去结交西域各国。

班超与从事（官名）郭恂带领 36 名军士，历尽艰辛，首先到达了鄯善国。

鄯善国受制于匈奴，被匈奴长期勒索，鄯善王早就心有怨言。他见班超是汉朝的使者，非常高兴，为班超等人摆酒设宴，招待得很周到。但是，当班超说出要与鄯善国联合，一起对付匈奴的时候，匈奴的使者也来到了鄯善国。鄯善王惧怕匈奴，不敢答应班超的请求。班超当机立断，带领手下杀掉了匈奴使者。鄯善王吓得面无人色，赶紧表示与汉朝交好，还决定把自己的儿子送到洛阳当人质。

班超像

汉明帝知道了班超在鄯善国的英勇事迹后，非常高兴，把班超提升为军司马，让他继续出使西域。

班超带领原班人马，又来到了鄯善西面的于阗。于阗王也因为害怕匈奴，对班超等人十分冷淡。于阗的一个巫师也从中作梗，说要杀班超的马祭神，不然的话，与汉朝交好神会降罪的。班超假意答应了这个要求，并让巫师自己去牵马。等巫师把马牵过来的时候，班超一刀砍下了他的脑袋，然后拎着人头去见于阗王。于阗王对班超的勇猛早就有所耳闻，见此情景，更加害怕，便也答应了与汉朝交好。

后来，班超等人继续出使西域其它国家，先后又与疏勒、车师等国建立了友好关系。他利用这些国家的兵马去进攻那些仍然跟着匈奴敌视汉朝的国家，用巧妙的战术取得了一系列胜利。最后，西域的50多个国家全部归顺了汉朝。公元91年，东汉政府任命班超为西域都护，负责保护西域诸国，监视匈奴。

班超在西域奋斗了30年，他运用各种方法，帮助西域人解除了匈奴的束缚，使西域重新与内地连为一体，被阻隔了几十年的东西交通大道也再次畅通起来。

第二十三节 党锢之祸

东汉后期，一些正直的官吏士大夫与太学生联合起来，要求收回外戚特权，打击宦官势力，形成了一股颇有声势的社会力量。这些与外戚和宦官进行斗争的官员和太学生被称为"党人"。

那时候，皇帝刚刚即位时年纪都还小，朝政大权往往都掌握在太后手中。太后不信任朝臣，依靠娘家的亲戚执政，形成了外戚专权。东汉时，外戚专权最厉害的就是梁冀。他本是汉顺帝皇后的哥哥，被汉顺帝封为大将军。汉顺帝死后，他依仗着自己的皇亲国戚的地位和大将军的职位，垄断朝政，横行霸道，不可一世。汉桓帝看不惯梁冀的所作所为，就找了自己亲信的几个宦官密谋除掉了梁冀。从此，东汉的政权从外戚手里转到了宦官的手里。

后来，宦官越来越骄横，一些太学生忍不住了，纷纷抨击起朝政来。许多不畏强暴的官吏也直接利用手中的权力惩治不法权贵，遏制宦官势力。其中最突出的就是司隶校尉李膺。李膺为官清正，执法严明，曾经杀掉了大宦官张让的弟弟张朔，打击了宦官势力，受到人们的尊敬。

东汉官印

但宦官们对李膺恨之入骨，时刻找机会报复。有个叫张成的方士与宦官关系密切，他听说皇帝即将大赦天下，就怂恿自己的儿子去杀人。他的儿子杀人后，就被李膺抓了起来，立即斩首示众。张成失算死了儿子，气急败坏地与宦官密谋，在汉桓帝面前诬陷李膺谋反。汉桓帝大怒，立即下令逮捕李膺等200多个党人。后来，在朝中大臣的反对下，桓帝被迫释放党人，但还是"禁锢"他们终身，永远不许他们做官。

汉桓帝死后，12岁的汉灵帝即位。汉灵帝的母亲窦太后见自己儿子年幼，控制不了朝廷，就与朝中大臣商议，把李膺等人招回朝廷。李膺回来后，立即秘密策划铲除宦官势力。宦官得知后，软禁了窦太后，强迫汉灵帝宣布李膺等人谋反。李膺等百余名党人被抓，几乎全部遇害。这次事件牵扯有关人员多达六七百人，宦官气焰嚣张到了极点。

经过两次"党锢之祸"，朝廷里正直的官员都遭到了打击，宦官集团完全控制了朝廷，东汉的政治一天比一天腐败了。

第二十四节　黄巾军起义

东汉后期的七八十年间，外戚宦官交替专权，朝政越来越腐败。而且，从汉和帝的时候起，全国各地灾荒不断，民不聊生。面对贫穷饥饿和腐朽的统治，农民走投无路，终于揭竿起义。其中规模最大的就是张角领导的黄巾大起义。

造纸生产过程示意图

张角是巨鹿（今河北平乡）人，从小读过几年书，懂得医道，经常免费给穷人看病。他看到农民们都盼望能安心进行生产，过太平日子，就成立了一个教派，取名太平道，并招收了许多弟子。张角一边继续给穷人看病，一边利用看病的机会进行传道。贫苦农民为了摆脱眼前的困苦生活，都把张角当作救星，纷纷信奉太平道。大约过了十几年的光景，太平道的教徒就发展到了几十万人。

张角见时机成熟了，就暗地里发动教徒们进行起义。他用 16 个字作为起义军的口号，就是："苍天已死，黄天当立，岁在甲子，天下大吉"。"苍天"就是指东汉，"黄天"是指起义军要创造的天下。他们约定在甲子年（公元 184 年）进行起义，到了那个时候就"天下大吉"了。

可是，就在起义爆发前的关键时刻，起义军叛徒向朝廷上书告密，朝廷立即出兵杀害起义军 1000 多人。张角下令通知各地提前起义。他自称"天公将军"，张宝为"地公将军"，张梁为"人公将军"。很快，全国就有几十万农民一同起义。由于起义军头上都裹着黄巾当作标记，人们就把起义军称为"黄巾军"。

黄巾军每打到一个地方，就焚烧当地的官府衙门，没收官家财物，开仓放粮。许多地方州郡的长官都吓得纷纷逃窜。不久，东汉的统治秩序就被完全打乱了。

但是时间长了，黄巾军的粮草武器供应越来越跟不上，东汉朝廷和各地军队四处围攻，起义军逐渐处于劣势。张角和其他两位将领也在这时先后去世，黄巾军迅速被镇压下去。

第二十五节　董卓擅权

在镇压黄巾起义的过程中，地方官吏和豪强都壮大了力量。他们纷纷拥有了自己的武装，发展成了地方的割据势力。这些割据势力之间，为了争夺利益，连年混战，给百姓带来了深重的灾难。

董卓本来是陇西的豪强，后来因为镇压黄巾起义有功而步步高升，势力逐渐扩展起来。公元 189 年，东汉统治集团外戚和宦官相互仇杀，董卓趁机带兵杀进洛阳。

还没到洛阳时，董卓听说汉少帝刘辩被宦官劫持外逃，就引军护驾，把汉少帝护送回

描绘剪除董卓历史故事的年画—连环计

了洛阳。董卓进京后，吞并了部分外戚和大将军的军队，尽揽东汉朝政。不久，他又胁迫何太后和朝臣废了汉少帝，改立陈留王刘协做皇帝，这就是东汉的末代皇帝汉献帝。废立的那天，朝中文武百官都悲切惶恐，却无一人敢进言。随后，董卓又毒杀了何太后，自封为相国，从此开始专制朝廷。董卓专权后，横行无忌。他每天带剑上殿，入朝不跪，没有一点臣子礼节。同时，他还在洛阳纵兵劫

掠财物，残害百姓，把京城弄得人心惶惶。

董卓的专横残暴引起了社会各阶层的强烈反对，就连那些官僚地主也对董卓没有好感。中军校尉袁绍因为与董卓意见不和，逃出洛阳；典军校尉曹操也怕董卓对他下毒手，公开打出了反对董卓的旗号。一时间，东汉各地十几个州郡先后起兵反对董卓，他们汇聚到一起，推举袁绍为盟主，组成了"关东军"，共同讨伐董卓。

董卓在关东军的围攻讨伐下，被迫挟持汉献帝迁都长安。董卓撤出洛阳的时候，百姓们都不愿跟他走，他就派军队把洛阳的房屋、庙宇全部烧光，把物品全部毁掉，弄得鸡犬不留。董卓到了长安后，更加专横跋扈，穷奢极欲，百姓的生活更加痛苦了。司徒王允对董卓的倒行逆施早就不满了，他联合董卓的部将吕布，共同密谋把恶贯满盈的董卓杀死了。董卓被杀的消息传开后，长安城的百姓兴高采烈，欢呼一片。但不久，董卓的余部就打进了长安，杀了王允等一万多人，对长安大肆烧杀抢劫。从此，军阀混战的局面正式开始，东汉转入了分裂割据的局面。

第五章　分裂动荡的年代——三国、两晋、南北朝

　　　　这是一个战乱纷繁的时代。汉末争战后,三国鼎立形成。魏、蜀、吴的统治者们怀着一统天下的雄心,进行了连年战争。公元 280 年,西晋统一全国,成为了魏晋南北朝时期唯一的统一政权。然而,好景不长,西晋统一中包含的分裂因素和不安定成分使中国很快再次陷入了更严重的分裂和混乱之中。中华文明遭受了历史上时间最长、规模最大的一次浩劫。

本章主要内容

第一节　挟天子以令诸侯

董卓死后，全国局势更加混乱。各地军阀招兵买马，尔虞我诈，整个黄河流域战火不断。曹操也趁机发展自己的势力。

曹操字孟德，小名阿瞒，沛国谯县人（今安徽亳州）人。他从小就很聪明，善于随机应变。他20岁的时候被举为孝廉，在皇宫担任侍从官。不久，他被调到洛阳，负责洛阳北部的治安工作。那时，洛阳的外戚和宦官专权横行，把洛阳弄得乌烟瘴气。曹操不畏强暴，对违法乱纪的人严惩不贷，使洛阳的秩序得以整顿。

后来，曹操见董卓的暴行很不得人心，就逃到了陈留，在这里招兵买马，扩建自己的队伍。不久，他又带兵参加了以袁绍为首的关东军，讨伐董卓。由于联军的各个将领都打着自己的算盘，想要保存实力，因此关东军与董卓几次交锋都没能获胜。不久，关东军就解散了。曹操打败了兖州的黄巾军后，建立了自己的据点。同时，他吸收大批招降的黄巾军，又打败了陶谦和吕布，形成了一个强大的割据势力。

曹操像

当时，除了曹操以外，黄河和长江一带还有很多想要称霸的地方割据势力。曹操想要重新统一国家，就得战胜这些军阀。曹操手下的谋士向曹操建议说："要想消灭各地的军阀豪强，就必须实行两项政策：一是要利用皇帝的名义以号令天下；二是要实行屯田，注意耕种，积蓄军粮。"曹操接受了他的建议。

公元195年，董卓的两个余部为了控制汉献帝在长安发生争斗。一些大臣带着汉献帝逃出了长安，回到洛阳。那时，洛阳的宫殿早就被董卓烧光了。汉献帝没有了宫殿，只能住在官员的破房子里。曹操听说后，觉得这是个好机会，就亲自带领一队人马，到洛阳迎接汉献帝，并劝汉献帝迁都到许昌。汉献帝和文武百官们听说许昌有粮食，都巴不得早点到许昌。公元196年，曹操把汉献帝迎接到了许昌。曹操自封为大将军，开始"挟天子以令诸侯"，用皇帝的名义向各地豪强军阀发号施令，掌握了政治上的主动权。

随后，曹操又开始着手解决军粮问题。他颁布"屯田令"，让百姓进行屯田，同时命令军队也要开垦荒地，实行军屯。由于曹操重视农业，经战乱而遭破坏的农业生产逐渐恢复发展起来，为曹操后来打败群雄，统一北方，奠定了雄厚的经济基础。

第二节　官渡之战

当曹操在许昌扩充势力，准备独霸中原的时候，袁绍也占据了冀、青、幽、并四个州，积聚了雄厚的经济力量和军事力量，成为北方最强大的割据力量，隔黄河与曹操抗衡。为了争夺中原地区的控制权，两军不久就展开了一场决定性的大战——官渡（今河南中牟）之战。

公元200年，袁绍亲自率军从邺城（今河南安阳）出发，进攻许昌。那时，袁绍拥有军队数十万，而且后方巩固，兵精粮足；而曹操能用以抵抗袁绍的军队只有一两万人，并且所占据的地方战乱连绵，物资供应远不丰富。

二牛耕地砖画

但是，袁绍固执己见，不肯听从别人意见，先后在白马（今河南滑县）、延津一带被曹操打败，损失了不少兵将。袁军接连打了两次败仗，士气非常低落。但袁绍自恃兵多，坚持率领大军渡过黄河，直逼官渡，想同曹操的主力军队进行决战。

官渡是南北交通的咽喉之地，距离许昌只有100公里。如果官渡失守，许昌就失去了屏障。因此，曹操初战胜利后，就主动撤兵退守官渡，坚壁不出，等待时机，与袁绍军队相持了长达半年之久。

这时，袁绍帐下的谋士不和，相互攻击。一个名叫许攸的人趁机投奔了曹操，告诉曹操袁绍刚刚在乌巢（今河南延津东南）屯积了一万车的军粮，并建议曹操出奇兵偷袭乌巢。曹操接受了这个建议。他率领了五千精锐骑兵，夜袭乌巢，放火烧掉了袁绍的军粮。正在官渡前线的袁绍听说乌巢被袭，吓得目瞪口呆。袁军军心也发生动摇，内部开始混乱。袁军的几位大将见大势已去，都投降了曹操。

袁绍还想将计就计，袭击曹操大本营，切断他的归路。没想到袁军进到曹营时，却受到曹军的腹背夹击，袁军一下子损失了七、八万。袁绍连吃败仗，粮食被烧，众叛亲离，只好带着剩下的 800 骑兵，渡过黄河，向北逃窜。

官渡之战，曹操以弱胜强，一举消灭了袁绍的主力。他乘胜追击，继续向袁绍占领的地区进军，很快就统一了北方。

第三节　孙权称霸江东

当曹操和袁绍在北方激烈争雄的时候，南方的一支割据势力也一天天壮大起来，这就是占据着长江下游地盘的孙策、孙权兄弟。

斗舰（模型）

孙策、孙权的父亲孙坚是长沙太守，本来是袁术的部下，后在一次作战中战死。那时，孙策还只有 17 岁，他带着自己的军队投靠了袁术。袁术虽然收留了孙策，但并不重用他。后来，孙策利用出兵讨伐扬州刺史刘繇的机会，招兵买马，壮大自己的势力。打败刘繇后，孙策继续向江东进军，很快就占领了江东 6 个郡的大片土地，开始在江东称霸，与袁术断绝了关系。孙策不满足于仅仅占有江东 6 郡，还想渡江与曹操争夺地盘，不料却被仇家杀害。

孙策死后，年仅 19 岁的孙权在张昭和周瑜的辅助下，开始掌管起军政大权来。当时，江东 6 郡虽说都归孙氏管辖，但还有很多偏僻的地方，不服从他们的指挥。另外，也有一些人对孙权持观望态度，要看看他的统治能否长久，有人甚至公开反叛。在这个紧要关头，孙权迅速调动军队，一举将反叛军队消灭。大家见孙权这样有气魄，有胆略，都很佩服他，就都听从了他的指挥。江东的局势稳定了下来。

为了使自己的势力得到更大的发展，孙权非常注重搜罗人才。周瑜的朋友鲁肃是个很有见识的人，周瑜就向孙权举荐了鲁肃。孙权立即把鲁肃请来，对他加以重用。由于孙权重用人才，江东地区的文武百官人才济济，出现了一片兴旺的景象。

公元 202 年，曹操派遣使者到江东，要孙权送一个儿子到许昌去做人质，以表示两家和好。孙权召集文武官员商议这件事。张昭是个文官，害怕打仗，主张送人质过去。周瑜坚决反对这种主张，他说："如果把人质送给曹操，江东从此就成了曹操的附庸，就要受他控制，听他指挥。我们江东 6 郡，物产丰富，兵精粮多，我们为什么不自己开创一份霸业呢?"

孙权同意了周瑜的看法，拒绝了曹操的要求。在江东的文臣武将齐心协力的辅佐下，孙权用心管理政事。由孙策开创的江东霸业，到孙权手中终于得到了巩固。

第四节　三顾茅庐

刘备字玄德，是西汉景帝的儿子中山靖王刘胜的后代。但刘家传到刘备这一代时，家境已经非常衰落，只能靠织草鞋、卖草席来勉强维持生活。东汉末年，社会发生动乱，刘备想趁镇压黄巾起义的机会组织自己的武装。有两个大商人很器重刘备，就出钱帮他招兵买马，关羽、张飞前来应募。刘备见他们二人武艺高强，才智出众，就与他们桃园结义，拜为兄弟。

后来，刘备为了站稳脚跟，投靠各地豪强军阀，以借机发展自己的势力。他先投奔了曹操，后来又投奔了袁绍。官渡之战以后，袁绍实力瓦解，刘备又逃到了荆州，投奔刘表。刘表对他很客气，拨了他一些人马，让他屯驻在偏僻的新野。

刘备起事已经有将近20个年头，他一心想成就自己的一份功业，为此他四处寻觅人才。一个叫徐庶的谋士向刘备推荐了诸葛亮，说这人是个了不起的人才。刘备求贤若渴，就决定亲自去拜会诸葛亮。

古隆中牌坊

诸葛亮，字孔明，是琅邪阳都（今山东沂南）人。小的时候父母早逝，跟随叔父到荆州避难。他17岁的时候，叔父死了，他就在隆中（今湖北襄阳）的卧龙冈盖了几间草屋，与一些朋友攻读史书，谈论天下大事。诸葛亮胸怀大志，常把自己比作古时的管仲和乐毅。人们都觉得他是个了不起的人物，尊称他为"卧龙先生"。

刘备同关羽和张飞带着礼物，长途跋涉来到隆中。他们找到了诸葛亮的草屋，但诸葛亮却不在家。过了几天，天气寒冷，三人顶着风雪再次来到卧龙冈。但诸葛亮的小童却说诸葛亮刚刚与朋友出去了。又过了些天，刘备等人第三次来到卧龙冈。他们听小童说诸葛亮还在草堂里睡觉，关羽和张飞早已不耐烦起来，但刘备坚持在草堂的台阶下等候。过了好一会儿，诸葛亮才翻身醒来，把三人请进了屋里。

在草堂里，诸葛亮向刘备详细分析了当时的局势，给刘备提出了一整套统一全国的战略方针。刘备越听越觉得钦佩，执意请诸葛亮与他一起下山，辅佐他成就大业。诸葛亮早就有出将入相之志，他见刘备这样诚恳，就答应了。

从此以后，诸葛亮一心辅佐刘备打天下。为了实现这个愿望，他付出了自己全部的智慧和力量，真正做到了"鞠躬尽瘁，死而后已"。刘备的势力从此越来越大。

第五节　赤壁之战

　　经过了官渡之战，曹操统一了北方。他继续发展生产，增强军事实力，企图消灭荆州的刘表和江东的孙权，统一全国。

　　公元 208 年，曹操率领大军南下，直取荆州。这时，刘表刚刚死去，他的儿子刘琮继承了他职位。刘琮听说曹操的军队声势浩大，早已吓破了胆，暗地里向曹操投降。这时候，驻守在新野一带的刘备听说曹军打来了，来不及抵抗，就决定把人马撤到江陵（今湖北江陵）。走到半路的时候，曹操的人马赶到，刘备被曹操打了个大败，江陵也被曹操夺取。刘备带着剩下的军队逃到了夏口（今湖北武汉）。

华佗为关羽刮骨疗毒图

　　曹操夺取了荆州和江陵后，志得意满，写信劝孙权归降，并说要以 80 万大军进攻江东，随后还要从江东攻取夏口，消灭刘备。东吴上下一片惊慌，这时，刘备把诸葛亮派到江东，让他联合东吴，以共同抗击曹操。诸葛亮见到孙权后，向他分析了两军的实力，认为孙刘联军一定可以打败曹军。孙权同意了这一主张。经过了一番周密安排，孙刘联军在长江南岸的赤壁，与曹军隔江对峙，赤壁之战爆发了。

　　那时，曹操的军队虽然声称有 80 万人，但他们经过长途行军，早已疲惫不堪。再加上曹军多半是北方人，来到江东后水土不服，陆续生起病来，没病的士兵也因为晕船而丧失了战斗力。双方刚一交锋，曹军就打了败仗，不得不退回江北。曹操为了使战船不因风浪而颠簸，采用了"连环船"的办法，把战船用铁索拴在一起，并铺上木板。这样，人在上面行走就平稳多了。

周瑜的部下黄盖看到这种情况，就想出了火烧连环船的办法。几天以后，曹操收到了黄盖的投降信，表示要脱离东吴，投奔曹操。曹操以为东吴的将领惧怕他，对黄盖的诈降信一点都没有怀疑，还与他约定了日期和暗号。到了那天，黄盖的船满载着枯柴干草，到离曹营不远的地方放起火来。当时正刮着东风，火势顺着东风很快就烧到了曹营。曹营的船是连在一起的，所有的船立刻成为了一片火海。周瑜趁机向曹军发起猛攻，曹军大败。孙刘联军分水陆两路追击，曹操带着剩余的军队，狼狈逃回了许昌，从此再也没有力量进攻南方了。

经过了赤壁之战，三国鼎立的局面基本形成。

第六节　三国鼎立

曹操在赤壁之战战败以后，被迫回到了北方，没有力量再去统一全国。孙权在江东的政权更加稳固，刘备也以荆州为跳板夺取益州，天下三分之势初定。后来，曹操把防线撤到襄阳，专心治理西北。刘备占据荆州和益州，又从曹操手中夺得汉中，并命关羽在荆州向曹操发动猛攻，震动许昌，蜀汉势力发展到了顶峰。孙权招抚了交州和广州，平定了岭南；在曹操的挑拨下，孙权袭杀了关羽，夺取荆州，占据了长江中下游全部地区。这样，三国鼎立的局面事实上已经形成了。

公元220年，曹操病死，他的长子曹丕继承王位，掌握了朝廷的大权。不久，他废掉了汉献帝，自己登上了皇帝的宝座，建立了魏朝。曹丕就是魏文帝。曹丕称帝的消息传到了蜀汉以后，蜀国人都以为汉献帝刘协已被杀害。刘备觉得自己是汉朝皇室的后代，理应接替皇位。于是，在曹丕称帝的第二年，刘备也在成都即位，就是汉昭烈皇帝。因为他以兴复汉室为口号，所以国号仍为汉。公元229年，孙权在建业（今江苏南京）称帝，建立吴国。三国鼎立正式形成。

此后，魏、蜀、吴三国积极加强对本国的治理。魏国继续实行大规模屯田，安定农民，恢复北方的农业生产；在政治上，对地方豪强进行抑制，并采用"九品中正制"的选官制度，加强对人才的选拔。蜀国在诸葛亮的带领下，致力于农田水利事业，派人维护都江堰水利工程，保障了成都平原的农田灌溉；公元225

三国鼎立图

年，诸葛亮率军七次捉拿少数民族首领孟获，迫使其臣服，此后又采取"合"、"抚"政策，巩固了蜀汉在西南地区的统治。吴国则重视农业和手工业的同步发展，海上贸易发达；孙权平定南方少数民族山越，多次派使者出使南亚各国，并于公元230年派将军卫温等巡视夷洲（今台湾）一年。

　　三个国家在各自的治理下，出现了势均力衡的局面。他们虽然力图打破均衡的局面，但都不具备统一全国的能力。因此，三国战争不断，就这样维持了将近60年。

第七节　白帝城托孤

　　孙权和刘备联手在赤壁打败了曹操之后，曹操退回了北方。但孙、刘两人之间的矛盾却日渐激化起来。孙权认为荆州应该是东吴的地盘，而刘备却占据不让。刘备为了攻取益州，让关羽守卫荆州，自己带军西进。后来，关羽为了攻打曹军，带兵北上，不想孙权却趁机派人从后面偷袭，夺取了荆州，还杀掉了关羽。

刘备与关羽情同手足，得知关羽被害后，发誓要灭掉东吴。他让张飞率领士兵一万人与他到江州（今重庆）会合，一同南下对付东吴。但张飞由于经常鞭打士卒，引起士兵怨恨，他们趁张飞酒醉的时候，杀了张飞，投奔了孙权。刘备知道后，更加痛恨孙权。公元222年，刘备不顾诸葛亮的反对，率领70多万大军浩浩荡荡地杀向了东吴。

白帝城

孙权得到这个消息，几次派人向刘备求和，都遭到了拒绝。孙权知道刘备这次真的动怒了，就派陆逊为都督，带兵迎战。刘备开始的几仗打得很顺利，占领了东吴的大片地盘。刘备不加修整，带领大军从水路和旱路一齐进发，一直打到了猇亭（今湖北宜都）。

陆逊是东吴的一个年轻将领，可他用起兵来却非常老练。他见刘备节节胜利，步步紧逼，就对东吴的将士们说："刘备此次发兵声势浩大，士气旺盛，我们要是现在跟他们硬拼的话，非败不可。现在最好的办法就是按兵不动，等蜀兵精疲力尽的时候，我们再出兵，一定可以获胜。"东吴的老将们听了并不服气，他们觉得陆逊胆太小，害怕刘备，都对他流露出轻蔑的神色。刘备到了猇亭设下营寨后，就等着吴兵出来，把他们消灭掉，可吴兵就是按兵不动。刘备见一时不能取胜，就使用诱敌之计想让陆逊出兵，哪知却被陆逊识破。

这时，蜀军由于战线拉得太长，兵力分散，再加上天气炎热，士卒早已疲惫不堪。陆逊抓住这个有利时机，决定进行反攻。他先进行了一番试探，得出了蜀军的虚实。随后，他命水路士兵用船装满茅草，放火点燃蜀军的船只，又命令陆军带着火把埋伏在猇亭附近的树林中，等起风的时候，就把火点着，冲向蜀营。于是，蜀军的战船和营寨片刻间成了一片火海。吴军趁机从四面八方杀来，把蜀

103

军打得全军覆没。刘备奋力死战，摆脱了追兵，逃到了白帝城（今四川奉节）。

刘备又悔又恨，一病不起，临终前，将太子托付给了诸葛亮。诸葛亮担心孙权乘刘备刚死对蜀发动袭击，就派人与东吴和好，再次建立了蜀吴联盟。三国鼎立的局面得到了进一步的巩固。

第八节　诸葛亮六出祁山

诸葛亮恢复与吴联盟、平定南中后，就准备北伐曹魏。第一次北伐在蜀汉建兴六年（228 年）春，他令赵云等作疑兵，摆出由斜谷（今陕西眉县南）攻郿城（今眉县北）的态势，以吸引魏军；自己则率主力向祁山（今甘肃西和县祁山堡）方向进攻，陇右的天水、南安、安定等郡相继叛魏降蜀，又收服了姜维，一时关中大震。可是马谡违背诸葛亮部署，为张郃所败，丢了街亭；赵云等出兵也不利，诸葛亮只得退回汉中。不久，天水、南安、安定三郡又叛汉附魏。

诸葛亮像

第二次北伐是同年冬，诸葛亮乘陆逊在石亭打败曹休之机，出散关，包围陈仓（今陕西宝鸡西南），攻打 20 多天未破，魏的援军赶到，他不得已又退回汉中。

第三次北伐是建兴七年，亮进攻武都（今甘肃成县）、阴平（今甘肃文县西北），打败魏援军，占了这两郡，留兵据守，自己率部回师。次年，魏军进攻汉中，诸葛亮加强防守，又增调援军，再由于连续大雨，子午谷、斜谷等道路不通，魏军撤退。

第四次北伐是建兴九年，蜀军包围祁山，魏军统帅司马懿迎击，诸葛亮准备决战。司马懿知蜀军远来，军粮不多，凭险坚守，拒不出战。诸葛亮想用退兵的办法引诱敌人，但司马懿追赶很谨慎，蜀军一停，他就扎营拒守。此时李严假传刘禅要求退兵的圣旨，加上蜀军粮草将尽，诸葛亮只得班师，在归途中以伏兵杀了魏国名将张郃。

　　第五次北伐是 12 年春，诸葛亮率十万大军出斜谷口，到达郿县，在渭水南岸五丈原扎营。司马懿也筑营阻拦，不与蜀军作战，料知蜀军远来，粮草运输困难，想把蜀军拖垮。诸葛亮也有准备，在渭水分兵屯田，作长期战争的打算。诸葛亮在这次出兵前曾与孙权约定同时攻魏，五月吴军十万攻魏，不胜，撤回江东，所以蜀军只得与魏军单方面周旋。八月间诸葛亮积劳成疾，病情日益严重，不久就与世长辞。死后，姜维等遵照他的遗嘱，秘不发丧，整军退入斜谷。诸葛亮出师北伐共为五次，真正出兵祁山只有二次；还有一次是魏军进攻汉中，不是诸葛亮出击。后世概而言之，说成是"六出祁山"。

第九节　司马氏专权

　　三国时期，司马懿在曹魏握有军政大权。他出身于士族家庭，政治野心极大，而且为人处事圆滑。曹操刚刚掌权的时候，比较器重司马懿，想让他出来做官。但司马懿嫌曹操出身太低微，不愿跟随他，就对曹操说自己得了风瘫病。曹操心里很怀疑，派刺客夜里带刀到司马懿住处察看。司马懿虽然瞒过了曹操派来的刺客，但觉得这样下去曹操不会放过他，就又说自己的风瘫病已经好了。等曹操再次召见他时，他就不再拒绝了。

　　司马懿在曹操和魏文帝曹丕手下担任过重要职位，立下了许多功绩，赢得了很高的声望。到了魏明帝即位时，司马懿已经成为了魏国的元老。魏明帝荒淫残暴，大肆兴建宫室，搜罗珍奇异宝，百姓们怨声载道，曹魏政权开始走向衰落。司马懿趁机收买人心，扩大自己的势力。

　　魏明帝在 35 岁的时候得了重病，临死前把

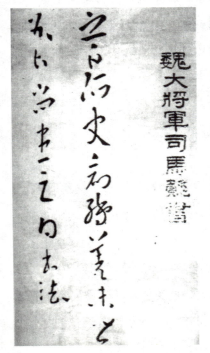

司马懿　十字书

魏国政权托付给司马懿和曹爽，让他们辅佐8岁的曹芳做皇帝。曹爽是曹操的侄孙，势力很大。他掌握了大权后，开始排挤司马懿。司马懿没有能力与他抗衡，只得假装生病在家，以消除曹爽对他的戒备。公元249年，司马懿趁曹爽陪曹芳外出祭祀的时候，发动政变，调动军队控制了洛阳，消灭了曹氏家族。司马氏从此开始独断朝野。

司马懿死后，他的儿子司马师接替了他的位置。司马师更不把皇帝放在眼里。曹芳当了十几年的皇帝，一切政事都无权过问，心里很不满，想除掉司马师。还没等他有什么举动，司马师就看出了他的意图，废掉了曹芳，另立曹髦做皇帝。

后来，司马师死了，司马昭做了大将军，比司马师更加专横。他掌权以后，就开始不停地杀害曹氏家族的人，篡位的野心越来越明显。曹髦对司马昭忍无可忍，带着宫中的卫兵数百人，进攻司马昭，可还没来得及动手，就被司马昭的部下成济杀死了。司马昭怕人咒骂他弑君篡权，就以太后的名义写了一道诏书，指出曹髦的许多罪过，把他废为了平民，掩盖自己杀君的罪名。司马昭又把成济当做替死鬼，给他定成大逆不道的罪名，灭了他的三族。接着，司马昭立曹操的孙子曹奂为帝，改年号为景元。到这时，司马昭夺权篡位的活动基本完成，曹氏政权名存实亡，三国鼎立的局面快要结束了。

第十节　三国归晋

司马昭杀了魏帝曹髦以后，曹氏政权已经名存实亡。为了进一步夺取天下，司马昭决定灭掉蜀国和吴国。经过一番仔细的考虑，司马昭决定先灭蜀国，再灭吴国。

蜀国自从诸葛亮死了之后，国家失去了顶梁柱。蜀国的皇帝刘禅16岁时就即位做了皇帝，他每天只知道吃喝玩乐，不会管理国家大事。诸葛亮在世的时候，他依靠诸葛亮扶持。诸葛亮死后，他依靠蒋琬扶持。后来，蒋琬也死了，刘禅已经成为了一个40几岁的中年人，可他仍然不能管理国家大事，还把大权交给了宦官黄皓。黄皓独揽朝政，把蜀国的政治搞得一塌糊涂。司马昭看准了时机，趁机向蜀国发动进攻。

公元262年，司马昭调集18万大军，兵分3路讨伐蜀国。魏军大将邓艾率领一路队伍从小路向蜀都成都行进。邓艾到了成都时，蜀军毫无防备，刘禅正在宫中玩乐。他听说魏军已经兵临城下，吓得六神无主，急忙召集群臣商议。有的大臣胆小，建议他投降，他不假思索就同意了。他亲自带着蜀汉全国的户口簿、军队的花名册和大量金银珠宝，打开城门，向邓艾投降。经过刘备诸葛亮等人苦心经营了几十年的蜀汉政权就这样灭亡了。

司马昭灭了蜀以后，威信大大提高了。可回来不久，司马昭就病死了。他的儿子司马炎继承父位。司马炎上台后，立即强迫魏元帝曹奂让位，自己登上了皇帝的宝座，建都洛阳，改国号为晋，史称"西晋"。司马炎就是晋武帝。

唐·阎立本·历代帝王像卷·司马炎图

三国鼎立的局面变成了南北对峙，下一步，晋武帝就要着手灭吴国了。

吴国的最后一个皇帝是孙权的孙子。他生性残暴，经常变着花样杀人取乐，一点儿也不关心国家大事和百姓疾苦。吴国百姓怨声载道，朝中君臣关系也非常紧张。晋国尚书左仆射羊祜利用这个机会为攻打吴国做准备。他一面采用攻心术收买人心，一面加紧进行军事部署。公元279年，西晋的人们都认为灭吴的时机成熟了，司马炎就发兵20万，兵分几路攻打东吴的国都建业。各路晋军一路上取得节节胜利，一年之后，齐集建业城下。吴帝孙皓见大势已去，无力挽回败局，就带领残兵败将投降。

至此，三国分立的时期结束了，西晋统一了全国。

第十一节　八王之乱

公元265年，晋武帝司马炎为加强中央对地方政权的控制，分封宗室27人为同姓王。每个王都有自己的军队；王国里的文武官员，都由诸侯王自己选用。晋武帝以为这样一来，有许多握有兵权的亲属子弟支持皇室，司马氏的统治就可以稳固了。哪里知道这一来，反而埋下了祸根。

晋武帝死了以后，晋惠帝即位。晋惠帝痴呆不懂事，他的妻子贾后却是一个

魏晋·画像砖·男宾观看童舞

阴险毒辣的人。她先是借楚王司马玮之手杀死了拥有辅政大权的外戚杨骏，让汝南王司马亮辅政。随后，贾后觉得司马亮也很碍事，就假传晋惠帝的密令，派楚王玮把汝南王亮抓起来杀了。

楚王玮本来是贾后的同党，但是贾后怕他连杀两王之后，权力太大。当天晚上，贾后宣布楚王玮假造皇帝诏书，擅自杀害汝南王，把楚王玮办了死罪。从此，朝廷上再也没有辅政的大臣，贾后一个人独霸朝野。

公元299年，贾后为了彻底清除自己长期专权的障碍，将太子司马遹废为了庶人，不久又将他毒死。这件事引起了朝中大臣们的强烈不满，背地里都议论纷纷。掌管禁军的赵王司马伦觉得这是个好机会，就趁机发动兵变。公元300年，赵王伦发兵进攻洛阳，捉住了贾后，把她杀掉了。第二年，赵王伦废了晋惠帝，自称皇帝。他一即位，就把他的同党，不论文官武将，或是侍从、兵士，都封了官职。

各地的诸侯王见赵王伦做了皇帝，都想登上这个宝座。齐王司马冏、成都王司马颖、河间王司马颙、长沙王司马乂（yì）起兵发起总攻，杀了赵王伦，诸王混战开始。随后，齐王司马冏、长沙王司马乂、东海王司马越相继掌握政权。公元306年，东海王司马越毒死了晋惠帝，立惠帝的弟弟司马炽为帝。至此，诸王之间的混战才结束。

由于参加这场混战的有赵王司马伦、齐王司马冏、成都王司马颖、河间王司马颙、长沙王司马乂、东海王司马越。加上已经被杀的汝南王亮、楚王玮，一共八个诸侯王，因此历史上就把这次事件称为"八王之乱"。

第十二节　流民起义

延续了十几年的八王之乱，严重破坏了社会生产，大大加深了各族人民的痛苦。由于生产破坏和天灾而引起的饥荒，数百万计的农民漂流异乡，到处寻找食物，这些人被称作"流民"。一些少数民族也参加到了流民群中，还有一些民族则纷纷举行暴动，反对西晋统治。由于当时西晋的军队大多用于平定八王之乱，因此西晋统治者无法制止各族人民的流亡。这样，流亡的农民越来越多，扩及的范围也越来越广泛，形成了一股声势浩大的反晋力量。

西晋·镇南将军金印

公元298年，关中一带闹饥荒，略阳、天水等6郡的大批汉、氐和羌族人民逃荒到蜀地，给富户人家打长工过活。但是，当地的政府却下令把这批流民赶回关中，并在要道上设立关卡，企图抢夺流民财物。当时没到秋收时节，庄稼还没有收割，大伙怕路上没有吃的，不愿这时上路。氐族人李特代表流民一再请求政府放宽遣返回乡的期限，等庄稼收割了再走。当地政府表面上答应了李特的请求，暗地里却调兵遣将，准备对流民进行武装镇压。李特察觉到了官府的阴谋，在官府出兵前来袭击的时候，出其不意地进行反击，将官兵击败。

流民们见李特有勇有谋，纷纷投奔他。他们拥护李特为流民的领袖，开始进行反对西晋的起义。公元301年，李特领导流民在绵竹建立流民政权，举行起义。李特自称镇北大将军，封他的兄弟李流为镇东将军，儿子李雄为前将军。

李特领导起义军奋勇作战，攻占广汉，进攻成都。李特学着汉高祖的样子，与蜀地百姓约法三章，打开官府粮仓，救济当地贫苦百姓。他还整顿军法，严肃军纪，得到了百姓们的拥护。西晋政府表面上派使者向李特求和，暗地里勾结当地豪强势力，围攻李特。李特奋勇抵抗未成，战败牺牲。

后来，李特的儿子李雄继续领导流民起义。公元304年，李雄攻入成都，自立为成都王。两年后，李雄称帝，建立成国。

第十三节　西晋灭亡

公元304年，就在李雄在成都称王的同时，匈奴人刘渊也在山西一带起兵反晋。

刘渊出身于匈奴贵族。他从小就读了很多汉族人的书，非常精通汉族文化。后来，他参加了西晋的军队，不久在成都王部下做了将军。八王之乱开始以后，刘渊觉得恢复匈奴地位的机会到了，就自称为王。由于汉朝曾经把公主嫁给匈奴单于，刘渊就自称是汉朝的外孙，把自己建立的国家定名为汉国。

刘渊称王建汉以后，势力不断增长，很快就攻下了上党、太原、河东、平原等几个郡。羯族人石勒造反失败，率领了胡人部众几千人归顺刘渊。鲜卑族的几个部落见刘渊势力强大，也纷纷前来投奔刘渊。这样，在刘渊的号召下，逐渐形成了一个由匈奴、鲜卑、氐、羌等各族组成的反晋力量。公元308年，刘渊正式在平阳（今山西临汾）称帝，并派兵攻打洛阳。当时，洛阳的百姓虽然恨透了腐朽的西晋王朝，但也不愿受匈奴贵族的统治。刘渊两次进攻洛阳，都遭到了洛阳军民的猛烈抵抗。

青瓷兽形尊

后来，刘渊死了，他的儿子刘聪做了汉国皇帝，又派大将刘曜、石勒进攻洛阳。晋朝的兵力早就在八王之乱中消耗殆尽了，他们在洛阳百姓的配合下奋勇抵抗，但终因寡不敌众，被汉军击败。公元 311 年，各路汉军攻入洛阳，在洛阳皇宫中大肆抢夺财物，火烧宫殿房屋，杀掉王公士民 3 万余人。晋怀帝被汉军俘虏到平阳，不久就被刘聪杀害。

晋怀帝死后，他的侄儿司马邺继承皇位，就是晋愍帝。公元 316 年，刘曜攻下长安。晋愍帝在内无粮草、外无援兵的情况下，派出使者向刘曜投降，没想到使者却被刘曜杀了。晋愍帝没有办法，只得亲自光着上身，乘着羊车出城向汉军请降。晋愍帝在受尽侮辱之后，也被刘聪杀掉。西晋王朝在维持了 52 年之后，终于灭亡。

第十四节　王与马，共天下

刘聪攻克长安后，南方的政权还掌握在晋朝官员们的手中。为了延续司马氏的统治，晋愍帝在被俘之前下诏，让镇守在建康（今江苏南京）的琅王司马睿继承皇位。

司马睿是司马懿的曾孙，与北方的大地主王导交往密切。司马睿在建康即位后，王导就成了他的谋士。司马睿对王导言听计从，把他当作知心朋友。司马睿刚到建康的时候，江南的一些大士族地主嫌司马睿地位低微，不把司马睿放在眼里，也不来拜见他。司马睿心里很不踏实，就让王导想个办法。王导有个堂兄叫王敦在当地很有势力，他们两人经过一番商量，想出了一个主意。

这年三月初三，王导借当地人节日郊游的机会，让司马睿坐上豪华的轿子，排出威严的仪仗，由王导和王敦簇拥着出行。江南有名的士族看到连王导和王敦这样有声望的人都对司马睿这样尊敬，都很吃惊。他们生怕自己怠慢了司马睿，争先恐后地来到路旁，拜见司马睿。司马睿的威望大大提高了。

王导·省示帖

后来，王导又出主意，让司马睿将当地名士和一些北方逃难的士族地主吸收到王府来。司马睿听从王导意见，前后吸收了一百多个有名望的人到王府做官。打那以后，江南的士族就像风吹墙头草一样，全都倒向了司马睿。东晋政权开始在江南站稳了脚跟。公元317年，司马睿在建康称帝，重建晋朝，这就是晋元帝，历史上称为东晋。

司马睿心里对王导非常感激，他觉得自己能够当上皇帝全靠王导、王敦兄弟的帮忙，所以对他们特别尊重。他称王导为"仲父"，把王导比作汉朝的良相萧何。在举行东晋开国大典那天，司马睿硬要拉着王导一起坐在皇帝的位置上受百官朝拜。王导坚决不同意，他对司马睿说："如果太阳与天下万物相同，那么百姓怎么能得到阳光普照呢?"司马睿听了更加感激王导，他让王导担任尚书，掌管朝中大权;又让王敦总管军事。王家的子弟中，很多人都被封了重要官职。

后来，民间就流传着"王与马，共天下"这样一句话，意思就是王氏家族同皇族司马氏共同掌握了东晋的大权。

第十五节　石勒建立后赵

北方西晋灭亡后，各民族又陆续建立了许多国家，历史上把北方少数民族建立的15个国家连同西南的成国，统称为"十六国"。羯族人石勒建立的后赵就是其中之一。

石勒是上党武乡（今山西榆社）人，他家世代都是羯族的小头目。石勒年轻的时候，家乡闹饥荒，他和部落失散，四处流浪。后来，石勒被乱兵抓了去，卖给人家当奴隶。石勒智勇双全，他趁当时北方局势混乱，就逃了出来，招集了一些流亡在外的农民，组成了一支武装队伍。刘渊起兵后，石勒带着他的队伍投靠了刘渊，成为刘渊手下的一名大将。

敦煌莫高窟

石勒虽然没受过什么教育，但他经过了几次带兵作战，逐渐地懂得了光靠武力不能成就事业。于是，他十分注重收罗人才，招纳贤士。

有个叫张宾的汉族人是个难得的人才，读过很多书，并且胸怀大志。石勒听说后，就把他招了来，让他帮助自己出谋划策，巩固自己的地位。后来，石勒又收留了一批在战争中流亡的汉族读书人，组成了一个"君子营"，帮助自己运筹帷幄。在这些人的帮助下，石勒的力量一天天壮大起来。

刘渊死后，石勒与刘渊的侄子刘曜各霸一方。公元319年，刘曜建都长安，改国号为赵。公元328年，石勒灭掉刘曜，自称皇帝。历史上把刘氏建立的赵国称为"前赵"，把石勒建立的赵国称为"后赵"。

后赵建立后，石勒为了加强自己的统治，采取了许多措施。他积极学习汉族的先进文化，以改变羯族落后的习惯和风俗。他首先在后赵都城设立太学，请汉族读书人做教师，选拔羯族官员子弟300人入太学读书，培养统治人才。他还建立了保举和考试制度，凡是各地保举上来的人，经过评定合格，就选用他们做官。

石勒非常重视读书人。他命令部下，今后凡捉到读书人，一律不许杀死，一定要送交他亲自处理。他还虚心听取读书人意见。有一次，石勒要建筑宫殿，大兴土木，以供自己享乐。朝中的一位大臣知道了连忙上书，为石勒讲述这样做的危害。石勒看了果然就不建了，还给这个上书的大臣很重的奖赏。朝中官员知道以后，都纷纷向石勒直言劝谏。后赵的国力更加强大了。

第十六节　祖逖北伐

东晋十六国时期，匈奴占领中原，各国相互混战，很多北方人为了避难来到南方。这些南迁的人们怀念故土，希望东晋能恢复中原。祖逖就是其中比较著名的一个。

祖逖是范阳（今河北涞水）人，出身名门望族。他从小就有远大志向，喜欢结交英雄好汉。长大以后，祖逖又读了很多书，在乡里是个远近闻名的人物。

祖逖有个好朋友叫刘琨，两人十分谈得来，经常睡一张床，盖一个被子。每当半夜听到鸡叫时，祖逖就推醒刘琨说："快起来吧，鸡在叫我们起床呢！"于是，两人就一同起床舞剑，练习武艺，等日后报效国家。

后来，西晋灭亡了，祖逖也和别人一样，带着家属、亲戚、朋友，离开北方南下，来到了江南。在途中，祖逖经常自己步行，把马车让给老弱病残的人，自己的衣服食物也与大家一同使用。大家见他这样慷慨大方又有主见，都很佩服他。

这时，司马睿刚刚在南方建立起政权。他大力网罗南迁的人，祖逖刚到江南，司马睿就任命他为徐州刺史，不久又把他提升，让他居住在京口（今江苏镇江）。

匈奴人黄金铠甲

　　但是，祖逖始终没有忘记江东父老，他一直把收复中原、振兴国家的大志铭刻在心。他召集了许多勇敢又有胆识的壮士，每天练习武艺，准备有朝一日北伐中原。过了一段时间，祖逖向司马睿建议出兵北伐。但司马睿当时只想保住江南，根本就没有北伐的志向。他为了笼络人心，不失掉自己的面子，就任命了祖逖一个官职，给了他够1000人吃的粮食和3000匹布，让他自己去组织军队。

　　祖逖并没有因此而灰心丧气。他带着随同他一起来的家乡百姓，组成了一个队伍，横渡长江北上。当船驶到江心时，祖逖敲打着船桨对大家发誓说："我祖逖如果不能收复中原，就像这滔滔东流的江水一样，有去无回！"

　　祖逖渡过长江后，把军队驻扎在淮阴，一面派人打造兵器，一面招兵买马，然后继续前进。中原的百姓都非常支持祖逖，帮助他顺利进军。几年的时间，祖逖的军队就收复了黄河以南的大片土地。

　　正当祖逖面对着一片大好形势，准备继续北上的时候，司马睿却担心祖逖功劳太大了，威胁到自己的统治，就派人前去牵制祖逖。祖逖看到自己不再受到信任，收复中原的理想将不可能实现了，终于忧愤成疾，含恨而死。

第十七节　淝水之战

　　公元351年，氐族贵族苻健建立前秦，定都长安。苻健死了以后，他的侄儿苻坚即位。苻坚重用汉族人王猛，实行改革，前秦国力得到不断增强。

　　公元383年7月，苻坚不顾群臣反对，征集汉、羌、鲜卑等族人民，组成80万大军，大举南下，想一举消灭东晋，统一全国。

　　消息传到东晋后，朝廷大臣集中在一起，商议对策。有的人主张抵抗，有的人主张投降。宰相谢安愤怒地说："现在胡人入侵中原，眼看着我们的国土就要丢了。如果再不抵抗，迟早有一天我们要当亡国奴。"于是，谢安就亲自担任征讨大都督，命令谢石负责指挥全军，谢玄担任先锋，率领8万兵马迎战前秦军队。为了安定人心，谢安表面上作出若无其事的样子，但暗地里却时刻注意着前秦军队的动向。

10 月，前秦军队渡过淮河，进攻寿阳。谢安派胡彬率领水兵前往寿阳援救。

淝水之战图

在路上，胡彬得知寿阳已经被前秦军队攻破，只好退到硖石（今安徽凤台），扎下营来，等待谢石、谢玄的大军会合。

不久，胡彬的军队就被晋军围困起来。胡彬写了一封信派人向谢石告急，说他的军中粮食已经没有了，请谢石赶紧出兵解围。结果送信的人离开晋营不久就被秦军抓了去。符坚知道晋军的情况后，非常高兴。他认为晋军已经不堪一击了，就派朱序到晋军大营去劝降。谁知道，朱序原来是东晋的将领，他因为在打仗时被俘，才留在前秦。这时，他觉得自己为东晋效力的时候到了，就到晋营向谢石建议趁秦军还没集中的时候出击，以大破秦军。谢石接受了这个建议，于11 月初派 5 千精兵渡过洛涧，击败秦军。

东晋得胜后，乘势水陆并举，向秦军进攻。两军夹淝水对峙。符坚登城远望，见晋军队伍整齐，又见山上草木重叠，还以为都是晋军，非常害怕。晋军趁秦军立足未稳，用计渡过淝水，向秦军发动猛攻。无心恋战的前秦士兵趁机逃走，前秦军队阵脚大乱，狼狈败逃。

经过这场大战，前秦元气大伤，迅速瓦解。历史进入南北朝政权更替时期。

第十八节　士、庶族之争

三国时期，魏文帝曹丕接受陈群的建议，制定了"九品中正制"，通过德、才、家世三项标准来选择官吏。但是，这项制度在执行时完全变了型，出现了只重家世，不重才能的情况。一些名门望族大官僚的子弟，总会被评为上品，他们把持着中央和地方的重要官职，世代享受高官厚禄，成为了"士族"；士族以外的那部分地主，就成为了"庶族"。

魏士大夫图

到了东晋的时候，士族势力得到了充分发展。东晋的历代皇帝都没有什么权力，国家大权掌握在几家大户士族手中，皇帝要想稳住皇位只能依靠士族扶持。到了南朝时期，士族特权仍然得到承认。宋、齐两朝还规定，高门士族的子弟20岁就可以登朝做官，而庶族地主的子弟要到30岁之后才能做小官。高门士族升迁极快，在很短的时间内就能做到公卿。南朝位高权重的职位，几乎全部被士族垄断。

士族为了维护自己的特殊地位，非常注重门第身份的高低。他们不同庶族往来，不与庶族通婚，甚至不与庶族使用一个座位。宋孝武帝的舅舅路庆之出身庶族。有一次，他的孙子路琼之去拜见王导的后人王僧达。王僧达见了他非常冷淡，还讥讽地问："昔日我家养马的仆人路庆之是你什么人？"路琼之无言以对，就告辞回去。他刚刚走出王家大门，王僧达就命令下人把路琼之坐过的床烧掉。路太后听说此事后大怒，跑到宋孝武帝面前哭诉。宋孝武帝无可奈何地说："琼之年少不懂事，没事何必跑到王家去自找没趣呢？"

这些讲究身份和门第的士族，不学无术，生活腐化。他们平时不读书，考试时找人代笔。他们涂脂抹粉，头戴高帽，脚蹬高屐，出门的时候必要乘车，进门的时候有人扶持。有些人身体虚弱，不但不会骑马，甚至连走路的力气都没有。有的人见了马都害怕，还把马说成是老虎。这些士族四体不勤，五谷不分，是一群极端腐朽的社会寄生虫。

第十九节　东晋灭亡

正当拓跋氏在北方不断扩张领土的时候，南方东晋大将刘裕也在逐渐扩大自己的势力。

刘裕本是汉高祖刘邦的后代。但刘家到刘裕父亲时，家族已经很没落了。迫不得已，刘裕很早就挑起了养家的重担，农忙时种地，农闲时不是上山砍柴，就是下河捕鱼。也正是因为这样，刘裕从小就尝尽了生活的艰辛，磨练了他坚韧、强悍的个性。

后来，刘裕到北府兵参了军。他英勇善战，善用计谋，立下了多次战功。不久，桓温的儿子桓玄发动政变，强迫当时的晋安帝退位，他自己做皇帝。刘裕听说后，联络了许多北府兵中下级军官，向桓玄发动进攻，把桓玄打了个大败。刘裕还把晋安帝接回建康，让他重登皇帝宝座。这样一来，刘裕一下成了东晋王朝

王羲之·兰亭序

的大功臣。晋安帝为了感谢他，把东晋的军政大权都交给了他。

随着权力的增长，刘裕逐渐产生了政治野心，也萌发了想做皇帝的念头。但他清楚自己夺权的时机还不成熟，就决定出兵讨伐北方的南燕和后秦，借以提高

自己的威望。

南燕是鲜卑人建立的政权，后秦是羌族人建立的国家。刘裕北上以后，很快就攻下了南燕。公元417年，刘裕又率兵攻入长安，灭掉了后秦。晋安帝知道后，下诏任命刘裕为相国，并让他享有仅次于皇帝一人的礼遇，希望他继续南征北战，为东晋统一全国。可是，刘裕的最终目的是想自己做皇帝，因此对朝廷的封赏并不满足。他还担心自己在外打仗，离开朝廷太久，大权会落到别人手里。于是，刘裕就带着军队回到了建康。

公元402年，晋安帝去世。刘裕见夺取帝位的时机成熟，再也控制不住自己的野心，就派人逼迫刚刚即位的晋恭帝退位，自己做了皇帝，定国号为宋，他就是宋武帝。东晋在南方104年的统治，就这样结束了。

公元439年，北方的北魏灭掉了十六国中最后一个国家北凉，统一了北方。我国历史上出现了南北两个政权对峙的局面。南方在宋之后又出现了齐、梁、陈三个朝代；北朝的北魏后来分裂为东魏、西魏；之后，东魏、西魏又分别被北齐、北周代替。历史上把这段时期合起来称为南北朝。

第二十节　拓跋珪建立北魏

淝水之战以后，北方除了出现后秦、后燕、后凉、西秦等几个政权外，还兴起了一个由鲜卑拓跋部建立的北魏。

鲜卑拓跋部最早居住在东北嫩江流域兴安岭附近，过着游牧的生活，是一个比较落后的民族。后来，他们为了寻找一个能够安居乐业的地方，就向南迁移，来到了长城以北的地区。西晋末年，晋朝统治者为了对付匈奴人建立的前赵，拉拢拓跋部，封拓跋部的大酋长为代王，统治山西代县以北的地方。公元376年，苻坚统一北方，灭了代国。代国的大臣为了保存拓跋部的血脉，骗过苻坚，让代王的后代拓跋珪逃过了劫难。

拓跋珪自幼聪明能干。据说他生下来的时候，就比别的孩子重。鲜卑人都认为孩子重将来就会有出息，所以都非常喜欢拓跋珪，把复国的希望寄托在他的身上。拓跋珪长大以后，习武弄剑，练就了一身好武艺。他还结交了一些非常有本领的人，等着时机一到，就起来复兴代国。

公元386年，前秦苻坚在淝水之战中被东晋打得大败。拓跋珪借此机会举兵收复失地，并在牛川（今内蒙呼和浩特市东）称王，后来迁居到盛乐（今内蒙和林格尔）重建代国。不久，他就把国号改为魏，史称"北魏"。

拓跋珪为了扩大北魏地盘，发动了一连串战争。他知道要想打胜仗，先得解决军粮问题。他命令鲜卑人改变过去以畜牧游猎为主的生活方式，开垦荒地，

北魏·骑马武士俑

进行农业生产。他还亲自赶着马，扶着犁，与百姓们一起耕种。很快，北魏的农业生产就有了很大的发展，作战粮食问题有了保障。拓跋珪又想，打仗光有粮食还不行，还要有勇敢作战的士兵。于是，他规定每次打了胜仗之后，都要按功行赏，使将士们都能从战争中得到一些好处。这样，士兵们作战的积极性就被调动起来了。

拓跋珪做好了一切准备之后，开始了他的征战生涯。他先带兵征服了北方河套一带的部落，夺得了大片土地和几百万头牲畜。接着，他又打败了当时称雄北方的后燕，夺取了黄河两岸的大部分地方。公元398年，拓跋珪把都城迁到平城（今山西大同），自己也由魏王改称皇帝，就是魏道武帝。这时，北魏已经成为黄河流域最强大的国家了。

拓跋珪不但善于打仗，还把国家治理得井井有条。在他的统治下，北魏的政治、经济、文化都得到了迅速发展。到他的孙子太武帝拓跋焘即位的时候，北魏终于灭掉了十六国中最后的几个国家，统一了北方。

第二十一节　魏孝文帝迁都

北魏的魏孝文帝是一个非常有作为的皇帝。他刚即位时年纪只有 5 岁，国家大事全部由他的母亲冯太后处理。冯太后是一个精通汉族文化的鲜卑贵族。她非常具有政治才干，执掌北魏大权长达 25 年。在冯太后统治期间，她制定了一系列改革官制、严禁贪污以及恢复农民生产的措施，使北魏的统治秩序得以整顿，北方经济得到了恢复和发展，为后来孝文帝改革奠定了良好的基础。

公元 494 年，孝文帝正式亲政。由于受到了母亲的影响，孝文帝执政后也力图摆脱鲜卑贵族守旧落后的思想，积极利用汉族的先进文化来改造鲜卑旧俗。为了能够加强对黄河流域的统治，以便更好地接受汉族文化，孝文帝刚开始亲政，就决定迁都洛阳。一天，他突然召集文武官员，宣布要大举南伐，北魏的文武百官们一致反对，就连他自己的亲叔叔拓跋澄也对孝文帝突然要南伐的想法非常不理解。孝文帝为了得到叔叔的支持，就亲自去找拓跋澄，对他说：“我们这里天气干寒，位置又很偏僻。一直呆在这里，不会有什

孝文帝像

么前途的。我说南伐不过是一个借口，其实我是想借这个机会向洛阳迁都。”拓跋澄这才明白了孝文帝的真实用意，就积极拥护孝文帝迁都的主张。

不久，孝文帝就率领了北魏 20 多万大军开始了“南伐”的进程。由于南行的路上道路泥泞，路途遥远，很多随行的大臣都叫苦不堪。孝文帝见时机到了，就对大臣们说：“要想不打仗也可以，但是至少要把都城迁到洛阳，不然的话，别人都以为我们无功而返，太叫人笑话了。”就这样，孝文帝达到了迁都的目的。

到了洛阳后，孝文帝又实行了一系列改革鲜卑旧俗的措施：以汉服代替鲜卑旧服；朝廷上禁用鲜卑语；规定迁都洛阳的鲜卑人以洛阳为籍贯，死后不得归葬

鲜卑旧地；鼓励鲜卑人与汉族的士族通婚，改用汉人的姓氏等等。北魏的皇族本来姓拓跋，从此就改为元姓。

由于魏孝文帝的改革，鲜卑族与黄河流域的汉族很快融合起来，北魏的政治、经济和文化也开始有了更快的发展。

第二十二节　梁武帝礼佛

南朝一共经历了宋、齐、梁、陈四个朝代。宋朝建立后期，掌握军权的大将萧道成灭掉宋朝，建立南齐政权。但齐朝建立不到 30 年，就走向了衰落。齐国大将萧衍见局势动荡，就趁机起兵灭宋，建立了梁朝。萧衍就是梁武帝。

梁武帝建国初年，励精图治，勤于政务。他每天早晨四更的时候就起床批阅奏折，冬天手冻裂了也不停笔。梁武帝还非常注重节俭，他自己的衣服一穿就是三年，大臣们劝他换掉，他也不肯。梁朝在梁武帝的治理下，出现了安定的局面。

可是好景不长，梁朝的统治很快就走上了下坡路。梁武帝非常庇护梁朝的王公贵族。每次贵族和官吏欺压百姓，违法犯罪，梁武帝都对他们予以宽大处理。但是，如果百姓犯了法，就要全家治罪，甚至连老人和孩子都不能幸免。梁朝的徭役也非常繁重，连妇女都要服役，而且士卒待遇低下，被征召的士兵纷纷都想逃走，有时甚至不得不用锁链把他们锁起来。

南北朝·云冈石窟释迦像

梁武帝为了维护自己的统治，还大力提倡佛教，以麻痹人们的思想。他不但叫别人信佛，自己也做出虔诚的样子，手里拿着念珠，嘴里背诵着经文。为了树立自己的信佛形象，梁武帝每天早晚都带领文武百官到寺庙里烧香拜佛，讲解佛法，还把这说成是为百姓积德。朝中的文武百官见梁武帝这样信奉佛教，争相效仿。他们下令修建了大量佛寺，使梁朝都城建康（今江苏南京）的佛寺增加到五百多座。

梁武帝到了晚年，信佛信得更加入迷，他甚至还表示不愿意做皇帝，想去出家当和尚。他先后四次斋戒沐浴，到同泰寺"舍身"，就是把身体献给佛祖。每次"舍身"以后，大臣们都要拿出一大笔钱把他赎回来。他为了表示自己对佛祖的虔诚，不但把自己的身子舍了，还把宫里的人和全国的土地都给舍了。大臣们为了赎他，总共花掉了四亿钱。这些钱全部都是从百姓身上搜刮下来，又通过大臣们的手，落入了僧侣的口袋。

后来，梁武帝兴佛教越来越厉害，把朝廷弄得一团糟，终于导致了一场大乱。

第二十三节　侯景之乱

侯景本来是北朝东魏权臣高欢手下的大将。高欢死后，侯景因为与高欢之子高澄关系不好，就去投奔西魏。西魏不信任他，东魏又派兵追捕他，他没有办法，只好来到南方投奔梁朝，表示愿意献出自己占据的河南 13 个州。

北齐校书图（局部）

梁武帝一直想要吞掉北方的大片土地，他对侯景提出的条件非常心动，就想接受侯景的投降。宰相谢举表示反对，他说："我们现在刚与东魏和好，各自守卫边境，互不侵扰。现在我们接受他们的叛臣，恐怕不好吧?"但梁武帝贪图北方的土地，不顾大臣反对，将侯景收留了下来。

高澄为了挑起侯景与梁朝的矛盾，派人对梁武帝说:"只要交出侯景，东魏愿意与梁朝通好。"梁武帝听了马上同意了高澄的请求，答应交出侯景。侯景知道后气坏了，他心想:我打不过东魏，难道还打不过你们梁朝吗?

于是，侯景利用梁武帝跟他的侄子萧正德之间的矛盾，收买了萧正德，里应外合，攻下了建康城。侯景进入建康城后，让自己的手下尽情地烧杀抢掠，使建康城变成了一片废墟。后来，侯景又抓到了梁武帝，把他软禁起来。那时梁武帝已经86岁了，没过多久就被活活饿死。侯景拥立萧纲做皇帝，封自己为"宇宙大将军"，掌管军政大权。

这时，驻扎在江陵的萧绎是梁武帝的第七个儿子。他与大将王僧辩、陈霸先的军队联合起来，打败了侯景，平定了侯景之乱。萧绎在江陵做了皇帝，就是梁元帝。他封陈霸先做大司空，镇守京口;封王僧辩做太尉，镇守建康。

不久，萧绎的侄子萧詧起兵争夺皇位。他借来西魏的兵力攻打到江陵城下，杀死了梁元帝。第二年，萧詧自称皇帝，建立后梁。

但是，平定侯景之乱的王僧辩和陈霸先不承认萧詧，就又拥立萧绎的儿子萧方智做了皇帝，就是梁敬帝。王僧辩是个反复无常的小人，他为了稳固自己的地位，扩大自己的影响，与北齐勾结，废掉了梁敬帝。陈霸先对王僧辩的做法非常不同意，他多次劝说王僧辩，王僧辩就是不听。陈霸先只好出兵灭掉了王僧辩和北齐的军队。

从此以后，陈霸先的威望大大提高。公元557年，他自立为帝，改国号为"陈"，他就是陈武帝。

第二十四节　陈后主骄奢亡国

陈霸先建立起的陈朝也是个短命的王朝。它的第四个皇帝陈后主是个荒淫无道的昏君，陈朝在他的统治之下，迅速走向灭亡。

陈后主名叫陈叔宝。他根本不会处理国事，每天只知道喝酒享乐。他大兴土木，建立了三座豪华的楼阁，让他的宠妃们住在里面。他每天都和宠妃们在皇宫里举行酒宴，通宵达旦。他还非常迷信，看见狐狸，就说是见到了妖怪，要把自己卖到佛寺做奴隶，说这样可以消灭灾祸。

陈后主像

陈后主为了让自己过上奢侈舒适的生活，拼命搜刮百姓。许多百姓都因为没有饭吃、没有衣服穿，而饿死、冻死在路上。

陈朝的一个叫傅縡的大臣实在看不下去了，就对陈后主说："陛下！百姓们穷得日子都要过不下去了，如果您再不整肃朝政，我们的国家就很危险了。"陈后主听了，大发雷霆，把傅縡大骂一顿。但傅縡仍然不屈不挠，坚持进谏，陈后主最后就把他杀了。从此以后，朝廷中再也没有人敢来劝谏了。

这时，北方的东魏、西魏已经分别被北齐、北周取而代之。北齐和北周水火不容，不断征战。北周武帝即位时，终于灭掉了北齐，统一了北方。周武帝死后，即位的周宣帝是个残暴的昏君。他的岳父杨坚篡夺了政权，建立隋朝，就是隋文帝。

隋文帝见陈后主这样昏庸，就想趁机把南方的陈朝消灭掉，统一全国。隋朝的大将高颎建议说："我们等江南收割庄稼的时候，就派兵去骚扰，扬言要攻打陈朝，使陈朝的百姓没法收割。等他们把士兵集中起来，我们就收兵。这样连续几次，不但陈朝农业生产会受到影响，他们的士兵也一定以为我们并不想真打，放松警惕，到那时我们趁机突破长江天险，江南的半壁江山不就成了我们的吗？"

隋文帝按照高颎的计策去做，果然十分有效。公元589年，隋军兵分两路包围了建康。陈后主这才慌了手脚，城里虽然还有十几万兵马，可他和他的宠臣们都不会指挥打仗，他们急得抱头痛哭。隋朝军队顺利地攻进了建康城，他们怎么也找不到陈后主。后来，他们在皇宫后面的一口井里找到了陈后主，将他抓了回去。陈朝就这样灭亡了，分裂了二百多年的中国又重新恢复了统一。

第六章　巍巍盛世——隋唐五代

公元 581 年，北周外戚杨坚夺取帝位，建立隋朝，结束了魏晋以来近 400 年的分裂局面。隋炀帝穷兵黩武，统治仅十几年便断送了隋朝的进程。公元 618 年，李渊建唐，建立了中国历史上最强盛的一个封建大帝国，经济文化空前繁荣。可是，至唐中晚期，各种问题层出不穷，迫使帝国走向衰亡。又一个分裂割据时期开始了。

本章主要内容

第一节　隋文帝节俭治国

　　隋文帝即位以后，认真总结了自己能够统一全国，登上帝位的原因。他觉得自己实力强大是一个方面，但陈后主的奢侈残暴也帮了他的大忙。因此，隋文帝惟恐重蹈陈后主的覆辙，极力提倡节俭治国，实行廉政以安抚民心。

杨坚像

　　隋文帝首先从自己的后宫生活做起。他节俭朴素，很少大摆筵席，自己乘坐的车马、身穿的衣服，也不求华贵，只求简朴实用。整个后宫在隋文帝的带动下，都开始崇尚节俭。有一次，隋文帝配药，要用到一些胡粉，但他竟然找遍整个后宫，都没有找到。关中闹饥荒的时候，他看到百姓们吃糠拌豆粉，就拿来给大臣们看，责备自己没有治理好国家，下令饥荒期间自己和文武百官都不许吃肉。

　　隋文帝时常教导太子说："自古以来，没听说奢侈腐化而能长治久安的。你是太子，应该注意节俭。"他还十分注重皇亲国戚的行为，他们要是犯了法，也一律严惩。隋文帝的三儿子秦王杨俊觉得自己是皇子，又在灭陈的时候立下了战功，生活越来越奢侈。他模仿皇宫建造自己的宫殿，用外国的香料涂抹墙壁，还搜罗许多美女，日夜寻欢作乐。隋文帝知道了以后，非常生气，把杨俊革了职，还将他囚禁了起来。杨俊不久就得病死了，他手下的人请求隋文帝给杨俊立个碑，隋文帝也不同意，还下令把杨俊宫中的华丽装饰全部毁掉。

　　隋文帝对皇亲国戚、百官大臣们很严格，但对百姓却非常体恤。有一个叫王伽的小官押送70多个犯人去京城。在路途中，王伽见犯人们戴着枷锁，忍受风吹日晒，实在痛苦，就把他们的枷锁去掉，与他们约定时间，在京城集合。约定的时期到了，犯人们果然在京城聚集，一个都不少。隋文帝知道了这件事后，马上召见王伽，对他大加赞赏。还把犯人们招进宫里，设宴款待，并赦免了他们的罪行。随后，隋文帝又下了一道召令，让全国官吏向王伽学习，用感化的办法管理百姓。

由于隋文帝的廉政和百姓们的辛勤劳动，隋朝的经济很快繁荣起来。朝廷的仓库装得满满的。一直到隋朝灭亡后 20 年，隋朝仓库里的粮食还没用完。

第二节　隋炀帝亡国

隋文帝晚年，把大儿子杨勇立为太子。但隋文帝的二儿子杨广，不仅精明能干并且心狠手辣。杨广一心想当太子，就设计诬陷太子。隋文帝信以为真，就废

隋炀帝像

了杨勇，改立杨广为太子。杨广害怕隋文帝临死前有新的考虑，就急不可待地谋划即位。不久，隋文帝有了发觉，准备废掉杨广。杨广得知后，抢先一步，杀死了隋文帝，自己继承了皇位，就是隋炀帝。

隋炀帝即位后，立即着手营建东都洛阳。从公元 605 年 3 月开始，他每月征调 200 万民夫来日夜不停地施工。5 月，他又在都城西面建造方圆 200 里的御花园西苑。园中奇花

异草，精致楼阁，应有尽有。许多人都因为不堪忍受修建重负劳累而死。

与此同时，隋炀帝下令征发河南、淮北地区百姓 100 多万人开凿南北大运河。在六年的时间里，隋炀帝先后开凿了通济渠、永济渠和江南河三条运河，随后又把这三条运河与春秋时期开凿的邗沟连接起来，形成了一条贯通南北、全长 4000 里的大运河。大运河全线通航后，极大地促进了南北的经济文化交流，它成为了我国古代最伟大的建筑之一，但它也耗费了成千上万百姓的血汗甚至生命。

为了大显威风，游玩享乐，大运河的修建工程还没完工，隋炀帝就带着 20 万人的庞大队伍到江都巡游。为了满足船上皇室人员的享乐，隋炀帝每到一处，

都命令当地官员准备美味食品献上来。食物到开船的时候吃不完，就将它们挖坑埋掉。后来，隋炀帝几乎每年都要出巡，每次出行都要浪费无数钱财。

隋炀帝建东都，开运河，连年的大规模巡游的重担已经把百姓压得喘不过气来。但隋炀帝骄奢淫逸的心理却越来越重。从公元612年到公元614年，为了炫耀武功，隋炀帝三次出兵高丽。他下令把全国的军队都向涿郡集中，并从河南、淮南、江南各地征发民工，把大批粮草、武器源源不断地运送到前线。几十万运送物资的民工饿死在路上。由于民夫都被征去打仗，耕牛也被征去拉车，田间一片荒芜，民不聊生。

百姓们再也忍受不下去了，全国各地起义不断。公元618年，隋炀帝在江都被杀。隋朝灭亡。

第三节　瓦岗起义

在隋朝末年的农民起义中，翟让和李密领导的瓦岗军起义影响最大，威震中原。

瓦岗军的首领翟让，本来是东郡的一个小官。他因为得罪了上司，被判死刑，关入大牢。后来，一个看守大牢的人十分同情他，就偷偷把他放了。翟让逃出东郡，回到家乡瓦岗寨，召集了一些贫苦农民，举行起义。这时，曾经参加过反隋起义的李密正走投无路，就来到瓦岗寨，投奔了翟让。

隋·赵州桥

最初，起义军的人数并不多。但由于军中有很多平时善用长枪的渔猎手，所以战斗力很强。后来，一些规模较小的起义军纷纷归附瓦岗军，瓦岗军的队伍很快就发展到了一万人。李密是个非常有才干的人，他见瓦岗军的力量越来越大，却只在小范围里劫富济贫，没有更大的抱负，就对翟让说："刘邦、项羽本来是普通百姓，后来却推翻了秦朝。现在皇上昏庸残暴，百姓们怨声载道，朝廷的士兵大部分又远在辽东，您手下兵强马壮，要想拿下东都和长安，推翻隋朝，还不是轻而易举的事吗？"翟让听了觉得很有道理，就与李密商量了一番，决定先打荥阳。

公元 616 年，瓦岗军在翟让和李密的率领下，设计杀死了隋朝大将张须陀，攻下了要塞金堤关，占领荥阳诸县。瓦岗军从此名声大震。

第二年，李密又率领瓦岗军精兵 7000 人攻打洛阳附近的最大一个粮仓——兴洛仓。瓦岗军兵分两路，以迅雷不及掩耳之势攻克了兴洛仓。他们打开仓库，立即把粮食分给百姓。忍饥挨饿的百姓手捧着粮食，感动得热泪盈眶。许多农民因此参加了瓦岗军，瓦岗军的队伍从此更加壮大了。

由于李密在战斗中表现出的杰出政治才能，翟让觉得自己的能力不如李密，就把瓦岗军的领导权让给了他。于是，李密以"魏公"为称号，兼任行军统帅。李密率领瓦岗军攻克许多郡县，隋朝官兵纷纷投降。南北的起义军也不断响应，前来归附瓦岗军。公元 618 年，隋朝将军宇文化及趁机发动政变，杀死了隋炀帝。

但是，正当瓦岗军势力发展壮大、节节胜利的时候，李密为了保住自己在军中的统治地位，杀死了翟让。从此，瓦岗军内部开始相互猜疑，走上了失败的道路。而北方李渊父子的反隋队伍却日益强大了起来。公元 618 年，李密带领瓦岗军剩下的部队，投降了李渊，不久就被李渊杀死。

第四节　李渊建唐

隋朝灭亡后，李渊父子最终消灭群雄统一中国。

李渊出生在隋朝的一个贵族家庭，他的祖父李虎是西魏和北周最高军官之一，死后被追封为唐国公。李渊七岁就继承了祖父的爵位。隋朝建立以后，李渊先后担任隋文帝的贴身侍卫、太原刺史等职位。

公元617年，隋炀帝派李渊到太原镇压农民起义。李渊在作战中非常卖力，镇压了很多支起义军，但是隋炀帝还是不信任他，另派了自己的心腹监视李渊的行动。李渊敢怒不敢言，整天借酒消愁。李渊的二儿子李世民很有远见和抱负，他见父亲如此消沉，就决心帮助父亲起兵反隋。他对李渊说："父亲奉命讨伐叛贼，贼能讨伐完吗？我们不如利用这个有利时机扯起反隋大旗。只有这样，才能保住李氏家族的地位和利益。"李渊认同

唐高祖李渊像

了他的建议。

于是，李渊父子就杀掉了隋炀帝的心腹，在太原起兵。这时，北方的突厥进攻中原，李渊派兵抵抗，接连打了好几个败仗。在这样的情况下，李渊觉得不如和突厥联手反隋，一来可以消除自己南下的后顾之忧，二来可以得到援兵。于是，李渊就派人到突厥请求救兵，表示自己愿意永远与突厥结为盟好。突厥答应了他的请求。派出军队协助李渊讨伐隋朝。李渊的势力果然一天天地强大起来。他们的大军所指之处，隋将纷纷投降。在短短的120天内，李渊就占据了关中，攻下了长安。为了争取民心，李渊把隋朝的苛刻法令一律废除，又立了隋炀帝的孙子，13岁的代王杨侑做皇帝，尊当时逃到江都的隋炀帝为太上皇，自己做大丞相。这样，李渊既取消了隋炀帝的帝位，又利用了杨的招牌去招揽隋朝的文武百官，把国家大权紧紧地攥在了自己的手里。

公元618年三月，隋炀帝在江都被起义军杀死，李渊趁势废了杨侑，自立为帝，建立了唐朝，定都长安。他就是唐高祖。

唐朝建立以后，李渊一面稳定局势，恢复生产，一面提高军事力量，四处征讨，扩展势力。他陆续平定了各地割据武装势力，最终统一全国。

第五节　玄武门兵变

　　唐王朝通过南征北战统一全国后，皇室内部争夺皇位继承权的斗争却愈演愈烈。

　　唐高祖李渊有四个儿子，除三儿子早死外，他封大儿子李建成为太子，二儿子李世民为秦王，四儿子李元吉为齐王。三人之中，数李世民功劳最大。在唐朝建立的过程中，他曾立下赫赫战功，扬名天下，威震四海。李建成的战功不如李世民，可是他是高祖的大儿子，所以被封为太子。

　　李世民不但有勇有谋，还网罗了大批人才。在秦王府中，既有尉迟敬德、秦叔宝、程咬金等著名将领，又有房玄龄、杜如晦等著名的十八学士。太子李建成知道自己威信比不上李世民，就和弟弟李元吉一起排挤李世民。

　　公元626年，李建成、李元吉借突厥进兵的机会，想调出秦王府兵将，以削弱李世民的兵力。李世民知道后，就与亲信房玄龄、长孙无忌等密谋，于6月2日在宫城北门玄武门内设下伏兵。李建成、李元吉上朝走到玄武门时，发现异常，立即掉转马头，准备回去。李世民从玄武门里骑着马赶了出来。李元吉拿起弓箭想射杀李世民，连发三箭，都没射中李世民。李世民眼明手快，射出一箭，把李建成射死了。李元吉也被李世民的部将射死。

唐太宗像

　　李建成和李元吉的士兵听说玄武门出了事，全部出动，猛攻秦王府的士兵。李世民一面指挥将士抵抗，一面派尉迟敬德进宫禀告唐高祖。

　　尉迟敬德手里拿着长矛冲进宫去，对高祖说："太子和齐王发动叛乱，秦王已经把他们杀了。秦王怕惊动陛下，特地派我来护驾。”

高祖这才知道外面出了事，吓得不知该怎么办才好。宰相萧瑀等说："建成、元吉本来没有什么功劳。他们妒忌秦王，施用奸计。现在秦王既然已经把他们消灭，这是好事。陛下把国事交给秦王，就没事了。"

事情到了这部田地，唐高祖要反对也没用了，只好听左右大臣的话，在三天之后，宣布立秦王李世民为太子，国家大事，一律由太子处理。又过了两个月，唐高祖被迫让位给秦王，自己做太上皇。李世民即位，就是唐太宗。

第六节　贞观之治

唐太宗是中国历史上很有作为的一个皇帝。他在即位之前，亲身经历了隋末的社会大动乱，目睹了隋炀帝亡国的惨剧，接受了隋末农民起义的教训。因此，在他即位之后，便励精图治，实行了一系列开明的统治政策，使社会稳定，经济发展，政权稳固，出现了一个比较安定祥和的社会环境。因为唐太宗的国号是贞观，历史上就把这一时期的统治称为"贞观之治"。

在唐太宗即位初期，他就励精图治。他深刻地懂得国亡邦兴的道理。他经常教育自己的儿子说："一个皇帝，要是按正道办事，百姓就会拥护他；如果他不行正道，百姓就会推翻他，这实在是可怕之极啊！"他还说："水可以载船，也可以翻船，百姓就好比是水，皇帝就好比是船。"

魏征像

唐太宗是一个善于听取大家意见，任用贤能的人。他建立了一套比较完整的监察和谏官制度，议论政策的得失。他还采取各种措施奖励和笼络臣下，形成了敬贤纳谏的政治风气。其中最有名的谏臣就是魏征。魏征原来是太子李建成的谋士，李建成死后被唐太宗重用。魏征经常对唐太宗直言进谏，即使引起唐太宗盛怒也毫不退让，魏征死后，唐太宗哭着说："以铜为镜，可以正衣冠；以史为镜，可以知兴亡；以人为镜，可以明得失。魏征死了，我失去了一面镜子。"

在经历了长达 10 年的动乱和战争之后，唐代初期经济凋敝，人民生活困苦，国家财政拮据。为了改善这种局面，唐太宗实行了轻徭薄赋、修养生息的政策。他奖励男女及时婚嫁，提倡鳏寡婚配，人口因此得以增长，社会劳动力得以增加。与此同时，唐太宗大力倡导节俭治国，为此采取了合并省州县，精简官吏等措施。他放逐宫女三千人，令其婚配，这不仅节省了宫廷费用，也产生了良好的社会效果。除此之外，唐太宗还尽量减少战争，采取了一系列措施来安定边疆。他采取怀柔的政策，被少数民族尊为"大可汗"。

第七节　文成公主入藏

正当唐朝繁荣发展的时候，唐朝西部地区的吐蕃王朝日益强大起来。

西藏大昭寺文成公主金像

吐蕃是藏族的祖先，他们世代生活在青藏高原上，过着农耕和游牧的生活。那时候，吐蕃的首领名叫松赞干布，他从小就聪明过人，擅长骑马、射箭、击剑等各种武艺。他看到唐朝这样强大，非常想学习唐朝的先进文化。为此，他派使者长途跋涉来到长安，要求与唐朝建立友好的关系。唐太宗很快就派使者回访，汉藏两族的关系逐渐密切起来。

不久，松赞干布再次派使者带着丰盛的礼物来到长安，向唐朝求亲，唐太宗婉言谢绝了他的要求。吐蕃的使者回去以后，害怕松赞干布责怪他不会办事，就撒谎说本来唐朝已经答应了婚事，但由于吐谷浑也派人求亲，就把吐蕃的亲事耽误了。松赞干布听了使者的话，非常憎恨吐谷浑，就派兵攻打吐谷浑。打败了吐谷浑后，松赞干布又趁机进入唐朝境内，威胁唐太宗说："如果不把公主嫁给我，我就打到长安去。"唐太宗非常生气，出兵讨伐吐蕃，把吐蕃打了个大败。松赞干布看到唐朝这样强大，即害怕又佩服。公元 640 年，他再次派大将禄东赞带着黄金珠宝去长安求亲。唐太宗见松赞干布这样诚心，就答应把文成公主嫁给他。

文成公主是唐朝皇族的女儿，不仅容貌秀丽，而且才华横溢，读过很多书。唐太宗为文成公主准备了丰厚的嫁妆，并派遣礼部尚书、江夏王李道宗护送文成公主入藏。松赞干布为了表示自己的诚意，亲自带领大队人马到柏海（今青海境内）迎接，吐蕃人民都穿着节日的盛装热烈欢迎远道而来的王后。松赞干布高兴地说："我今天能娶到唐朝的公主，实在荣幸。我要为公主修建一座城，作为纪念，让后世的子孙万代都知道。"

文成公主入藏的时候，带去了许多历史、文学、佛经以及有关医药、生产、工艺等方面的书籍，她还带去了大量的粮食、蔬菜种子和各种各样的生产工具。吐蕃人民在文成公主的带动下，学会了纺织，刺绣和利用水力资源。松赞干布还在文成公主的影响下，提倡佛教，修建了大昭寺。后来，松赞干布不断派贵族子弟到长安求学，唐朝许多有学问的人也被邀请到吐蕃来掌管文书，传播文化。

公元 680 年，文成公主去世。她在吐蕃总共生活了 40 年，为汉藏两族人民的友谊和藏族经济文化的发展做出了贡献，一直受到藏族人民的怀念。

第八节　玄奘取经

玄奘原名陈祎，唐朝洛州（今河南偃师）人。他的父亲是个虔诚的佛教徒，在玄奘 13 岁的时候就把他送到寺院里出家做了和尚。为了增长见识，玄奘周游全国，遍访高僧，钻研佛教各派理论。在研求过程中，玄奘发现国内的佛经资料非常少，而且错误很多，于是他就想到佛教的发源地天竺（今印度半岛）求法，以了解佛教经典的真义。

公元 626 年，关中发生灾荒，朝廷下令准许僧人到各地云游就食。玄奘利用这个机会，踏上了西行的道路。他一个人从长安出发，穿过大片沙漠，克服重重困难，整整走了一年，终于到达天竺。

玄奘取经回长安图

玄奘在天竺留学 15 年，游历了 70 多个国家。他每到一处，就拜访当地的名寺高僧，学习佛经，研讨经义，佛经水平迅速提高。在那里，通晓 50 部经论的人只有 10 人，玄奘就是这 10 人中的一个。但他并不满足，仍然继续钻研，终于通晓了全部经论的奥妙。他的壮举感动了许多天竺人，有的国王还派人为他抄录经典，他也把当地失传的佛经介绍给他们。玄奘还学会了天竺的语言，参加那儿研究佛学的盛会，发表演讲。玄奘的博学，受到天竺人民的尊敬。

公元 642 年，42 岁的玄奘带着 650 多部佛经回到长安。唐太宗为他的事迹所感动，特地派宰相房玄龄率领众官前去迎接。回国后，玄奘立即开始大规模的翻译佛经工作，平均每年译经 70 卷，翻译了整整 19 年，前后翻译佛经 74 部，约 1300 多卷。

为了把国外的风土人情介绍给大唐百姓，玄奘把自己沿途搜集的有关西域和中亚印度各国的资料编写成《大唐西域记》。全书共 12 卷，内容涉及各国的山川、气候、物产、人情等各个方面，成为了一部记叙中亚古印度的经典历史著作。

公元 664 年，玄奘在长安圆寂，享年 62 岁。朝廷百官及各地僧人无不为这位佛学大师的离世而悲痛。作为一名高僧，一位大翻译家和旅行家，玄奘为中国的文化发展，为中印两国文化交流所作的巨大贡献，将永远载入史册。

第九节　一代女皇武则天

武则天原来是唐太宗身边的一个才人（一种妃嫔的称号），14 岁就进宫服侍太宗。有一次，唐太宗带着妃嫔们去看一匹烈马，并问大家谁能制服它。14 岁的武则天站了出来，说："皇上，我能!"唐太宗惊奇地看着武则天，问她有什么办法。武则天说："只要给我三件东西：一是铁鞭，二是铁锤，三是匕首。它要是调皮，我就用铁鞭抽它，还不服，就用铁锤敲它的脑袋；如果它再捣蛋，就用匕首割断它的脖子。"唐太宗听后哈哈大笑，他虽然觉得武则天说的话很孩子气，但很欣赏她泼辣的性格。

武后行从图

唐太宗死后，武则天被送进尼姑庵。唐高宗喜欢武则天的才华和容貌，将她召回宫中，封为昭仪，后来又废了原来的王皇后，立武则天为皇后。公元 660 年，唐高宗患病，武则天逐渐掌握政权，连高宗都受制于她。高宗死后，武则天先后把高宗的两个儿子立为皇帝，就是中宗李显和睿宗李旦，都不中她的意。她把中宗废了，把睿宗软禁起来。不久，她就自立为帝，改唐为周，年号天授，被尊为圣神皇帝。武则天成为了中国历史上惟一的女皇帝。

武则天对反对她的人，进行无情镇压；但她又十分重视有才能的人。她鼓励地方官选拔人才，还允许人们自己推荐自己，这些人经过试用如果确有才干，很快就会得到重用。过去考贡生（从地方上来应考的考生）的时候，要把考卷上的名字糊起来，防止考官作弊，武则天认为应该信任考官，就把这种方法废除了。过去的科举只是选拔有文才的人，武则天又开设了"武举"，选拔武艺高强的人为国效力。

武则天当政的时候人才济济，其中最著名的是宰相狄人杰。狄人杰在地方作官的时候，办事公正，执法严明，受到当地百姓的称赞。武则天听说他很有才能，就把他调到京城当宰相。武则天很敬重狄人杰，把他称作"国老"。他死后，武则天常常叹息说："老天为什么这样早夺走我的国老啊！"

武则天改唐为周长达15年。她在位期间，社会稳定，经济继续发展，为唐玄宗时的"开元盛世"奠定了基础。武则天去世前自愿除去帝号，将皇位传给儿子中宗李显，又恢复了唐朝的统治。

第十节　开元盛世

唐玄宗李隆基是唐朝的第七个皇帝。在他统治的前期，唐王朝国势强盛，社会各方面都达到了空前的盛世景况，因为这一时期的年号为"开元"，历史上就把这一时期称为"开元盛世"。

唐玄宗还没即位时，就遇到了一场韦后和武氏集团联合发动的夺权之乱，平定以后，唐玄宗深感安定的局面来之不易。他即位之后，就致力于政局的稳定。他对诸王实行恩威并用的措施，使诸王不再有发动政变的借口。他又制定了比较严格的官吏考核和奖励制度，即使是皇亲、宠臣犯法，也从不庇护。

同时，唐玄宗重视用贤和纳谏，他任用忠心为国的姚崇、宋璟、张说等人为相。公元717年，他又裁汰冗员，恢复谏官、史官参加宰相议事的制度，增加朝廷议事的透明度。对地方官员，唐玄宗重视选拔和考核，并编撰了完整的行政法典——《大唐六典》，为吏治清明提供法律保

舞伎图

障。

为了增强国力，加大财政收入，唐玄宗又从经济方面入手改革。他先是打击豪门士族，剥夺其土地和劳动力。然后改革食封制度，以增加政府财政收入，减轻人民负担。与此同时，唐玄宗打击佛教势力，废除僧尼，仅一年的时间，就有1.2万僧尼还俗。最后，他大力发展农业，大修农田水利，农业获得了极大的发展。

在外交方面，唐玄宗积极推行和解的民族政策，改善民族关系，维护国家统一。他一面加强军备，在外族接邻地区实行屯田制，军队平时生产，战时上阵；一面安境息民，使民族关系和睦，人民安居乐业。

经济的繁荣，社会的稳定，也推动了文化事业的发展。唐玄宗本人就是一位多才多艺的帝王，对当时文化艺术氛围的形成具有很大的影响。唐代的诗歌尤其为后世所称道，在中国文学史上占有重要地位。诗仙李白、诗圣杜甫这些享誉后世的诗人，都活跃在这一时代。

由于唐玄宗采取了一系列积极的政治经济政策，加上广大人民的辛勤劳动，唐王朝在各方面都达到了极高的水平，国力空前强盛。国内交通四通八达，对外贸易不断增长。长安、洛阳、广州等大都市商贾云集，各种肤色、不同语言的商人穿着不同的服装来来往往，十分热闹。中国封建社会达到了全盛的阶段。

第十一节　唐明皇秋叶梧桐雨

唐玄宗晚年不但重用坏人，而且贪恋女色，宠爱杨贵妃，导致唐朝统治越来越腐败。

杨贵妃本名杨玉环，是蜀州司户杨玄琰最小的女儿。她从小不但长得漂亮，而且喜欢音乐，能歌善舞。她15岁那年被唐玄宗的儿子寿王李瑁选为妃子。

公元744年，唐玄宗最喜爱的妃子武惠妃病死，唐玄宗心情非常低落。高力士听说寿王妃杨玉环才貌双全，就把她推荐给唐玄宗。唐玄宗见了，果然非常喜欢，立即横刀夺爱，让杨玉环做了女道士，住进太真宫。一年后唐玄宗正式封杨玉环为贵妃，让她住进宫中。这时唐玄宗已经是 61 岁的老人，而杨玉环只有 26 岁。后来杨贵妃越来越受到唐玄宗的宠爱，成为唐玄宗后宫的第一夫人。

杨贵妃得到皇帝的宠爱以后，她的家人也跟着提高了地位。唐玄宗把杨贵妃的叔父、两个堂兄都封了大官，把杨贵妃的三个姐姐也接到京城长安去住。杨贵妃全家都受到唐玄宗无比的恩宠，个个成为显贵的人物。皇亲国戚们争相向杨贵妃一家进献价值昂贵的礼物，文武百官也把从百姓身上搜刮来的珍奇宝物源源不断地运到长安，献给杨贵妃和唐玄宗。

唐玄宗还把杨贵妃的三个姐姐分别封为韩国夫人、秦国夫人、虢国夫人。她们凭借唐玄宗对杨贵妃的宠爱，在皇宫中肆无忌惮，甚至连唐朝的公主在她们面前都不敢坐下。那些善于拍马奉迎、一心想向上爬的人都争先恐后地巴结杨家人，杨家的门口像市场一样热闹。

杨贵妃有一个远房堂兄杨钊，在家乡穷得过不了日子，听说有个堂妹被封为贵妃，就带了点礼物来到长安，投奔杨贵妃。由于他很会迎合唐玄宗的心意，唐玄

唐·贵妃像

宗不但把他封为大官，还亲自给他改了一个名字叫杨国忠。杨国忠大权在握，就放肆地胡作非为起来。谁要是对他吹牛拍马，他就给谁好处。谁要是不附和他他就排挤谁。杨国忠还贪得无厌，对下级官员和百姓敲诈剥削，聚敛了巨额财产。但是唐玄宗仍然非常宠爱和信任杨国忠，宰相李林甫一死，唐玄宗就把杨国忠提升为宰相。

由于唐玄宗一心宠爱杨贵妃，不理朝政，终于引得安史之乱爆发。唐玄宗带着杨贵妃仓皇逃出了京城，逃到马嵬坡的时候，将士们借口杨国忠谋反，将杨国忠杀死，又逼唐玄宗处死杨贵妃。唐玄宗被逼无奈只好同意。唐玄宗晚年的时候，没有杨贵妃的陪伴，过着孤单凄凉的生活，他只好对着杨贵妃的画像默默叹息。

第十二节　安史之乱

唐玄宗晚年宠爱杨贵妃，重用奸臣李林甫、杨国忠，使朝政越来越腐败，最终爆发了安史之乱。

安史之乱图

安禄山是混血胡人，本来是个低级军官。但由于他善于溜须拍马，深得上司赏识，很快就当上了节度使。他为了讨好唐玄宗，搜罗了各地的奇珍异宝，送进宫里；他知道唐玄宗一心喜爱杨贵妃，就把杨贵妃称作义母。每次晋见时，他都先拜贵妃，后拜玄宗，说是胡人先母后父。安禄山因为长得矮胖，总在唐玄宗面前装出傻乎乎的模样。一次，唐玄宗指着他的大肚子开玩笑问："你这里装了些什么，这么大？"安禄山一本正经地答道："没有别的东西，只有一颗赤诚的忠心。"唐玄宗听了更觉得他憨厚可爱，忠心无二。

但是，安禄山并不满足于这些，他一边努力博得唐玄宗的信任，一边秘密扩充兵力。安禄山的叛乱迹象越来越明显，朝中大臣和另外一些节度使都察觉了出来，杨国忠曾多次揭发他，唐玄宗都不予理睬。

公元755年，安禄山经过十年的周密准备，决定发动叛乱。他以讨伐杨国忠为名，发兵15万，号称20万，在范阳举行反叛，向南进军，准备大举进攻中原地区，打到长安去，推翻唐朝，自己当皇帝。由于唐玄宗毫无军事准备，而且朝中统治腐败，军队战斗力锐减，叛军得以长驱直入，直下洛阳。次年正月，安禄山在洛阳称帝，国号为燕。

此与同时，他的部属史思明占有河北广地区。后来安禄山被他的儿子庆绪所杀，庆绪又被史思明所杀。史思明自称燕帝。两年后，史思明也为儿子朝义所杀。安史之乱经历了七年被平定了。

第十三节　平定安史之乱

唐玄宗逃离京城后，安禄山派兵进入长安，开始了大肆烧杀抢掠。由于军事上取得的胜利，安禄山成为了一支强大的割据势力，气焰嚣张，不可一世，开始过上了穷奢极欲的生活。不久，安禄山的大儿子安庆绪为了继承安禄山的位置，与属下合谋，趁安禄山睡觉的时候，将他杀死。安庆绪继承了皇帝位。

不久，唐肃宗任命他的儿子李俶为元帅，郭子仪为副元帅，从回纥调集兵马，向长安发起总攻，收复了长安。安庆绪被迫逃到了邺城（今河南安阳）。各路唐军纷纷赶来，兵力总数达60万人，对邺城展开了包围。安庆绪几次率兵出击，都被郭子仪击败，只能回城坚守，并派人向范阳的史思明求救。哪知道，史思明也想争夺皇帝的位置。他趁安庆绪内忧外乱之际，杀死了安庆绪和他身边的几个大臣，还把他占领的土地和军队接收了过来，自封"大燕皇帝"。可是没过多久，史思明集团也展开了争权夺利的内部斗争。最终，史思明的儿子史朝义杀死了自己的父亲，继承了皇帝位。经过了四五年的内乱纷争，安史军队的力量被大大削弱了。

唐·张宣·虢国夫人游春图卷

公元762年，唐肃宗死了，他的长子李俶即位当了皇帝，就是唐代宗。他再次调集兵马，借助回纥兵，向史朝义所在的洛阳讨伐。史朝义调出他的全部兵马，在洛阳摆下阵势，抵挡唐朝军队。唐军几次进攻，都没能得胜。后来，镇西节度使马璘亲自出击，在敌军中杀出了一个缺口，唐军趁势发起总攻，打败叛军，收复洛阳。一些原来投奔了安史叛军的将领和官员听说唐军收复了洛阳，纷纷归附唐朝，黄河流域的广大地区再次回到了唐朝手里。史朝义众叛亲离，被唐军穷追不舍，走投无路，终于在一个树林中上吊自杀。安史之乱，打破了唐朝的统一局面，严重破坏了社会生产，唐朝统治从此由盛转衰。

第十四节　名将郭子仪

郭子仪是唐代中期的著名将领，开元年间以武举登第。安史之乱爆发时，郭子仪任朔方节度使。他率兵讨伐安史叛军，奋勇作战，先后收复了东都洛阳、西京长安，战功显赫，当时无人能比。

安史之乱平息后，郭子仪兼任关内与河东元帅之职，负责抵御回纥的侵扰，并多次将吐蕃的进攻击败。公元763年，吐蕃纠集西北其他民族军队20多万人，突然向唐朝西部边境发起总攻，逐渐逼近京城长安。郭子仪猝不及防，就临时招募了两千多兵马，故意虚张声势，以引起吐蕃畏惧。吐

郭子仪说服回纥反戈图

蕃果然上当，以为唐朝派大军出击，就将全部军队撤出长安，退到了现在宁夏南部和甘肃东部的一带地方，准备寻找有利时机，再次进攻长安。长安的百姓仍然生活在吐蕃和其他少数民族的严重威胁下。

这时，唐朝的一个大将仆固怀恩依仗自己镇压安史叛乱有功，就拥兵自重，不听唐朝调遣。公元765年，仆固怀恩勾结回纥兵和吐蕃几万人犯上作乱。可几路军队才走到了半路，仆固怀恩就得病死了。剩下的吐蕃军和回纥军继续向长安进发，并把长安北面的泾阳包围了起来。郭子仪为了打败进犯的军队，决定拆散吐蕃和回纥的联盟，设法说服回纥军与唐朝军队联合起来，共同击退吐蕃。他带

着几名骑兵，亲自来到回纥大营。回纥首领早就听说过郭子仪的威名，他见郭子仪亲自前来，非常敬畏，就大骂仆固怀恩，说他们是听说郭子仪去世才和仆固怀恩起兵，如今知道了郭子仪健在，无论如何也不敢再战，于是答应了郭子仪的请求，与唐朝军队联合起来，共同击破了吐蕃军队。

郭子仪几十年来一人身系国家安危、社稷存亡长达 30 年之久。很多曾经跟随他南征北战的部下都成为了朝中重臣。郭子仪虽然与他们同朝为官，却依然对他们颐指气使，而他们对郭子仪也始终毕恭毕敬。有一个地方节度使叫田承嗣，为人骄横无礼，连皇帝都不放在眼里。一次，郭子仪派人到田承嗣住处，田承嗣却向着西方遥拜郭子仪，说："我这双膝盖已经有很多年都没有下跪过了！"可见郭子仪威望之大。

公元781年，郭子仪去世，享年85岁。为了纪念这位功臣，唐德宗特意下令加高郭子仪的坟墓，并让他与代宗之灵共享祭祀。郭子仪一生功盖天下而能使天子不起疑，位极人臣而没有大臣妒嫉，生活穷奢极欲却无人指责，真算得上是古往今来的名臣中之罕见。

第十五节　永贞革新

唐玄宗以后，肃宗、代宗、德宗 3 个皇帝都是昏君。公元 805 年，唐德宗死后，他的儿子李诵即位，就是唐顺宗，年号永贞。

顺宗即位前，就已经因为中风而说不出话来，他的两名亲近侍从王伾、王叔文经常与顺宗沟通、交流，给顺宗讲一些民间疾苦的故事，深得顺宗信赖。唐顺宗即位之后，重用王伾、王叔文二人，让他们帮他出主意。由于唐顺宗不能上朝处理国事，一直住在宫里，大臣就通过帘帷向顺宗奏请国家大事。

王伾、王叔文二人原来都是中下级官吏，他们对当时腐朽黑暗的局面看得比较清楚，早就想在政治上进行一番改革，而唐顺宗又是一个想要有所作为的人，君臣之间有了共同的愿望，于是王叔文手中有了权利后，就大刀阔斧地干了起来。当时朝廷中一批主张打击宦官势力、革新政治的中青年官员、士大夫等，都以二王为领袖，形成了一个革新集团。

由于顺宗不能言语，所以很多诏令都是二王草拟发布的。他们颁布了一系列政令，废除百姓积欠官府的一部分租税，停止地方官的进奉，减低盐价，取消宫市，释放宫女等，大大减轻了老百姓的负担，对藩镇割据和宦官专权，他们也采取措施，加以限制和削弱。

但是，革新派的许多措施损害了宦官和大官僚的利益，遭到了他们的激烈反对。不久，宦官俱文珍等人就阴谋策划废掉唐顺宗，立太子李纯为皇帝，他还让顺宗下诏削去王叔文翰林学士的职务。韦皋也上书诬告王叔文。受到打击的地方官员纷纷向朝廷上表逼迫顺宗退位，许多守旧的官员也站在宦官集团这一边。公元 805 年 8 月，唐顺宗无奈让位给太子，李纯即位，就是唐宪宗。唐宪宗很快就从争权夺利的私仇出发，将王伾贬为地方官，不久，王

内人双陆图

伾病死。王叔文也被贬到外地，第二年就被赐死，革新派的其他官员也被贬或赶出朝廷。

以王叔文为首的革新派只掌权了 146 天，改革就失败了。因为这是一场具有进步意义的政治革新运动，而且发生在唐顺宗永贞年间，所以历史上把这一事件称为"永贞革新"。又因为王伾、王叔文二人姓王，革新派中还有八人被贬为司马，所以这件事又叫"二王八司马"事件。

第十六节　藩镇割据

安史之乱期间，唐朝增设了许多节度使。这些节度使手中握有地方大权，他们所管辖的地区，名义上是唐朝藩镇，实际上是地方割据。安史之乱以后，唐王

朝的力量大为削弱，很多安史旧部都被保存了下来。这些地方节度使和当地的大地主勾结起来，建立起割据政权，擅自委派官吏，不向朝廷上交赋税。节度使职位往往父子相传，或兄终弟及，唐朝政府只能在形式上加以任命。唐朝后期，河北三镇的 57 个节度使中，中央任命的只有 4 人。后来，各地节度使也都效仿河北三镇，各据一方。到了唐德宗的时候，唐朝大大小小的藩镇已经发展到了四十几个，他们或者相互攻战，或者联合反唐。唐王朝屡次想要削弱藩镇势力，但都收效甚微。

唐骑兵蜡像

唐宪宗的时候，淮西节度使吴少诚、吴少阳和吴元济，相继以蔡州为老窝，盘踞淮河上游 30 多年，成了国中之国。他们经常派兵出去烧杀掠夺，人民生活在水深火热之中。唐朝政府多次出兵讨伐，但没有取得多少成效。公元 816 年，唐宪宗任命李愬为三州节度使，组织军队，再次讨伐吴元济。

李愬出身将门，很有谋略。他了解到，由于唐朝士兵连年作战，官军士气低落、军心涣散。因此，他上任以后，经常到军队与士兵们交流，鼓励官兵，使军心日益高昂。李愬见此时蔡州守卫空虚，是进攻的大好时机。他一面扩充军队，加紧制造兵器；一面对敌军进行分化和瓦解，重用和优待俘虏。

李愬做足了准备之后，在一个下着大雪的夜晚向蔡州进攻。由于敌军完全没有准备，唐军轻易地就攻下了蔡州，抓住了吴元济，把他押送到了京城。唐宪宗下令把吴元济杀死在长安的独柳树下。为患 30 多年的淮西割据势力，就这样被消灭了。其他的藩镇看到了吴元济的下场，都纷纷开始收敛，表示服从朝廷。唐朝出现了比较统一的局面，人民的生活再次安定了下来。

第十七节　甘露之变

永贞革新失败之后，宦官的势力越来越大。他们不但人数很多，而且依靠武力作为后盾，有很大的权力。他们可以随意地废掉皇帝，杀死皇帝，另立新君。宦官成了唐朝后期实际的统治者，而皇帝只不过成为了傀儡。但是，也有一些大臣和皇帝不甘心受宦官们的摆布，不断地与宦官做斗争，唐文宗就是这样一个皇帝。

唐文宗的祖父和哥哥都死于宦官之手，他父亲和他自己也是靠宦官扶持才登上了皇帝的宝座。因此，他比任何人都清楚宦官的势力。为了保住自己的统治，唐文宗决心铲除宦官的势力。

唐文宗首先在较低的官员中寻找支持。宦官头子王守澄为了在皇帝身边培植自己的势力，就把郑注和李训推荐给文宗。可他们两个没有按王守澄的意图办事，反而向文宗献计除掉宦官。文宗与他们谈得很投机，就把铲除宦官的重任交给了郑注和李训。

郑注和李训利用宦官内部的矛盾设计杀害了王守澄等几个大宦官。之后，他们又联络了禁卫军将军韩约，企图内外夹攻，消灭宦官。

公元835年十一月，韩约上奏说："禁卫军大厅后院的石榴树上，昨天夜里承接了天上的甘露。"那时侯的人们都认为，天降甘露就会天下太平。因此，李训立即向文宗庆贺，还请文宗亲自到后院观赏。文宗让李训先去查看。李训假装

唐代宫乐图

查看一番后回来说："不像是真的甘露。"文宗听了，就让大宦官仇士良带领宦官们去查看。陪在仇士良旁边的韩约很害怕，神色慌张了起来。仇士良起了疑心。正好这时一阵风吹过，掀起了幕布，暴露了埋伏着的士兵。仇士良知道中了计，立即回宫挟持了文宗，将他放到了软轿上，抬起来就走。随后，仇士良又立即派遣神策军500人前来相助。神策军个个手里拿着大刀，逢人就砍，砍死了六七百人；接着又关闭了

宫城各门进行搜索，又有千余人被杀。李训在逃亡的路上被擒后自杀了。郑注及其属下也被杀得片甲不留。唐文宗见杀人太多，几次下令禁止，宦官的同党们这才停止了屠杀。

经过这次宦官的大屠杀，朝官差不多被杀光了。宦官把文宗严密监视起来，文宗抑郁成疾，五年之后得病死去。

第十八节　牛李朋党之争

唐朝中后期，宦官专权越来越严重，朝廷中官僚集团的内部党派纷争也越来越激烈。反对宦官专权的受到排挤；依附宦官的又分成两派，互相倾轧，争吵不休，扰乱朝政近 40 年，历史上称"朋党之争"。

朋党之争在唐宪宗时就已开始了。有一次科举考试，应试的牛僧孺、李宗闵在考卷中批评了朝政，受到考官的推荐。但他们在试卷中也揭露了当朝宰相李吉甫的短处，触怒了李吉甫。于是。李吉甫就在唐宪宗面前说："这两人被推荐，完全是因为跟考官有私情。"唐宪宗听了，就把几个考官降了职，牛僧孺、李宗闵也就长期没有被提拔。

文苑图

李吉甫死后，他的儿子李德裕做了翰林学士。李德浴对同朝做官的李宗闵继续采取排挤的态度。

唐穆宗时，又举行进士考试。有两个大臣想为熟人私下买通考官钱徽，钱徽没答应。但正好这次李宗闵的亲戚考中了，这两个大臣就在唐穆宗面前说钱徽跟李宗闵营私舞弊，而李德裕当时也在旁边证实，唐穆宗就把钱徽降了职，李宗闵也被贬到外地。

李宗闵认为李德裕成心排挤他，对他恨透了，而牛僧孺则十分同情李宗闵，因此从那以后，牛僧孺、李宗闵就跟一些科举出身的官员结成一派，李德裕也跟士族出身的官员结成一派，形成了以牛僧孺、李宗闵和李德裕为首的牛、李党争。

到了唐文宗的时候，李宗闵依靠宦官，当上了宰相。李宗闵向文宗推荐牛僧孺，把他也提为了宰相，两人一起打击李德裕，把李德裕挤出了京城，做了西川节度使。

这时候，西川附近有个吐蕃将领投降，李德裕趁机收复了一个重镇，立了一功。但是，牛僧孺为了报复他，就跟唐文宗说："收复一个重镇，算不了什么，跟吐蕃搞坏了关系，就坏了大事。"他让文宗下令让李德裕将收回的重镇还给吐蕃，把李德裕气得要命。

牛、李两个集团都勾结宦官做后台，连唐文宗本人也受制于宦官，搞不清谁是谁非。两派势力像走马灯似的转换，把朝政搞得一团糟。

到了唐武宗即位，牛党失势，李德裕做了宰相。他竭力排斥牛僧孺、李宗闵，把他们都贬到南方去了。后来到了宣宗即位，第一天就罢免了李德裕的宰相职务，不久，李德裕就病死了。牛党再次被纷纷起用。但牛僧孺和李宗闵还朝后不久就死了，都没能重新执政，闹了40年的朋党之争终于收场了。

第十九节　黄巢起义

唐朝末年，在藩镇割据、宦官专政、朋党之争的冲击下，朝政已经越来越乱了。虽然唐宣宗励精图治，比较有作为，但随后即位的唐懿宗、唐僖宗都荒淫奢侈，腐朽到了极点。赋税越来越重，天灾连年不断，农民纷纷破产，到处逃亡，更有一些人不堪忍受压迫，走上了反抗的道路。

公元874年，濮州（今河南范县）的一个盐贩王仙芝率领了几千农民起义。不久，冤句（今山东曹县）的盐贩黄巢也起兵响应。黄巢从小就读过私塾，又能骑马射箭。他曾到长安参加过科举，但因为无权无势又长得丑陋，结果几次都没能考中。

　　黄巢和王仙芝两支起义队伍会合后，转战于山东、河南一带，攻占了许多州县，受到了百姓的热烈拥护，声势越来越大。唐朝政府非常害怕，决定用软硬兼施的手段收买、瓦解起义军。

国画·黄巢占领长安

　　朝廷用高官厚禄收买王仙芝。王仙芝一看到有官做就开始动摇，黄巢知道后，狠狠痛骂了王仙芝一顿。虽然王仙芝最终没有接受唐朝政府的任命，但黄巢认清了王仙芝的真面目，就决定不再与他一同作战，率兵向东行进。由于王仙芝求官的心不死，导致他的军队军心涣散，不久就被唐军打败，他本人也被杀死。

　　剩下的起义军队伍重新回到了黄巢身边，拥护黄巢称王，又称冲天大将军。黄巢决定向唐朝军队力量最薄弱的地方进攻，带兵南下。起义军一路打到广州，做了短暂休整后，又率兵北伐，进攻唐王朝的中心长安。公元884年，黄巢带领60万大军，浩浩荡荡开进潼关。守城的唐军将士们都心惊肉跳，纷纷丢下武器，弃城而逃。唐王朝惊慌失措，唐僖宗和宦官头子田令孜带着妃子，逃到成都去了，来不及逃跑的唐朝官员，全部出城投降。

　　几天后，黄巢就在长安大明宫即位称帝，国号大齐。大齐政权建立后，立即宣布，凡属唐朝三品以上的官吏停任不用，四品以下留任。

　　但是，黄巢攻克长安后，并未追剿唐朝残军，曾经占领过的地方，也没有留兵防守。没过多久，长安就被唐军攻陷。唐王朝又派人以重金收买黄巢重用的大将朱温，朱温经不起诱惑，就投降了唐朝。黄巢带领起义军退到河南，又遭到朱温等人的围攻，起义军惨败。

公元 884 年，黄巢在退到泰山虎狼关时被唐军包围，黄巢宁死不屈，自尽于山巅。黄巢起义彻底失败。

第二十节　朱全忠灭唐

黄巢起义之后，唐朝政权名存实亡。朝廷中宦官专政，把握着军政大权；地方上军阀趁机扩大地盘，割据一方。黄巢起义的叛徒朱温因为镇压农民起义有功，唐僖宗把他封为宣武节度使，还赏了他一个名字叫"全忠"。朱全忠借机扩充兵力，扩大地盘，力量日益壮大。

唐僖宗死后，唐昭宗即位。唐昭宗非常痛恨宦官，他想依靠朝中大臣除掉宦官，但一次次都失败了。后来，几个统领禁军的宦官暗中策划，把唐昭宗给软禁了起来。野心勃勃的朱全忠利用这个机会，与朝中宰相崔胤联合起来，以"救驾"为名，控制住了唐昭宗。他杀光了京城中所有的宦官，又杀掉了宰相崔胤，挟持唐昭宗迁都洛阳。临走之前，他还派人把长安的宫殿全部拆光，逼迫长安的百姓一起搬到洛阳去。

唐昭宗进入洛阳后，朱全忠把自己的心腹全部安排在军事要职上。后来，朱全忠干脆找了个机会把唐昭宗给杀了，另立了一个 13 岁的傀儡，这就是昭宣帝。

这时，朝廷上有一批效忠于唐王朝的大臣，仍有一定权势。朱全忠手下的一个谋士，因为没考上进士，非常痛恨掌权的朝廷大臣，就对朱全忠说："这些人平时自命清高，自称'清流'，我看应该把他们扔到黄河中去。"朱全忠就听了他的话，在一个深夜，把 30 多名朝廷大臣集中起来杀掉，扔进了黄河里。

踩着这些人的累累白骨，朱全忠当上了相国。但他并不满足于此，他的目标是要做皇帝。可当时

梁太祖朱全忠像

地方上还有不少拥有军队、占有地盘的藩镇。朱全忠怕这些人找借口起兵与他作对，就决定采用"传禅"的办法，让唐昭宣帝自愿地把皇位让给他。

在朱全忠的安排下，公元907年2月，朝廷大臣联名奏请昭宣帝让位，许多藩镇也陆续上表请朱全忠出来当皇帝。按照朱全忠的示意，昭宣帝命宰相率领百官到大梁去请朱全忠即位，朱全忠假意推辞一番，就欣然同意。4月，朱全忠正式废掉昭宣帝，做了皇帝，改国号为梁，自己改名朱晃，就是梁太祖。唐朝至此灭亡。

梁朝以后，中原地区又陆续建立了四个朝代。为了跟以前同名的朝代相区别，人们把这几个朝代称为后梁、后唐、后晋、后汉、后周，简称"五代"。与北方的五代同时，南方也出现了九个割据政权，加上北方的北汉，史称"十国"。历史上就把这一阶段称为"五代十国"时期。

第二十一节　李存勖建后唐

朱全忠建立后梁之后，日子并不好过。在北方还有两个较大的割据势力威胁着他。一个是幽州的刘仁恭，一个是河东的晋王李克用。

这时候，北方的契丹族比较强大。他的首领耶律阿保机统一了契丹各部，建立政权。李克用为了对付朱全忠，就与耶律阿保机结为兄弟，想借用契丹的兵力来对付朱全忠。但不久，耶律阿保机听说朱全忠的势力更大，就变了卦，反过来与朱全忠结成了联盟。

李克用知道后气得半死，不久就病倒了。他临死前，把儿子李存勖叫到床前，拿出3支箭对他说："我有三个仇人，一个是朱全忠，一个是刘仁恭，还有一个是

五代·敦煌榆林窟·供养人（局部）

154

耶律阿保机。这几口气没出，我死了也闭不上眼。你要记住这 3 个仇人，用这 3 支箭给我报仇。"说完，李克用就死了。

后来，李存勖继任为晋王。他牢记父亲的遗言，整顿军纪，把军队训练得精锐善战。李存勖本人也英勇善战，每次作战都冲在队伍的最前面。他多次率兵打败了后梁的军队，把朱全忠气得一病不起，不久就被自己的儿子杀死了。李存勖又发兵攻破了幽州，活捉了刘仁恭和他的儿子刘守光，把他们押到太原。公元 921 年，李存勖大破南侵的契丹军队，把他们赶回了北方。之后，李存勖又跟朱全忠的儿子打了十几年的仗，终于在公元 923 年，灭掉了后梁，统一了北方。李存勖在洛阳称帝，改国号为唐。他就是后唐庄宗。

李存勖完成了父亲的三个遗愿，自己做了皇帝，认为大功已经告成，就开始过起腐化享乐的生活。他特别宠爱伶人（以唱戏为职业的人），常与他们一起穿上戏服，登台表演。他还给自己取了个艺名，叫"李天下"。

由于唐庄宗的宠爱，伶人们渐渐胆大妄为起来。他们随意出入宫廷，任意戏弄朝臣，有时还与唐庄宗打打闹闹。一些官员为了让他们在唐庄宗面前说几句好话，纷纷向这些伶人们送礼行贿。唐庄宗还不顾文武百官们的反对，让伶人们做官。这一行为激怒了一些身经百战却得不到重用的将士。没过几年，后唐就发生了内乱，唐庄宗被流箭射中，丧了命。后来，后唐又传了三个皇帝，维持 14 年，最后被石敬瑭推翻了。

第二十二节　"儿皇帝"石敬瑭

后唐明宗在位的时候，最器重两个人，一个是他的儿子李从珂，一个是他的女婿、河东节度使石敬瑭，这两个人都非常英勇善战。

但是，石敬瑭的野心很大，他并不仅仅满足于做后唐的节度使。明宗死后，李从珂即了位，石敬瑭非常不服气。李从珂给石敬瑭安排官职，石敬瑭也假装有病，不去上任。李从珂非常生气，就夺了石敬瑭的官职和爵位。两个人终于闹翻了。

公元 938 年，李从珂派兵攻打石敬瑭所在的晋阳城。石敬瑭抵抗不了，就派亲信到契丹请求援兵，并表示自己愿意拜契丹国主为父亲，打退唐军后，把雁门关以北的土地献给契丹。石敬瑭的这种行为遭到了众人的一致反对，但他为了保全自己的利益，还是将使者派到了契丹。契丹国王耶律德光听到石敬瑭的要求后非常高兴。他本来就想进兵中原，当然愿意利用这次难得的机会，于是满口答应，立刻派出精锐骑兵到晋阳营救，把唐军打得大败。

石敬瑭亲自出城迎接耶律德光，一见到耶律德光，就称他为父亲。耶律德光仔细对石敬瑭观察一番后，觉得他的确对自己十分忠诚，就对他说："我看你的

辽墓壁画·仕女出游图

相貌和气量，能做天子，我要立你做皇帝。"石敬瑭非常高兴。他假意推辞一番后，就接受了。45 岁的石敬瑭自称"儿皇帝"，称比自己小 11 岁的耶律德光为父亲，并将雁门关以北的幽云十六州割给契丹，每年向契丹进献丝绸 30 万匹。

这一年的十月，石敬瑭凭借契丹的支持，带兵攻打洛阳。李从珂打了几次败仗后吓破了胆。还没等石敬瑭的军队攻进城，李从珂就在宫中放了一把火自杀了。后唐政权灭亡。石敬瑭正式做了皇帝，定都开封，国号为晋，历史上称为"后晋"。

石敬瑭依靠契丹的扶持，当了七年的皇帝。他死后，他的侄儿石重贵继承了皇位，就是晋出帝。公元 946 年，耶律德光借口晋出帝对他不敬，带兵进攻中原。后晋军民奋力抵抗，契丹大败。但由于奸细的出卖，契丹最后还是打到了开

封，俘虏了晋出帝。后晋灭亡了。

第二十三节　风流才子李后主

李煜像

李煜才华横溢，工书善画，能诗擅词，通音晓律，是被后人千古传诵的一代词人；本无心争权夺利，一心向往归隐生活的李煜能登上王位完全是个意外，无奈命运弄人，也是刻于历史卷宗上的亡国之君，他痛恨自己生在帝王家。功过事非，已成历史之轨迹……

他嗣位的时候，南唐已奉宋正朔，多次入宋朝进贡，苟安于江南一隅。宋开宝七年（974年），宋太祖屡次遣人诏其北上，均辞不去。同年十月，宋兵南下攻金陵。明年十一月城破，后主肉袒出降，被俘到汴京，封违命侯。太宗即位，进封陇西郡公。太平兴国三年（978年）七夕是他四十二岁生日，据宋人王至《默记》，盖为宋太宗赐牵机药所毒毙。追封吴王，葬洛阳邙山。

他精于书画，谙于音律，工于诗文，词尤为五代之冠。前期词多写宫廷享乐荒废的生活，风格柔靡，但是这并不是他向往的生活，多为空虚无奈；后期词反映亡国之痛，题材扩大，意境深远，感情真挚，语言清新，极富艺术感染力。后人将他与李璟的作品合辑为《南唐二主词》。后主前期词作风格绮丽柔靡，还不脱"花间"习气。国亡后在"日夕只以眼泪洗面"的软禁生涯中，以一首首泣尽以血的绝唱，使亡国之君成为千古词坛的"南面王"（清沈雄《古今词话》语），正是"国家不幸诗家幸，话到沧桑句始工"。这些后期词作，凄凉悲壮，意境深远，已为苏辛所谓的"豪放"派打下了伏笔，为词史上承前启后的大宗师，如王国维《人间词话》所言："词至李后主而眼界始大，感慨遂深。"至于其语句的清丽，音韵的和谐，更是空前绝后的了。后主本有集，已失传。现存词46首，其中几首前期作品或为他人所作，可以确定者仅38首。

第二十四节　柴荣革新

公元947年，后晋节度使刘知远在太原建立后汉。但后汉只传了一个皇帝，大将郭威就发动政变，推翻了后汉，建立后周。他就是后周太祖。而刘知远的弟弟刘崇则占据了太原，成为割据政权，历史上称为北汉。北汉为了对抗后周，投靠了辽国。刘崇多次在辽兵的帮助下进攻后周，但都被周太祖击退。

公元954年，周太祖郭威死去。因为郭威生前没有儿子，就由皇后的侄儿柴荣即位，这就是周世宗。周世宗从小就聪明能干，练就一身好武艺。他做了皇帝后，很想有一番作为。

这一年的三月，刘崇认为周朝的局势不稳，就勾结辽军，大举入侵。消息传到后周后，周世宗决定亲自率军前去抵抗。许多朝中大臣都前来劝阻，但周世宗主意已定。几天后，周世宗就率兵到了高平，跟北汉军队对上了阵。刘崇见后周兵士不多，十分得意，指挥北汉军队猛攻周军，周军几支队伍都纷纷败下阵来。周世宗见形势危急，就率领一支骑兵，冲到了最前面，亲自督战。周军将士看见皇帝亲自作战，士气大振，人人奋勇作战，打败了北汉军队。刘崇吃了败仗，不敢再小看周世宗。

五代·后周世宗柴荣像

周世宗打退北汉军队后，又着手进行一系列改革。他留心农事，让人用木头刻了农夫、蚕妇的形象，放在朝堂上，以便天天提醒自己给百姓减轻一些负担。对为害百姓的官吏，周世宗严加惩治。他经过修筑工地时，看到民夫吃饭用瓦片当饭碗，用木片当勺子，就派人前去调查。得知主管工程的官员克扣工钱，虐待民夫，周世宗就处死了这个官员。周世宗整顿军队也很严厉。一次作战时，几名将士因为害怕而逃跑，周世宗将他们抓回后，斩首示众，以警将士。除此之外，周世宗还重用王朴等贤能之士，疏通漕运，安顿流亡农民，减免苛捐杂税，发展文教等。

通过周世宗的一系列改革，后周的力量不断强大起来。随后，周世宗便发动了一系列兼并战争，他三次征伐南唐，每次都得胜。南唐主动除去帝号，割地请和。周世宗又派兵大败后蜀，占取了后蜀的大片土地。这都为后来结束五代十国的分裂割据局面奠定了重要基础。

公元 959 年，周世宗带兵北伐，在途中染病去世。

第七章 割据与统一——辽、宋、夏、金

封建王朝发展到宋时，可以说各方面均已相当成熟。然而，辽、金、夏与宋同时占据着中国的北方、东北和西北。因此，整个宋朝历史几乎就是一部战争的历史。300余年间，它几乎没有停止地与辽、金、夏进行着战争。而宋积贫积弱，最终北宋为金灭亡，南宋为元所亡。

本章主要内容

第一节 陈桥兵变、黄袍加身

后周在周世宗当政的时候，一个大将叫赵匡胤。赵匡胤跟随周世宗南征北战，立下了许多汗马功劳。周世宗对他十分信任，任命他为皇帝禁军的最高长官殿前都点检。周世宗死后，继承皇位的周恭帝只有 7 岁，无法管理政事，军权就落在了赵匡胤手中。

公元 960 年初，边境传来紧急战报，说北汉与辽国将要联合，一起出兵攻打后周边境。朝中大臣们慌作一团，不知如何是好。最后宰相范质发出命令，派赵匡胤带兵北上抗击。赵匡胤接到命令以后，立即调兵遣将，带着大军从汴京出发。跟随他的还有他的弟弟赵匡义和亲信赵普。

陈桥驿兵变之地

这天，赵匡胤带领军队走到了开封东北一个叫陈桥驿的地方，停了下来。当天晚上，赵匡胤命令将士们就地休息。士兵们劳累了一天，刚倒下就睡着了。赵匡义和赵普趁机暗中策划兵变，想拥护赵匡胤做皇帝。一些将领们也悄悄地聚在一起，议论说："现在皇帝年纪那么小，我们拼死拼活地去打仗，将来有谁知道我们的功劳？倒不如现在就拥护赵点检做皇帝。"大家都赞成这个意见。于是，当天晚上这个消息就传遍了军营。赵匡胤和赵普一面稳定部队，一面派人快马加鞭地通知留守在京城的大将石守信和王审琦。而赵匡胤则假装喝醉了酒，一直睡到了天亮。当他醒来后，等待多时的士兵喧闹着拥入他的帐中，把一件早已准备好的黄袍，七手八脚地披在赵匡胤身上。将士们随即跪倒在地，高呼："万岁！"接着，又推又拉，把赵匡胤扶上了马，请他回京城。

赵匡胤率领军队返回京城。由于有石守信和王审琦等人在京城里做内应，没过多久，赵匡胤的军队就拿下了汴京。小皇帝被迫让了位，赵匡胤即位做了皇帝。由于赵匡胤曾经做过宋州归德军节度使，因此，他把国号改为"宋"，定都东京，历史上称为北宋，赵匡胤就是宋太祖。

第二节　宋太祖杯酒释兵权

宋太祖即位后，大封功臣，很多曾经拥护过他的将士们都得到了封赏，掌握了军权。但是，也有一些人不服。在赵匡胤登基不到半年的时间里，就有两名节度使企图反叛。赵匡胤平定了他们的叛乱之后，就与亲信赵普商量，怎样才能确保自己的统治不会被别人推翻。赵普就提醒宋太祖，黄袍加身的故事很有可能会重演，并建议宋太祖削弱藩镇的权力，把兵权收归中央。宋太祖很赞同他的意见，决心收回大将们的兵权。

明·刘俊·雪夜访普图

公元961年的一天，宋太祖在宫中举行宴会，请曾经拥护过他当皇帝的统兵将领石守信、王审琦等人喝酒。饭饱酒酣之时，宋太祖命令在旁伺候的随从们退出，拿起一杯酒，乘着酒兴对众将说："要不是靠你们出力，我今天当不了这个皇帝。不过，这皇帝也不好做，还不如节度使逍遥，如今我简直没有一夜能睡得安稳。"

石守信等人很奇怪，忙问原因。宋太祖就说："我知道你们都对我忠心耿耿，可是如果有一天，你们的部下贪图富贵，也把黄袍加在你们的身上，那事情也就由不得你们了。"

石守信等人听了这话吓得半死，忙跪下磕头，请宋太祖为他们指出一条出路。宋太祖就说："你们不如放弃兵权，到地方上做个闲官，多置办些田产，给子孙多留家业，再买些歌伎，天天饮酒作乐，欢度晚年不好吗？我与你们结成儿女亲家，互不猜疑，岂不很好？"

石守信等人大悟。第二天，这些人不约而同地递上一份奏折，说自己年老多病，请求解除兵权，回家休养。宋太祖欣然同意，罢免了他们的军职。

不久，宋太祖又以同样的方式罢免了其他几个藩镇的节度使，还对中央禁军与地方的士兵实行轮换制。这样，唐朝时在地方握有重权的节度使，从此成为毫无实权的虚衔，禁军将领也无法拥有重兵。宋太祖之后又陆续派遣文臣做地方官，并派官员到地方管理财政。为避免"君弱臣强"局面的出现，宋太祖又在宰相之下设参知政事若干人，以削弱宰相权利，并改变以前皇帝与宰相共同商讨国事的规矩，改为由皇帝批阅，再给宰相下旨处理。通过这些措施，宋太祖将中央和地方的财、政、军权都集于一身，牢固地稳定了自己的统治。

第三节　阿保机建辽

唐朝末年，就在朱温在汴京庆祝他阴谋夺取政权时，在我国东北辽河上游，一个叫作契丹的游牧民族正在慢慢兴起。

契丹民族世代靠渔猎和畜牧为生。他们部落众多而且分散，部落间为了疆域和猎物而征战不休。唐朝末年的时候，汉族人不断迁徙，给契丹民族居住的地区带去了一些先进的生产工具。契丹人民也在和汉族人民接触的过程中渐渐学会了先进的生产技术，开始过上了定居的生活。

在契丹的诸部落中，有一个叫做"迭剌"的部落比较强大。这个部落的军事首领耶律阿保机非常有野心，不断发动对各部落的征伐战争，掠夺了大量的财富和奴隶。他的权力很快就超过了部落联盟的首领。公元907年，阿保机经过部落选举，当上了契丹的新首领。但是，阿保机掌握大权也遭到了一些部落贵族们的反对，他们多次谋反，被阿保机一一挫败。这样的斗争反反复复持续了十多年。

阿保机在与汉族人的战争中，俘虏了大批汉人。他觉得汉族文化非常先进，就决心按照汉族的政治制度来建立契丹

契丹男子发式图

的国家机构。他任用汉人韩廷徽，改革习俗，发展农商，使契丹的力量日益强大。公元916年，阿保机在临潢府（今内蒙古巴林左旗）称帝。他废除了部落联盟的旧制度，按照汉族的政治模式，建立了契丹国；并仿照汉人的王朝体制，采用皇帝称号，自称"天皇帝"。

建立政权后，阿保机不断发动向周围各族的大规模扩张。他先后征伐了突厥、吐谷浑、党项、沙陀等部落，接连获胜。后来，他又趁中原群雄割据，不断混战之机，攻克了蔚州（今河北张家口）等五个城市。

公元920年，阿保机主持用简化的汉字创造了契丹文字，使契丹文化有了自己的传播工具。这种文字在契丹沿用了将近三百年，一直到公元1191年才停止使用。

后来，阿保机年纪大了，就把所有的亲信和大臣叫到自己的身边，对他们说："三年之后，我将不在人世！我有两件事至今还没有做完，放心不下。"在场的人听了他的话后十分惊恐，不知道会有什么事发生。在以后的三年里，阿保机先是率军征服了吐谷浑、党项等敌对部落，后又消灭了当时的古渤海国，把渤海国改为东丹。不久，阿保机果然病倒了，没几天就离开了人世。这时，人们回想起他三年前说过的话，才明白了其中的意思。

阿保机死后，他的儿子耶律德光即位，并于公元947年，把契丹国号改为"辽"，这就是历史上的辽王朝。

第四节　一门忠烈杨家将

在北宋与辽对峙期间，经常发生战争，其中最有名的就是杨家将抗辽的故事。

杨家将最早的统帅叫杨业，本来是北汉的大将，后来觉得在北汉没有什么出路，就归顺了北宋。宋太宗早就听说杨业为人正直，武艺高强，十分器重他，就任命他做大将军。

公元980年，辽朝派了10万大军攻打雁门关，当时正是杨业率兵在这里驻守。杨业的军队只有几千人，兵力相差很悬殊，不能和敌人硬拼，只能智取。于是杨业就留下大部分兵力驻守，自己率领数百骑兵，沿小路绕到雁门关北面，悄悄埋伏起来。辽军一路行进没受阻拦，正在得意的时候，杨业率领士兵杀了出来，把辽军打得晕头转向，杀死了大批辽国兵将。这一仗使杨业威名远扬。辽兵一看到"杨"字旗号，就吓得不敢交锋。人们给杨业起了个外号，叫"杨无敌"。

雁门关

过了几年，辽景宗死了，即位的辽圣宗才12岁，他的母亲萧太后执政。有人就上奏宋太宗，认为辽国孤儿寡母，政局不稳，正好趁这个机会收复失掉的燕云十六州。宋太宗接受了这个建议。

公元986年，宋太宗派曹彬、田重进、潘美率领三路大军北伐，并派杨业做潘美的副将。潘美是个疾贤妒能的小人，他看杨业功劳和威望都超过了自己，早就对杨业心怀嫉恨。在这次抗击辽军的过程中，他故意陷害杨业，让杨业带很少的兵力假装攻打辽军，吸引辽军的注意力，然后他去接应。但他根本没派人马，结果杨业和他的部将陷入辽军的重兵包围之中。将士们浴血奋战，但终寡不敌众，最后都战死了。杨业的儿子杨延玉也英勇献身。杨业的战马被辽军射中，辽军趁机把他俘虏了。杨业被俘后，拒不投降，绝食3天3夜，最后牺牲了。

杨业有七个儿子，除了杨延玉在这次战斗中牺牲外，其余六个都做了官。其中数杨延昭最有名，后人称他为杨六郎，他的儿子杨文广也效力于北宋。杨家将祖孙三代英勇抗辽，为保卫宋朝做出了贡献，他们的故事一直为后人所传诵。

第五节　王小波、李顺起义

北宋几次对辽作战，都落了个损兵折将的下场。而且由于连年发动战争，百姓的负担不断加重，生活苦不堪言，农民起义接二连三的爆发。

四川的百姓率先起来造反，王小波和他妻子的弟弟李顺是四川青城（今四川灌县）的茶农，靠贩卖茶叶为生。但是宋太宗却在这设立衙门，禁止茶叶私自买卖，断了王小波的生活来源，王小波气愤不已，决定发动起义。

公元993年，王小波召集了一百多个茶农和贫民，对他们说："我最痛恨的就是贫富不均，现在富人更富穷人更穷，再不起来反抗，我们就活不下去了。大家跟着我一起来消灭贫富不均吧！"王小波的话说出了百姓的心声，大家纷纷响应，不到十天，起义军的队伍就扩大到几万人。王小波率领他们一举攻破了青城，接着又向彭山进发。

彭山县令齐元振是个刁钻狠毒的大贪官。他爱钱如命，大肆搜刮百姓，然后将财物放到别处，自己

清明上河图（局部）

装出一副清廉的样子。百姓们对他恨之入骨。王小波攻破彭山后立即将贪官齐元振杀死，把他搜刮来的钱财全部分给当地百姓。

起义队伍不断壮大，不久就打到了江原（今四川崇庆）。驻守江原的宋将张玘率兵反击。张玘趁人不备暗放冷箭，正中王小波额头。王小波因伤势过重，没几天就牺牲了。

王小波死后，起义军推选李顺做首领，继续英勇奋战。李顺严明军纪，劫富济贫，取得连连胜利，队伍迅速发展到几十万人。公元994年，起义军攻破成都，建立大蜀政权，李顺做了大蜀王。

消息传到汴京后，宋太宗大为吃惊。他急忙派心腹宦官王继恩率兵前去镇压。王继恩兵分两路，一路攻打巫峡围堵起义军，一路由他亲自率领从剑门进入四川。

剑门是四川的门户，关系重大，李顺曾派兵攻打，但没有攻下。没想到宋军

由剑门顺利进入四川，一路打到成都城下，与起义军展开殊死搏斗。由于起义军多数没有经过很好的训练，而且寡不敌众，被宋军重重包围，几万士兵英勇战死，李顺也在战斗中牺牲。

后来，起义军余下的部队在张余的率领下，继续同宋军作战。直到张余被俘，遭到杀害，这次起义才结束。王小波、李顺起义虽然失败了，但他们提出了"均贫富"的口号，这在中国农民战争史上还是第一次。

第六节　澶渊之盟

公元1004年秋天，辽国萧太后和辽圣宗亲自率领20万大军进攻北宋，一直打到了澶州城下，北宋朝廷一片慌乱。宋真宗连忙召集大臣，商量对策。宰相寇准为人正直，大胆敢言。他坚决主张抵抗，并要求皇帝亲征，宋真宗被迫同意。

宋军行进途中，辽军兵势强大的消息不断传来。一些胆小的大臣趁寇准不在，就劝宋真宗退兵。宋真宗本来就不坚决，一听到这样的消息，又动摇了起来。寇准知道了以后，就严肃地对宋真宗说："主张退兵的都是一些软弱无能的人。现在敌人迫近，人心恐慌，我们只能前进，不能后退。如果前进，士

契丹人引马图

兵们就会士气高涨；如果后退，就会全军瓦解，甚至连都城都回不去了。"

宋真宗听寇准说得义正辞严，没话可说。不久就到了澶州城。将士们看见皇帝亲征，果然士气大振，三面包围了澶州，打退了辽军的进攻，又杀死了辽国的大将。萧太后知道后，心里既痛惜又害怕，就想跟宋朝讲和。宋真宗本来就不想跟辽国作战，听到这个消息后，非常高兴，就对宋朝议和的大臣曹利用说："只要不割让土地，他们想要金银财帛，就算每年100万也可以答应。"

寇准听到以后，非常痛心，但当着宋真宗的面又不好反驳。于是就私下里对曹利用说："皇帝虽然允许上百万，但如果你答应给契丹的赔款超过 30 万，我一定把你杀了。"

曹利用深知寇准的厉害，到了辽国军营经过一番讨价还价，与辽国定下盟约：辽宋互为兄弟之国，辽国的皇帝称真宗为兄，宋朝尊称萧太后为叔母；宋每年给辽进贡绢 20 万匹、银 10 万两；双方各守现有疆界，不得相互侵犯等。

宋真宗知道每年绢银总共才 30 万两后，非常高兴，就率军返回京师。不久，辽军也撤退回国。这次盟约缔结之后，北宋每年要支付辽国巨额的赔款，使北宋的百姓背上了沉重的负担。但是，宋辽两国一百多年没有发生大规模的战争，为双方经济、文化的发展和相互交流创造了条件。因为这个盟约订立于澶州城下，历史上就把它称作澶渊之盟。

第七节　萧太后治国

辽太后萧绰画像

萧太后本名萧绰，小字燕燕，出身于辽朝契丹贵族家庭。她从小就美丽聪慧，做事非常认真。17 岁的时候，她被辽景宗选为贵妃，不久就被立为了皇后，与辽景宗一起治理朝政。公元 982 年，辽景宗去世，他年仅 12 岁的长子耶律隆绪继承了皇位，就是辽圣宗，萧绰被尊为皇太后。由于辽圣宗年纪太小，国家大事一律由萧太后处理。

萧太后摄政之初，为了巩固辽朝的统治，注意缓和民族矛盾，制定刑法时，将汉人和契丹人同等对待。萧太后还十分重视任用有贤能的人。她一摄政，就把大将耶律休哥委以重任，让他坐守南京，全面负责辽国南面边防事务。耶律休哥果然不负众望，只用了两三年的时间，就使边境的经济军事得到了很大的发展，边境局势稳定了下来。在大力提拔有治国之才的契丹官员的同时，萧太后还注重任用汉族官吏。她特别信任以汉人宰相韩德让为首的汉官集团，对辽国制度进行了一系列改革，遏制了辽国从辽穆宗以来的衰退之势。对于大臣们提出的意见，萧太后只要觉得对治理辽国有好处，就一定实施。她对能臣、功臣也十分关怀，对立了功的将士，及时行赏，使各位文武官员都为辽国呕心沥血。经过萧太后的一番精心治理，辽朝的国势日渐强盛。

萧太后不仅治国有道，还通晓军事，亲自率军驰骋疆场。辽景宗刚刚去世的时候，北宋趁辽朝政局不稳，派出大军兵分三路攻打辽国。辽朝上下一片惊慌。但萧太后却胸有成竹，暗中吩咐军队做好对付宋军的准备，还说服辽国周围的党项、突厥等部族，联合起来作战。辽军在萧太后的指挥下，取得了一连串的胜利。宋军在战场上节节败退，杨业被迫出战，不幸中了埋伏，被辽军捉拿。辽国取得了胜利。

但是，萧太后并不满足于此。公元1004年，她再次带兵攻打北宋，一直打到了黄河边上的澶州城外。可是不久，辽国的一名大将被宋军射死。萧太后非常伤心，忍不住在大将军墓前痛哭起来。辽国的将士们见萧太后这么爱惜战士，都强烈要求出征。萧太后及时地分析了当时的局势，制止了辽军的进攻。随后，她利用宋朝皇帝无能而又多疑的弱点，派人与宋军议和。尽管宋军处于有利形势，却依然接受了萧太后的苛刻条件。

萧太后在母寡子弱、族属雄强、边防不靖的情况下，以超人的胆略执掌辽朝国政27年，使辽朝步入了鼎盛阶段。

第八节　李元昊建立西夏

宋朝的时候，我国西北部还有一个国家，叫做西夏，是由党项族建立的。党项族原来居住在四川、青海、甘肃边境，以畜牧为主。唐朝以后，党项族逐渐向东北迁徙，和汉族人一起生活。在与汉族人的相互交往中，党项族的经济文化有了很大发展。

公元1004年，党项族领袖李德明做了国王，臣服于宋、辽二朝。李德明的儿子叫李元昊。他武艺高强，精通汉文，熟读汉书。他多次劝李德明建国称帝，李德明不答应。后来李德明去世，元昊即位，他立即着手建立西夏王朝。

元昊先从改革官制体系入手。他仿效宋朝，设立文武官职。后又改革兵制，使西夏士兵人数猛增。最后，元昊对西夏的传统习俗进行彻底的改革，创立了文字，重新制作了礼乐制度，并将此制度颁行全国。与此同时，元昊不断攻城掠地，扩大疆土，西夏国的版图日益扩大。

西夏王陵

公元1038年，李元昊自称皇帝，建国号为大夏，史称西夏。他派遣官员出使宋朝，希望得到宋朝的承认。

宋仁宗听说李元昊自称皇帝后，非常生气，立刻贴下告示，捉拿李元昊。李元昊大怒，亲自率兵攻打延州，宋军大败。宋仁宗又派范仲淹和韩琦前去攻打西夏。范仲淹和韩琦到了延州以后，日夜操练军队，使宋军的战斗力增强。公元1041年，李元昊带兵进攻渭州。韩琦迎战，他派大将任福率领一万士兵主动进攻西夏。任福带兵出发后，沿路遇上了几支西夏军队。西夏军见到宋兵就跑。任福很奇怪，觉得西夏军不过如此。他带兵一路追赶西夏兵，始终没有发现他们的踪迹。到了六盘山下，宋军看见地上有很多盒子，里面还有声音。宋军将盒子打开，里面飞出来一群鸽子。过了不一会儿，西夏军就杀了过来，把宋军打了个大败。

宋仁宗见西夏并不好对付，而且此时又要与辽国作战，觉得形势很不利，就不想再打下去，派人去西夏求和。1044年，宋朝与西夏正式订立盟约，西夏对宋朝称臣，但宋朝每年要给西夏绢15万匹，银7万两，茶3万斤。

第九节　范仲淹推行新政

范仲淹是北宋时期著名的政治家、军事家和文学家。他从小就死了父亲，家里非常贫穷，有时连饭都吃不上。但他始终刻苦读书，努力求学，长大后终于考中了进士。由于范仲淹深知民间疾苦，因此他在做了官以后，就决定为百姓做一番大事。

范仲淹为人直率，他看到当朝宰相滥用职权，就向宋仁宗揭发，谁知竟被宰相反咬一口，被贬到南方去。西夏进攻北宋后，范仲淹被调去抗击西夏，因为立下大功，重新得到宋仁宗重用，做了朝廷的副宰相。

这时候，北宋因为内政腐败，加上对辽和西夏作战军费和赔款支出浩大，国库财政出现了危机。宋仁宗为了改变这种局面，就与范仲淹商议，希望想出一套富国强兵的好计策来。由于范仲淹深知民间疾苦，早就想为百姓们做一番大事，因此，很快他就提出了 10 条改革措施。主要内容包括：对官吏一定要定期考核，按政绩好坏提拔或降职；严格限制子弟靠父亲关系得官；改革科举制度；慎重选择任用地方长官；减轻劳役；加强军备，严格法令等。

宋仁宗看了以后，非常高兴。他立即下令在全国范围实行改革。因为宋仁宗的年号是庆历，历史上就把这次改革称为"庆历新政"。

为了保证新政的实行，范仲淹设置按察使到各地监视新政实施情况，对不合格的官员进行除名；有贪赃枉法的，就要撤换。

改革取得了一定的成效，但却触及了权贵们的利益。一些皇亲国戚，权贵大臣，贪官污吏，为了维护自己的利益，纷纷散布谣言，攻击新政。有些原来就对范仲淹不满的大臣，也天天在宋仁宗面前说坏话。时间一

岳阳楼

长，宋仁宗就动摇起来。范仲淹被逼得在京城呆不下去，就自动要求回到陕西防守边境。宋仁宗也下令废除了新政。庆历新政以失败告终。

一年之后，范仲淹的朋友邀请他为岳阳楼写篇纪念文章。范仲淹就挥笔写下了被后世传诵的《岳阳楼记》，其中的两句"先天下之忧而忧，后天下之乐而乐"充分表达了范仲淹以天下为己任的爱国思想，成为千古流传的名句。

第十节　铁面无私包青天

范仲淹的新政失败以后，北宋的朝政越来越腐败。特别是在京城开封府，权贵大臣们贪污受贿成风，一些皇亲国戚更是肆无忌惮，根本不管什么王法。后来，开封府来了个叫包拯的新任知府，这种情况才有了改变。

包拯为人刚正不阿，为官清正廉洁。他先是做了几任地方官，因政绩突出被调到京城，后来又被任命为开封府知府。包拯上任以后，决心把腐败的风气整顿一下。当时的规矩，谁要告状，要先托人写状子，还得通过衙门小吏传递给知府，写状子的讼师就趁机敲诈勒索。包拯上任后，取消了这个规矩，百姓要诉冤告状，可以到府衙门前击鼓。鼓声一响，府衙门就大开正门，让百姓直接上堂控告。

包拯对亲戚朋友也十分严格。有的亲戚想利用他做靠山，他一点也不照顾。日子一久，亲戚朋友知道他的脾气，也不敢再为私人的事情去找他了。

后来，包拯做了监察御使。这时的北宋朝廷更是腐败，包拯对现状很不满，经常向皇上提意见。

有个叫张尧佐的人，他的侄女是贵妃，凭这点关系，他竟担任了四个重要官职。包拯认为张尧佐的才能不适合担任这样多的官职。他向宋仁

京剧里的包公形象

174

宗上奏疏，弹劾张尧佐。奏疏送上去后，宋仁宗没有理睬。包拯不肯罢休，他又接连上了四道奏疏。有一次，包拯和宋仁宗在金殿上当面争论起来。包拯大声说："张尧佐有什么才能，担任这样的要职？请陛下不要让天下人议论，说你因为宠爱贵妃而有私心，这会损害陛下的尊严和威望的。"包拯越说越激动，唾沫星竟溅到了宋仁宗的脸上。但最后宋仁宗还是免去了张尧佐两个官职。

宋仁宗很器重包拯，提升他为枢密副使。他虽然做了高官，但他的生活仍十分简朴。他不仅自己为官清廉，还要求自己的子孙后代都不要当贪官。他死后留下的遗嘱中说：后代子孙做了官，如果犯了贪污罪，不许回老家，死了以后，也不许葬在咱包家的坟地上。

由于包拯一生做官清廉，不但生前得到人们的赞扬，在他死后，人们也把他当作清官的典型，尊称他"包公"、"包青天"。

第十一节　王安石变法行新政

北宋中期，国家的各种矛盾都比较尖锐。宋神宗即位后，决心进行改革，消除各种弊病，实现富国强兵。

为了改革，宋神宗在全国搜寻人才，终于将正在做地方官的王安石找到了京城，亲自召见他，问他有什么办法可以改革国家。

王安石像

王安石读书广博，具有很强的政治才能，任地方官多年，对社会现实有比较深刻的了解。他说："要改变一个国家的政治面貌，必须严明法纪，惩治贪官；要想改变一个国家的经济面貌，必须发展生产，奖励农垦。"宋神宗听得很高兴，就让他写出改革的具体办法来。王安石回到家，当晚就动手拟起变法内容来。综合起来，主要有以下几点：青苗法、免役法、农田水利法、方田均税法、保甲法等。新法推行后，政府收入有所增加，全国各地兴修水利促进了农业生产，增加了国家军事力量。

王安石变法对巩固宋王朝的统治、增加国家收入，起了积极作用。但由于新法触犯了大官僚、大地主的利益，遭到了他们的强烈反对，很多人都在宋神宗面前说王安石的坏话。说的人多了，宋神宗就找王安石谈话，说："大家都反对变法，怎么办？"王安石说："只要陛下认真执行新法，就不怕他们说闲话。只有变法，才能永保江山不变色。"

王安石对变法很坚决，但宋神宗却不那么坚定了。公元1074年，河北闹旱灾，有人就说是王安石变法引起的，要求免了王安石的宰相之职。宋神宗的祖母和母亲也都哭哭啼啼，说王安石变法把国家搞乱了，逼神宗停止新法。神宗动摇了，罢了王安石的官。后来，王安石虽然重新当政，但是变法派内部斗争激烈，他难以贯彻自己的主张，自知再变下去变不出什么名堂来，就又提出辞职，回到江宁府去了。

神宗逝世后，高太后执政，任命司马光为相，新法被逐条废除。王安石得知后感慨不已，大约一个月后就去世了，终年67岁。

第十二节　司马光编写《资治通鉴》

司马光，字君实，陕州夏县人，是北宋著名的政治家和历史学家。他小的时候有一段砸缸救伙伴的故事使他自小就出了名。有一天，他跟几个小伙伴在后院里玩耍。院子里有一口大缸，一个小伙伴爬到缸沿上朝里面看，不慎掉进缸里，眼看就要被缸里的水淹死。别的小孩都吓得哭了起来，而司马光却很镇定，搬起一块大石头，使劲朝大缸砸去，"砰"的一声，缸被砸破了，水流了出来，那个小伙伴也就被救了。从此以后，司马光机智、勇敢的故事就传了出去。

宋神宗在位时，司马光担任翰林学士。他与王安石本来是要好的朋友，但后来王安石主张改革，司马光主张保守，而且对王安石变法极力反对。从此两人矛盾十分激烈。但当时王安石有皇帝支持，司马光也无可奈何，于是就向神宗提出辞职，离开京城到洛阳去专心写书。

司马光对历史很有研究，他认为皇上要治理好国家，一定要通晓古代各朝的历史，从历史中吸取各朝各代之所以兴盛衰亡的经验和教训。宋英宗在位时，他就已着手编写一本从战国到五代的史书，并把书稿呈现给朝廷，受到宋英宗的赞

赏。宋英宗还专门为司马光设立了一个编书机构。宋神宗即位后，也很支持司马光编书，并把自己早年收藏的 2400 多卷书送给了司马光，要他好好完成这部著作。宋神宗还亲自为这本书起了个名字，叫《资治通鉴》，意思就是"借鉴历史、帮助皇帝治理天下"。

司马光辞官回到洛阳之后，就专心编写《资治通鉴》，一共花了 19 年时间，才把这部著作完成。《资治通鉴》采用编年体，从战国时期到五代时期，记载了 1362 年的历史。司马光为了完成这部巨著，废寝忘食，身体搞垮了，连牙齿都脱落了。

司马光像

可是，这本书对后代人贡献很大，不但可作为治国从政的借鉴，也是研究这段历史的参考，它是我国史学史上最有价值的著作之一，司马光也因此书而被认为是我国历史上著名的史学家。

宋神宗死后，高太后临政。她一向反对新法，就把反对新法最激烈的司马光召回朝廷当宰相。司马光这时虽然又老又病，但不顾许多官员的反对，把王安石建立的新法一股脑儿废除了。

第十三节　苏门三父子

宋代，满门皆学者莫过于"三苏"了，"三苏"指的是北宋散文家苏洵和他的儿子苏轼、苏辙。宋仁宗嘉祐初年，苏洵和苏轼、苏辙父子三人都到了东京

（今河南开封市）。由于欧阳修的赏识和推誉，他们的文章很快著名于世。士大夫
争相传诵，一时学者竞相仿效。宋人王辟之《渑水燕谈录·才识》记载："苏氏
文章擅天下，目其文曰三苏。盖洵为老苏、轼为大苏、辙为小苏和也。""三苏"
的称号即由此而来。苏氏父子积极参加和推进了欧阳修倡导的古文运动，他们在
散文创作上都取得了很高的成就，后来俱被列入"唐宋八大家"。三苏之中，苏
洵和苏辙主要以散文著称；苏轼则不但在散文创作上成果甚丰，而且在诗、词、
书、画等各个领域中都有重要地位，是个全才。

苏洵，字明允，号老泉，眉州眉山（今属四川）人。北宋散文家，长于散
文，尤擅政论，议论明畅，笔势雄健。有《嘉祐集》。苏洵是有政治抱负的人，
他说他作文的主要目的是"言当世之要"，是为了"施之于今"。在《衡论》和
《上皇帝书》等重要议论文中，他提出了一整套政治革新的主张。他认为，要治
理好国家，必须"审势"、"定所尚"。他主张"尚威"，加强吏治，破苟且之心
和怠惰之气，激发天下人的进取心，使宋王朝振兴。由于苏洵比较了解社会实
际，又善于总结历史的经验教训，以古为鉴，因此，他的政论文中尽管不免有迂
阔偏颇之论，但不少观点还是切中时弊的。

苏轼像

苏辙，字子由，晚年自号颍滨遗
老。苏轼之弟，人称"小苏"。散文
家，为文以策论见长，在北宋也自成
一家，但比不上苏轼的才华横溢。他
在散文上的成就，如苏轼所说，达到
了"汪洋澹泊，有一唱三叹之声，而
其秀杰之气终不可没"。著有《栾城
集》。

苏轼（1037年1月8日～1101
年8月24日），字子瞻，又字和仲，
号"东坡居士"，世人称其为"苏东
坡"。北宋著名文学家、书画家、诗人，豪放派词人代表。苏轼强调文学的独创

性、表现力和艺术价值。他的文学思想强调"有为而作"，崇尚自然，摆脱束缚，"出新意于法度之中，寄妙理于豪放之外"。他认为作文应达到"如行云流水，初无定质，但常行于所当行，常止于所不可不止。文理自然，姿态横生"的艺术境界。苏轼在诗、文、词、书、画等方面，在才俊辈出的宋代均取得了登峰造极的成就。是中国历史上少有的文学和艺术天才。

对于苏氏三父子，古人曾给予了高度的评价："宦迹渺难寻，只博得三杰一门，前无古，后无今，器识文章浩若江河行大地；天心原有属，任凭他千磨炼，扬不清，沉不浊，父子兄弟依然风雨共名山。"

第十四节　阿骨打建金反辽

公元 12 世纪初期，我国东北的女真族逐渐强大起来。

女真族生活在黑龙江、松花江流域和长白山一带，发展比较落后。他们世代遭受辽国的奴役和压迫，对契丹人十分痛恨。女真内部分为两个部分，编进辽国户籍的女真人称为"熟女真"；没有编进辽国户籍的女真人称为"生女真"。在生女真当中，有一个叫做完颜部的部落最先学会了修房种田，势力开始强大起来，他们的首领就是完颜阿骨打。

公元 1112 年，辽国的天祚帝到东北巡视，命令女真的各部首领前来朝见。天祚帝举行酒宴时，让女真的首领们给他跳舞。首领们虽然都很不情愿，但都不敢违抗命令，就挨个上前跳舞。等轮到完颜部首领时，阿骨打一动不动，两只眼睛直瞪瞪地望着天祚帝。天祚帝很不高兴，酒宴不欢而散。

阿骨打见辽国这样侮辱女真各部的首领，心里恨透了辽天祚帝。他回去以后，就加紧建筑城堡，修造武器，训练士兵，积蓄力量，渐渐统一了女真各部，准备反辽。公元 1114 年，女真人在阿骨打的领导下发动了抗辽战争。女真军和辽军遭遇时，阿骨打拿起弓箭，一箭射死了为首的辽将，辽军立刻乱成一团。女真军趁机冲杀过去，把辽军打了个落花流水。

辽天祚帝听说辽军大败，非常震怒，又派 10 万大军进攻女真。阿骨打率领几千人奋力抵抗。这时，天忽然刮起了大风，尘烟四起。阿骨打趁机向辽军发起猛烈进攻。辽军以为女真的大军杀来了，不等交战就丢下武器纷纷逃跑。阿骨打从此威信大增。后来，阿骨打又把俘虏的辽兵收编到女真队伍中，女真军的声势也高涨起来。阿骨打率领女真东征西战，陆续攻取了辽河以东的大片土地。

长白山

公元 1115 年，阿骨打在会宁（今黑龙江阿城南）正式称帝，国号大金。他就是金太祖。金建国后，确立了以农业为本，不改女真旧俗和灭辽取而代之的方针。不久，金军就把辽西地区也攻占了下来。辽天祚帝有些害怕，想与金朝讲和，金太祖不但不同意，还让天祚帝赶快投降。公元 1121 年，辽天祚帝亲自组织兵力 70 万人向金国进攻。不想这时辽国发生内乱，还没等开战天祚帝就下令撤兵。金太祖趁机出击，把几十万辽军打得七零八落。辽军主力全部丧失，再也无力与金国较量了。公元 1125 年，辽天祚帝在应州（今山西应县）被金军所俘，辽朝灭亡。

第十五节　东京保卫战

金国建立以后，北宋想要收复失地幽云十六州，就与金朝联合一起攻打辽朝。金朝在与北宋的合作中，知道了北宋腐败虚弱，就在辽国灭亡后，以宋朝收留辽国逃将为借口，兵分两路攻打北宋。

金军一路势如破竹，很快就逼进了东京。北宋的文武大臣们吓得不知如何是好，宋徽宗没有办法，只好写了一封"罪己诏"，以号召全国兵马来京护卫。可是，形势越来越危机，宋徽宗为了保住性命，宣布退位，带着2万亲兵逃出了东京。太子赵桓即了位，就是宋钦宗。由于太常少卿李纲坚决主张抵抗金兵，宋钦宗就把李纲提为兵部侍郎，并且亲自下诏讨伐金兵。可是，宋钦宗也并不比他的父亲强多少，他虽然做了一番表面功夫，心里却很没底。这时，宋军在前线连打败仗，朝中的一些大臣都劝他逃跑，宋钦宗开始动摇了起来。李纲知道后，立即求见宋钦宗，据理力争，主张抗金。他还亲自视察了城池，提出了许多防守措施，希望宋钦宗与军民一起团结起来，共同坚守保卫东京。宋钦宗见李纲态度坚决，就命他负责全线防守。

几天之后，金军就打到了东京城下。他们乘坐十几条战船顺流而下，准备攻打宣泽门。李纲招募了一支敢死队，在城下列队防守。等金军的船一到，士兵们就用长钩钩住敌船，然后猛投石块，又在河里设下障碍。金兵接近不了城墙，损失了100多人。他们见一时攻不下东京城，就派人通知北宋，要求议和。宋钦宗早有此

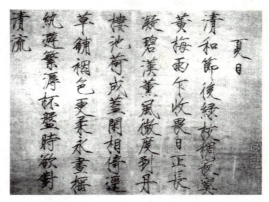

宋徽宗创廋金体

意，他没管金兵提出了什么苛刻条件，都全盘接受。为了向金朝表示自己的诚意，宋钦宗还罢免了李纲，向金军谢罪。

李纲被罢免的消息一传出来，京城的百姓都很气愤。有个名叫陈东的太学生，一向钦佩李纲的为人。他听说李纲被罢免了，就带领几百名太学生上书请愿，要求恢复李纲的职位。京城军民听说太学生请愿，都不约而同地前来声援，很快就聚集了几万人。他们还打死了几个主张投降的北宋大臣和宦官。宋钦宗被逼无奈，只好宣布恢复李纲的官职。金兵见李纲复职再次领兵，心里都很害怕，不等宋朝交足赔款，就匆忙撤兵了。

第十六节　靖康之变

金军撤退后，宋钦宗以为从此可以过上太平的日子，就接回宋徽宗，开始享乐。李纲在朝廷中处处受排挤，宋钦宗听信谗言，就把李纲贬到南方去了。

靖康元年（公元 1126 年），金军再次进攻北宋。太原、真定很快失守。但当时在黄河南岸驻守着 13 万宋军，金军到了黄河北岸，不敢渡河。到了夜里，他们虚张声势，让士兵敲了一夜的战鼓。南岸的宋军听到对岸的鼓声，以为金军要渡河进攻，都纷纷丢了营寨去逃命。这样，金军没动一刀一枪就渡过了黄河。

金军渐渐逼近京城。宋钦宗吓得惊慌失措，就派他的弟弟赵构到金军营里求和。赵构经过磁州，磁州的地方官就跟赵构说："金朝要跟殿下议和，这是骗人的把戏。现在他们逼近京城，求和又有什么用呢？"当地的百姓也拦住赵构，不让他去议和。赵构害怕被金军扣留，就在磁州停了下来。

没过多久，两路金军就攻打到了开封城，城里的禁军都已逃了大半，各地的援军也早已退回原地。宋钦宗看见末日已到，痛哭了一场，只好带着几个大臣手捧降书，向金军投降。金军要宋钦宗把河东和河北的土地全部割让给金朝，并向金朝献上金 1000 万锭，银 2000 万锭，绢 1000 万匹。宋钦宗一一答应，金军才放他回去。

靖康之耻

宋钦宗回去之后，向百姓大肆搜刮金银。他还派人在皇亲国戚、官吏、和尚、道士家里查抄，把大量珍贵的古玩也抢劫一空。

这时，金军又突然变卦，提出要废除宋钦宗的帝号，另立新君，就把宋钦宗、宋徽宗扣押了起来，把他们连同宋朝宫室的太后、皇后、妃子、公主、驸马以及亲王、大臣、各种手工匠人等 3000 多人，押送到金国做奴隶，同时满载掠夺的大量金银财宝。金军退兵时，还将宋朝宫中所有的仪仗法物和宫中用品，以及藏书楼所藏图书席卷一空。

这一年，是北宋靖康二年，历史上把这一事件称为"靖康之变"。统治了167年的北宋王朝就这样结束了。

第十七节　南宋建立

金军从东京撤走之前，曾扶持北宋投降派首领张邦昌建立傀儡政权，以镇压南方人民的反抗。宋朝大臣宗泽听说宋徽宗、宋钦宗被金军俘虏，就想：国不可一日无君，北宋虽然灭亡了，但还有很多地方没被金军占领。他打算把康王赵构推上皇位，以团结军民，抵抗金军，收复失地。

康王赵构是宋徽宗的韦贤妃所生，在王室中地位很低。金军攻打东京时，赵构被宋钦宗派往外地招兵买马，躲过了靖康劫难。宗泽与赵构说了自己的想法后，赵构顾虑重重。他既怕自己即位称帝会得罪金军，又怕正在张邦昌政权垂帘听政的元佑皇太后反对他。

就在这时，张邦昌给赵构写了一封信，表示愿意让位给他。张邦昌本来是靠金军的扶持才当上皇帝的。金军一走，他失去了靠山，东京军民和朝廷旧臣开始反对他。张邦昌没有办法，只好让赵构来做这个皇帝。而元佑皇太后也很识时务，她为了保住自己的性命，也拥护赵构，重建大宋江山。

李纲祠

公元1127年，赵构在应天府（今河南商丘）登上皇位，重建宋王朝，这就是宋高宗。不久，宋高宗为了躲避金军，又逃到了长江以南，以临安（今浙江杭州）为都城。后来人们就把这个偏安的宋王朝称做南宋。

宋高宗即位以后，为了坐稳皇帝的宝座，就声称要抗击金军，营救二帝。他任命朝廷中威望最高的李纲为宰相，又派老将宗泽任东京留守，领兵进驻东京。但是，宋高宗也是个胆小的皇帝，他和宋徽宗、宋钦宗一样，怕金军怕得要死，不敢真的与金军对抗。他不但没有再把都城迁到东京的打算，甚至还想把都城从应天府继续向南迁移，希望能以长江为屏障，挡住金军，以保住自己的半壁江山。

李纲是个非常爱国的人，他为了使南宋王朝重新振兴起来，给宋高宗提出了10 条建议，希望他励精图治，任用有才干的人，赶走朝中奸臣，为收复失地做好准备。可是宋高宗对李纲的话根本听不进去，他反而听信奸臣的谗言，罢免了李纲的宰相职位。从此，南宋的大权就掌握在以宋高宗为首的投降派手中。不久，他们一伙人又从临安逃到了扬州。

金军知道后，趁机南下，很快就渡过了黄河，占领了中原地区。宋高宗非常害怕，继续南逃，金军穷追不舍。最后，由于金兵都是北方人，不识水性，只好在沿途烧杀抢掠之后，放弃了追击，退回北方。宋高宗又回到了临安，成为苟安于江南一隅的小朝廷。

第十八节　黄天荡大捷

公元 1130 年，金朝大将兀术率兵南下，攻打南宋。宋高宗不敌，渡海南逃。金兀术率军攻入临安，大肆屠杀百姓，抢夺财物，最后，他们还放了一把火焚烧临安城。金军满载而归，由于掠夺的东西太多，不便陆行，他们就沿运河行进。

这年三月，正当金军撤到镇江附近的时候，宋军大将韩世忠带兵拦击。韩世忠是宋朝坚决主张抵抗金军的将领之一。他早就对金兵的侵略行为感到气愤，决心趁金兵北撤的时候，对他们施以痛击。

中兴四将（指南宋著名将领刘光世、韩世忠、张俊、岳飞 4 人）

这时，金兵有10万人，而韩世忠率领的宋军才只有8000人，双方兵力相差悬殊。韩世忠心中明白，这次要想打赢金军，只能以士气取胜。于是，决战时，韩世忠亲自披挂上阵，他的夫人梁红玉也来到战场，在高台上擂鼓助威。宋军将士们见了，果然士气大震，人人奋勇抗敌，把金军打得死伤无数。

金兀术没有办法，只好派出使者前往宋营，说愿意把抢来的财物全都还给宋军，希望可以让他们渡江。韩世忠没有答应。后来，金兀术又要把自己的一匹快马送给韩世忠，韩世忠还是没有答应，还率军把金兀术赶到了黄天荡（今江苏南京市东北），让他们没法过江。

黄天荡是一条死水港，船只驶进那里，都找不到出路，金军屡次突围都没有成功。后来，金兀术听说这里原来有一条老河，可以直通秦淮，就立刻命令金兵开凿河道。金军用了一晚上的时间把河道开凿了数十里，终于可以沿水道逃到建康。不料逃到半路，又遇上了宋将岳飞的堵截，只好再次退到黄天荡。

金军在黄天荡被宋军围困了48天，将士们叫苦连天。后来，有人经不住金兀术的悬赏诱惑，向金兀术献策说："宋军的海船庞大，是靠风帆行使的。我们只要挑一个没有风的日子出击，宋军的船就行使不动了。到时候我们可以选强弩劲弓，轮番发射火箭，就可以将韩世忠击败。"金兀术依计行事，韩世忠的军队果然大败，退回镇江。

金兀术逃出黄天荡后，带着金军再次回到建康抢掠了一番。正准备撤退的时候，又遭到了岳家军的袭击，被打得一败涂地。岳飞趁机收复了建康。从此，金军不敢再轻易渡江，南宋都城临安和半壁江山暂时得以保全。

第十九节　岳飞抗金

岳飞，字鹏举，是南宋著名的抗金名将。他出生在一个贫寒的家庭中，幼年就丧失了父亲。少年时的岳飞，不但读书努力，还爱好练武，读了不少兵书。岳飞的母亲是个深明大义的人，对岳飞教育非常严格，希望他长大以后能够精忠报国。

岳飞 20 岁的时候入伍参军，在宗泽手下当兵。由于他英勇善战，不久就被提升为将领。他多次带领军队以少胜多，击败金军，受到宗泽的器重。岳飞的部队也因为作战勇敢，军纪严明，被百姓们称为"岳家军"。甚至连金军将士见到岳家军，也没有不害怕的。在金军当中流传着这样一句话："撼山易，撼岳家军难。"

正当岳飞抗金的斗争取得节节胜利的时候，宋朝的一个大奸臣却吓坏了，他就是宰相秦桧。

秦桧本来是北宋时期的大臣。靖康年间投降了金国。后来金朝发现南宋抗金势力越来越大，就把秦桧放回南宋当汉奸。秦桧看见岳家军连连得胜，怕自己后台不保，就在宋高宗面前极力陷害岳飞。

秦桧先是劝宋高宗让岳飞退兵。宋高宗本来就不想跟金军打下去，又害怕岳飞威望大了以后军权旁落，就以 12 道金牌命岳飞等人退兵回到京城。1141 年，宋

岳飞坐像

高宗解除了岳飞的兵权，并派人向金求和。

接着，秦桧唆使他的同党向朝廷上了一道奏折，捏造岳飞的罪名，使岳飞被免了职。随后，秦桧收买了岳家军原来的部将王俊，让他诬告岳飞的儿子岳云和大将张宪谋反。他们把张宪和岳云抓了来，严刑拷打。张宪和岳云被打得皮开肉绽，但始终不肯承认。秦桧又以谋反的罪名逮捕了岳飞，将他与张宪、岳云一起审问，但审来审去也没审出什么名堂。

这时，朝中一些主持正义的官员为岳飞上书申冤，都遭到秦桧的陷害。老将韩世忠实在忍不住了，就去亲自找秦桧，问他岳飞究竟犯了什么罪。秦桧说："岳飞给张宪的信，虽然没有证据，但是这件事莫须有（就是'也许有'的意思）。"韩世忠气愤地说："'莫须有'三个字，怎能让天下人心服？"

1141 年 12 月，宋高宗和秦桧终于以"莫须有"的罪名毒死了岳飞。岳云、

张宪也被斩首。直到宋高宗死后，岳飞的冤屈才得以昭雪。至今，在杭州西湖的岳飞墓前，还放着后人用生铁浇铸成的秦桧等人反剪双手的跪像，让他们向岳飞谢罪，永遭后人唾弃。

第二十节 钟相、杨幺起义

南宋王朝苟安于江南的半壁江山以后，统治者整日花天酒地，醉生梦死，残酷地刮搜民脂民膏，使江南人民处于水深火热的境地。公元1130年，钟相领导的农民军率先在湖南洞庭湖地区揭竿起义。

钟相是鼎州武陵（今湖南常德）人。在金军南下的时候，他曾向朝廷提出组织民兵抗金，朝廷没有答应，于是他就回到家乡组织农民自卫。钟相继承了北宋农民起义领袖王小波、李顺"等贵贱，均贫富"的口号，利用宗教的形式，要求解放人民疾苦，实现人人平等，得到了百姓们的热烈拥护。

南宋·八字桥

钟相起义后不久，就聚众万余人，自称楚王，建立政权。附近各县的农民听说后，纷纷投靠钟相，参加起义军。起义军势不可挡，一路攻取城池，焚烧官府，打击豪强大户，不到一个月就占领了洞庭湖周围地区的19个县。南宋朝廷大惊，连忙派出重兵镇压起义军。宋将孔彦舟派出奸细混入起义军队伍，趁机偷袭起义军营寨，钟相被俘遇害。

钟相被害后，起义军推举杨幺当首领，继续与官军作战。起义军在杨幺的带领下，在洞庭湖建立了据点，队伍很快发展到了20万人。公元1133年，起义军重建楚政权，称杨幺为大圣天王。

南宋王朝把杨幺起义军看作心腹大患，再次派出军队镇压起义军，与起义军在洞庭湖上展开激战。起义军以车船迎战，在船身周围装上了拍竿，拍竿上缚着一块块的大石头。当宋军的小船一靠近，起义军就摇动拍竿，投出大石，把敌船击沉。起义军还用硬木削尖制成"木老鸭"，与弓箭一起发射，把宋军打得叫苦连天。起义军大获全胜。

公元1135年，宋高宗把岳飞从抗金前线调回，派他前往镇压起义军，又派宰相张浚亲临督战。由于起义军寡不敌众，又有叛徒出卖，杨么大寨被宋军攻破，杨么被俘后遭到杀害。坚持了六年多的起义终于失败。

第二十一节　绍兴议和

南宋建立以后，金国几次南下的军队都被韩世忠、岳飞的军队打败，金国企图以武力消灭南宋的愿望没能实现。于是，金国统治者改变了对南宋的策略，决定通过议和来索取从战场上得不到的东西。他们积极在南宋朝廷中扶持内应，以便里应外合，早日实现议和。秦桧就是这一理想人物。与此同时，宋高宗也对金军非常惧怕，早就想与金国妥协谈判，以使自己的半壁江山得以安稳的维持下去。

秦桧得到了宋高宗的信任后，很快就以君主的口气草拟了一份向金国投降的国书。宋高宗见了非常高兴，认为所写内容与自己想得差不多，就让秦桧立即派人把这封国书送到金国去。金国皇帝见宋朝也这样急于求和，就狂妄自大起来，提高了议和的条件。他们派使者来到南宋临安招降，声言要宋高宗亲自跪拜接受金朝皇帝的诏书，还在诏书中把宋朝称为"江南"。金朝的狂妄态度激起了南宋抵抗派的愤

听琴图轴

怒，岳飞联合朝中一些主战的文武官员向宋高宗上书，劝宋高宗不要听信金朝的鬼话与金朝妥协。秦桧对此十分恼怒，向宋高宗进谗言陷害岳飞。而宋高宗也担心岳飞、韩世忠等一些大将兵权太重会威胁到自己的统治，就与秦桧勾结在一起，先后夺取了岳飞、韩世忠等人的兵权，为宋金议和扫清了障碍。

公元1141年，秦桧代表宋高宗拜收金国的诏书，正式接受金国提出的条件，与金国签订了和约。和约的主要内容包括：宋朝向金国称臣，世世子孙，谨守臣节，金国册封宋康王赵构为皇帝；划定疆界，东以淮河中流为界，西以大散关（今陕西宝鸡西南）为界，以南属宋，以北属金；宋每年向金国交纳贡银25万两，绢25万匹，自和约签定的第二年起，每年春季交纳；金国答应归还宋徽宗棺木与高宗生母韦氏。由于这一年正是南宋绍兴年间，历史上就把这次议和称为"绍兴议和"。

通过这次议和，金国得到了大量从战场上得不到的土地和财物，宋金之间确定了政治上的不平等关系，从此结束了长达10多年的战争，形成了南北长期对峙的局面。

第二十二节　成吉思汗统一蒙古

在南宋和金朝对峙的时候，北方的蒙古族趁机强大起来，在漠北高原上建立了自己的国家——大蒙古国。创建这一伟大功业的，就是"一代天骄"成吉思汗。

成吉思汗本名铁木真，是蒙古族孛儿只斤部酋长也速该的儿子。铁木真小的时候，金朝统治者对蒙古人民实行残酷统治，蒙古各部四分五裂，互相仇杀。铁木真9岁那年，他的父亲也速该被仇家塔塔尔部人毒死。孛儿只斤部落失掉了首领，都散了伙。原来归顺也速该的泰亦术部也离开了他们，还带走了也速该的牲畜和奴隶。铁木真的家境一天不如一天。泰亦术部落的首领害怕铁木真长大后寻仇，带兵捉拿铁木真。所幸铁木真凭着自己的机智跑掉了。

后来，铁木真一天也没有忘记复仇和统一大业。他想尽办法，渐渐地把他们部落失散的亲属和百姓聚集起来。同时，铁木真又和一个部落的首领札木合结为兄弟。铁木真的部落一天天强大起来。公元1189年，乞颜部贵族推举铁木真做他们的首领。这一年，铁木真只有28岁。此后，铁木真开始了统一蒙古草原各部的战争。

成吉思汗像

公元1202年，塔塔尔部的首领得罪了金朝，金朝派丞相约铁木真配合进攻塔塔尔部，铁木真认为这是个报仇的好机会，就与金兵一起夹击塔塔尔部，把塔塔尔部一举击溃。

克烈部首领王罕见铁木真势力越来越大，威胁到自己部落的安全，就决心消灭铁木真。铁木真那时的实力还比不上王罕，他想办法与王罕的军队周旋而不与其正面交锋。时间长了，王罕的军队开始懈怠起来，铁木真趁机向王罕发动进攻。经过几天激战，铁木真打败了王罕，消灭了克烈部。

以后，铁木真又经过几次战斗，陆续消灭了高原上的几个部落，其它各部再也不敢和铁木真对抗，铁木真终于统一了蒙古。

公元1206年，蒙古各部落首领在斡难河（今鄂嫩河）举行盛大集会，推举铁木真做全蒙古的大汗，并且把他尊称为成吉思汗，意思就是拥有四海的大帝。成吉思汗即位后，建立起军事和政治制度，使蒙古成为了一个强大的汗国。

第二十三节　成吉思汗西征

成吉思汗统一蒙古后，他的军事行动并没有就此停止。一方面，被成吉思汗打败的一些部落逃到了蒙古境外，继续活动；另一方面，在蒙古草原军事上的胜利，使蒙古统治者掠夺别人的欲望有了进一步的增长。就这样，遥远的西征开始了。

那时，在蒙古国的西边，是一个较为发达的古老民族——维吾尔。在维吾尔的西边还有一个由匈奴人建立的西辽王国。西辽王国统治着锡尔河与阿姆河中间地区，一度成为中亚地区最强大的国家。维吾尔受它控制。成吉思汗看重维吾尔的文化，便采取了拉拢和收买的策略，占领维吾尔地区，打开了西征的交通要道。

公元1218年，成吉思汗率领20万精锐骑兵，开始向西辽进行大规模军事扩张。这些蒙古军在征战时除了干粮、战马、武器之外不带任何物品。他们时常就地补充给养，因此能够来如星坠，去似闪电。在成吉思汗的率领下，蒙古军很快就攻灭了西辽王朝。随后，蒙古军开始同中亚一个更强大的国家——花剌子模接触。

蒙古骑兵押送战俘图

早在成吉思汗刚刚在蒙古草原崛起的时候，蒙古国就与花剌子模有过接触。成吉思汗为了向西方表示友好，就派使团带着礼物访问花剌子模。但是，当蒙古使团行至花剌子模边境时，却被守边将领误认为是间谍，400多人的使团全部被杀死。成吉思汗听到这个消息后非常愤怒，三天三夜滴水未进，哭着对天起誓，一定要报仇雪恨。1219年秋天，成吉思汗向花剌子模发起进攻。他率领蒙古铁骑，在中亚、波斯的广大地区到处驰骋，给花剌子模以毁灭性打击。他这次出征的目的是要报仇，因此，蒙古骑兵所到之处，一路烧杀，无所不为。最终，花剌子模全军覆没，蒙古占领了它的全部领土。

成吉思汗去世以后，他的继承者又先后发动了两次西征，打开了东西方交通的道路，并最终出现了一个以蒙古地区的和林为中心的横跨欧亚的蒙古汗国。从此，中国各族人不断进入中亚、波斯等地，中亚乃至欧洲的人们也不断来到中国。东、西方的人们在蒙军铁骑的后面开始了沟通和往来。

第二十四节　文天祥抗元

文天祥是吉州庐陵（今江西吉安）人。他自幼就立下了报国之志，二十岁中了状元。后来，文天祥因为得罪了当朝大臣贾似道而被罢官，直到元朝攻宋时才被任命为赣州州官。文天祥接到朝廷诏书后，立即拿出自己的财产充当军费，招募人马，组织军队，援救临安。

这时，南宋朝廷已经乱成了一团。朝中当权大臣惊恐万分，急忙派人向元求和。文天祥坚决不同意投降，他建议朝廷集中兵力，与元军做最后的拼搏。当时执政的谢太后没有别的办法，就把文天祥任命为右丞相，让他去与元军主帅伯颜谈判。

文天祥来到元军大营，伯颜以为南宋派来投降的人到了，就亲自出来迎接。哪知文天祥不但没有一点投降的意思，反而破口大骂元军侵略南宋。伯颜非常生气，就把文天祥扣留在了军营里。

文天祥像

公元1276年，元军攻陷了临安，俘虏了谢太后和南宋的文武百官，把他们与文天祥一起押往大都（今北京市）。文天祥不甘心就这样被俘，在行军到了镇江的时候逃了出来。

文天祥与陆秀夫等人在福州拥戴益王赵昰做了皇帝，自己也恢复了右丞相的职位。随后，文天祥整顿旧部，在江西、广东一带与元军抗战，收复了很多州县。但最后因为他寡不敌众，遭到元军包围，兵败被俘。

文天祥再次被俘，决心以死报国。南宋灭亡后，文天祥被押送到了大都。元世祖觉得文天祥是个人才，就想劝他投降。元世祖对待文天祥如同上宾，把他软禁在摆设豪华的屋子里。元世祖先是派南宋投降元朝的大臣留梦炎去劝文天祥。文天祥见了留梦炎，还没等他开口，就把他臭骂一顿。后来，元世祖又派朝中权臣阿合马来劝文天祥，文天祥仍然誓死不降。元世祖最后亲自召见他，对他说："如果你能归顺我，我就让你做元朝的丞相。"文天祥回答说："我只求一死，别的什么都别说了。"

元世祖非常生气，把他关入大牢。关押文天祥的大牢又阴又潮，冬天冷得像冰窖，夏天热得像火炉。文天祥在这样的环境下生活了三年，并且写下了大量诗文来表达他的爱国情怀。在《过零丁洋》一诗中，文天祥写下了"人生自古谁无死，留取丹心照汗青"的千古名句，表达了自己以身殉国而在所不惜的态度。公元1283年，文天祥在大都英勇就义，以死实现了他"留取丹心照汗青"的誓言。

第二十五节　南宋灭亡

成吉思汗建立政权后，开始了统一全国的征程。公元1227年，蒙古军借西夏王前来请降的机会杀掉了西夏王，灭了西夏。公元1232年，蒙古又与宋朝达成协议，联合进攻金国，灭金以后河南的土地归宋朝所有。两年后，金朝在蒙宋夹击下灭亡。公元1253年，忽必烈亲自带兵远征大理，将大理国王俘虏，占有了大理国所有的土地。这时，阻碍蒙古统一全国的就只有偏安一隅的南宋王朝。

公元1276年，元兵兵临临安城下，守城大将向元朝统帅伯颜投降。陈宜中、张世杰等大臣带着宋益王赵昰、宋广王赵昺，从临安城逃出。赵昰在福州即位，改年号为"景炎"，后来因为被元军追杀，惊吓过渡而病逝。随后，张世杰又拥立赵昺即位，改元祥兴。不久，雷州被元军攻破，张世杰带着赵昺撤到崖山（今广东新会），企图凭借那里的险要地势能够长久停留，就在那里建筑宫室。

元军一路追至崖山，派人向张世杰劝降。张世杰愤然拒绝了元朝使者的要求。他把1000多条战船排成了一字，用绳索连接起来，船的四周还筑起了城墙，决心要与元兵决一死战。元军大将张弘范采取火攻的办法，在起风的时候，放了几只小船，船中放满了干草，点燃了火，企图将张世杰的船只都烧掉。张世杰早就防备了这一着。他下令把宋军的船上涂满厚厚的湿泥，并

宋陵石刻

绑上许多根长木头，将元军的火船顶住，使张弘范的火攻策略失败。

张弘范见火攻不成，改用两路船队封锁海口。宋军拼命抵抗，双方相持不下。就在这时，宋军忽然听到元军的船中奏起音乐来，还以为元军正在举行宴会，就稍微松懈了下来。哪知道这个乐声正是元军发动进攻的信号，元军听到以后，从四面八方向宋军发起了总攻。由于崖山通外的道路早已经被元军切断，宋军食干饮咸多日，都疲惫得丧失了战斗力。不久，宋军战船就陆续降下了战旗，停止抵抗。

张世杰见大势已去，就派人把赵昺接过来，准备突围。赵昺的坐船由陆秀夫守卫。陆秀夫以为是元军使诈，怕小皇帝落到元军手中，就拒绝了使者的要求，背着赵昺一起跳进了大海。张世杰也因为突围时遇到巨浪，船沉而死。南宋就这样灭亡了。元朝统一了中国。

第八章　草原帝国——元

　　　元朝是我国历史上第一个由少数民族建立的统一政权。13世纪初，蒙古族的杰出首领铁木真征服了各兄弟部落，建立了统一的蒙古汗国。随后，他继续东征西讨，不但建成了统一全国的元王朝，还使蒙古大汗国的版图横跨欧亚大陆。元朝统治时间虽短，但它所制定的许多政策到今天仍有影响。

本章主要内容

第一节　忽必烈建元

成吉思汗死后，蒙古汗国的汗位又陆续传了几代。公元 1251 年，贵由汗死后，汗位传到了蒙哥的手里。

蒙哥做了大汗以后，派弟弟忽必烈主管整个黄河以北地区的军事、行政事务。忽必烈借此机会结识了一批有学问的汉族知识分子，让他们做了自己的谋士。这些谋士向忽必烈讲述"汉法"，教他如何用中原的封建制度来统治全国。忽必烈胸怀大志，听了这些话很受启发。

公元 1258 年，蒙哥发动三路大军攻打南宋，不久就病死在合州（今四川合州）的钓鱼台城。蒙哥死前，没有留下遗诏指定汗位继承人。蒙古朝廷中的一部分势力准备拥立留守漠北的阿里不哥为汗，另一部分人却拥护忽必烈。忽必烈与众臣商议，与南宋议和，然后派人迎接蒙哥的灵车，接受大汗的宝玺，自己则带着少数随从，火速赶回了燕京。他假借

元世祖忽必烈像

蒙哥的遗言，遣散了阿里不哥的兵力，并取得了蒙古一些重要大臣们的支持。1260 年，忽必烈召开忽里台大会，继承了汗位。后来，由于阿里不哥思想保守落后，滥杀军将，抢夺财宝，很快就闹得众叛亲离。经过四年的战争，忽必烈终于打败了阿里不哥，取得了最后的胜利。

忽必烈继承了汗位以后，将政治中心从蒙古的和林移到了中原，开始实行"汉法"治理国家。公元 1271 年，在进攻南宋取得不断胜利的情况下，忽必烈接受汉族谋士刘秉忠的建议，取《易经》中"乾元"（极大）的意思，把蒙古国改为"大元"，元朝正式建立，忽必烈就是元世祖。元世祖在全国颁布建国诏书，向世人说明自己所统治的国家不只有蒙古一个民族，而是中国历代封建王朝的延

续。第二年，忽必烈把燕京（今北京）改称大都，正式定为全国的首都。

忽必烈在位 35 年，重视以汉族传统法制治理国家。他重视农桑，兴修水利，设立驿站，制定法律和各项制度。忽必烈为了更好地控制全国，设立了行省制度，对后世产生了深远影响。他还强化中央对边远地区的控制，将西藏纳入中国版图，促进了我国多民族国家的统一和发展。

第二节 耶律楚材治天下

蒙古人入主中原后，面临着很多新的问题。他们原来是以放牧为生，现在却要来统治以耕种土地为生的中原人民；他们原来的生活是"逐水草而居"，可中原的百姓们却世世代代安居重土。应该怎样改变过去的统治方式来适应中原人民的生活呢？成吉思汗在世的时候找到了一个人，帮助蒙古统治者完成了这一转变。这个人就是著名的政治家耶律楚材。

耶律楚材本是契丹人。他从小就博览群书，精通汉族文化，立志做一个博学的人。后来，成吉思汗听说耶律楚材很有才能，就下令召见他，并把他留在了身边。耶律楚材得到成吉思汗的信任后，经常劝他用儒学来治理国家。但成吉思汗当时正忙于打仗，没有听取耶律楚材的意见。有一天，耶律楚材对成吉思汗说："造弓还要有造弓的匠人呢，治理天下难道不需要'治理天下的匠人'吗？"成吉

耶律楚材像

思汗听了觉得很有道理，就嘱咐自己的儿子窝阔台日后要重用耶律楚材。

成吉思汗死了以后，窝阔台继承汗位。耶律楚材实行了一系列措施，改变了蒙古国落后的统治方式。他首先按照中原朝廷的习惯，制订了严格的君臣礼仪制度，要求皇族和大臣们见了皇帝都要下拜。

后来，随着蒙古统治疆域的不断扩大，有人就建议把汉族人全都赶走杀光，

把庄稼全都割掉，让田野长满青草，蒙古人好去放羊。耶律楚材坚决制止了这种做法，他说："这么富饶的土地怎么能说没用呢？如果我们像汉人一样在这里征收赋税，我们一定能为蒙古统一全国提供充足的后备资源。"窝阔台同意了耶律楚材的建议，在中原各地制定各种赋税，并设立专门的官员来征收赋税。

耶律楚材还非常注重保存人口。他改变了过去蒙古人每次攻占城镇都要屠城的做法，使蒙古军队把百姓保存下来，以耕种土地。由于成吉思汗没有制定完整的法律，耶律楚材还制定了临时法律，严禁地方官擅自滥杀百姓，禁止地主富豪夺取农民田地，使社会秩序渐渐安定了下来。

除此之外，耶律楚材还劝窝阔台用孔孟之道治理国家，选拔儒生担任各级官吏，并请有名的儒士来给皇族子孙讲解儒家经典。

通过耶律楚材的一系列政策和措施，蒙古人渐渐适应了对中原人民的统治。耶律楚材成为了使蒙古贵族接受中国传统文化的第一人。

第三节　阿合马专权

元朝建立后，蒙古统治者招纳和任用汉人世侯，在中原地区逐渐建立了蒙古贵族与汉族地主的联合统治。但是，一些汉族世侯并不甘心永远忍受蒙古人的统治，他们不断地寻找有利时机，反抗蒙古统治者。公元 1262 年，汉族官员李璮发动变乱，给蒙古统治者以沉重打击。虽然叛乱不久就被平定，但忽必烈从此不再相信汉人。他果断地剥夺了汉族世侯的权利，开始重用西域人，阿合马就是其中比较著名的一个。

元·弈棋壁画

阿合马是回回人，本来在花剌子模经商，后来投奔了忽必烈。那时，忽必烈刚刚继承了汗位，一直征战不断，花去了国库中的大量钱财。忽必烈听说阿合马很会理财，就让他负责管理国家财务。

为了替元朝统治者搜刮钱财，阿合马刚上任就着手实行了一系列财政改革。首先是官办炼铁，铸造铁制农器官卖，每年可换成官粮四万石；二是禁止私人卖盐，改由政府专卖，并增加盐税；三是扩大纸钞发行以收进社会上的财富，于是纸钞贬值，物价飞涨。

通过这些措施，国库收入果然增加不少。忽必烈非常高兴，认为阿合马很会办事，就给了他一个很大的官职。从此，阿合马就开始为所欲为。他大肆排挤打击那些不与自己合作的官员，并把大量自己的心腹安插到各个重要职位上。宰相反对他独断专行，他也不理。后来，阿合马的子孙全部担任了重要官职，他们经常利用职权经商，卖官受贿，侵吞国家财产。渐渐地，阿合马家族不但权势越来越大，还占有了大量的土地和财宝。

阿合马专权暴敛，引起了很多人的怨恨。有个山东好汉叫王著，决心为民除害。他秘密铸造了一个大铜锤，趁忽必烈离开大都之机，设计砸死了阿合马。忽必烈知道后大怒，下令杀死了王著和他的同伙。后来，一些平时受阿合马排挤和压迫的人们纷纷向忽必烈揭露阿合马的罪状。忽必烈派人查证，件件属实，这才知道阿合马平日作恶多端。于是忽必烈下令将阿合马的尸体挖出来又砍了几刀，并把他家产全部没收，子侄处死。

第四节　马可波罗来华

在元朝统治时期，中国是当时世界上最强大最富庶的国家，它的声誉远及欧亚非三洲。西方各国的使者、商人、旅行家、传教士纷纷慕名前往中国观光，其中影响最大的要算是意大利人马可·波罗了。

马可·波罗出生在意大利威尼斯的一个商人家庭，他的父亲和叔父常常到国外做生意。公元1260年，他们在经商途中第一次来到中国。忽必烈的使者见到了这两个欧洲的商人，觉得很新奇，就告诉了忽必烈。忽必烈在元大都接见了他们，向他们了解西方各国和罗马教廷的情况，并决定派使臣到罗马去，任命他们二人为副使。两人回国后，完成了任务。他们带上了马可·波罗，一同前往元大都。

马可·波罗像

经过了3年多的时间，马可·波罗和他的父亲、叔父一行三人再次到达了大都。忽必烈非常高兴，当天晚上就在皇宫举行宴会，欢迎他们。后来，忽必烈又把他们留在朝廷里做事。

马可·波罗非常聪明，很快就学会了蒙古语和汉语，还学会了像蒙古人那样骑马射箭。忽必烈看他进步很快，十分赏识他，除了让马可·波罗在大都担任职务外，还派他到各省巡视或出使外国。

马可·波罗和他的父亲、叔父在中国生活了整整17年，他们非常想念家乡，几次向忽必烈请求回国，但忽必烈都没有答应他们。公元1292年，马可·波罗利用护送蒙古公主远嫁到波斯的机会，踏上归程，经过3年的长途跋涉，才回到了威尼斯。当时，威尼斯正与热那亚发生战争。马可·波罗参加了威尼斯的舰队，兵败被俘，被关在热那亚的监牢里。在狱中的一年时间里，马可·波罗口述了自己在东方的所见所闻，同狱的作家鲁思梯谦把马可·波罗所讲的事记录了下来，编成了一本书，这就是闻名世界的《马可·波罗行记》。这本书详细记载了中国的富庶繁华，它一经写成，就迅速被翻译成几十种文字，轰动了欧洲，强烈激起了欧洲人对中国文明的向往。从那以后，东西方之间的来往更加密切了。

第五节 "汉人"和"南人"

元朝建立以后，由于版图辽阔，民族众多，蒙古统治者通过笼络各民族上层贵族才使自己的统治得以巩固。但是，蒙古统治者又竭力维护蒙古贵族的特权，将蒙古族定为国族，把其余的各个民族划分等级，实行严酷的民族压迫。

在元朝统治者的民族等级划分中，蒙古人地位最高。其次是那些被蒙古人征服、并帮助蒙古人征服全国的我国西北地区的各族人民，蒙古统治者就把他们称作"色目人"。汉人和南人处于等级划分的最底层，是地位最为卑微的民族。所

元·赵孟頫·浴马图（局部）

谓汉人，是指原来金朝统治下的汉族和汉化的女真、契丹等族。所谓南人，就是指忽必烈灭南宋时仍在南宋统治下的汉族。

元朝各民族等级之间的差别，表现在社会政治生活的各个方面。从官制上来看，自忽必烈即位以后，就定了这样一项制度：中央或地方的官员，正职一律由蒙古人担任，副职才允许汉人、南人担任。特别是中央统治机构中掌管行政的重要职位，正职绝大部分由蒙古人担任，只有极个别的汉人短期内担任过正职。至于掌管军事的要职，汉人、南人是一律不能担任的。军队的数量和驻防情况，则对汉人、南人完全保密。但是，不少蒙古人、色目人虽然当上了大官，可他们根本不识字，更不识汉字。有时衙门里的公文要他们签字写日期，他们也写不好，下面具体办事的人看了都直发笑。

除了在官吏任命上的不平等之外，元朝的科举考试制度也带有鲜明的民族压迫色彩。当时规定：蒙古人、色目人和汉人、南人分两榜录取，对汉人、南人的要求也十分严格，而且还规定南人不能得前三名。汉族读书人要想通过科举做官简直比登天还难。

在对百姓的日常治理方面，不同等级的民族，也要接受有差别的对待。例如，同样是杀人，一般规定杀人者死，但蒙古诸王因恩怨杀人，仅判处杖刑和流放。如果殴斗事件发生在蒙、汉之间，蒙古人打死汉人，只需罚银，而汉人只要打伤了蒙古人，就一律处死。而且蒙古人殴打汉人，汉人还不能还击，只能陈诉。

由于这种等级划分的民族政策，元朝的各民族之间形成了严重的隔阂。民族矛盾与阶级矛盾交织在一起，使元朝的社会矛盾更加尖锐和复杂。

第六节　元曲和元曲四大家

我国戏曲艺术经历了一个漫长的孕育过程，到宋金时期渐趋成熟，元代杂剧兴盛，成为我国戏曲史上的黄金时代。当时有姓名记载的杂剧作家就有八十余人，关汉卿、白朴、马致远、郑光祖四位元代杂剧作家，代表了元代不同时期、

元曲四大家像

不同流派的杂剧创作成就，后人称他们为"元曲四大家"。

元曲四大家的说法，最早提到的是元代周德清的《中原音韵》。他只提及四人的姓名，还没有"四大家"的命名。到明代何良俊《四友斋丛说》才正式出现四大家的说法："元人乐府称马东篱、郑德辉、关汉卿、白仁甫为四大家。"对这四位元代戏曲作家的评价和排列顺序，也因人因时有不同的提法。如元代钟嗣成在《录鬼簿》中关汉卿列为杂剧作家之首，贾仲名也称关汉卿是"驱梨园领袖，总编修饰首，捻杂剧班头"。但明初朱权《太和正音谱》却推戴马致远，把关汉卿列为"可上可下之才"。现在一般认为王国维在《宋元戏曲史》中的说法

比较公允："元代曲家，自明以来，称关、马、郑、白，然以年代及造诣论之，宁称关、白、马、郑为妥也。关汉卿一空倚傍，自铸伟词，而其言曲尽人情，字字本色。"

关汉卿是元代杂剧作家。号已斋，大都（今北京市）人。约生于金末或元太宗时。关汉卿曾写有《南吕一枝花》赠给女演员珠帘秀，说明他与演员关系密切。据各种文献资料记载，关汉卿编有杂剧 67 部，现存 18 部。个别作品是否出自关汉卿手笔，学术界尚有分歧。其中《窦娥冤》、《救风尘》、《望江亭》、《拜月亭》、《鲁斋郎》、《单刀会》、《调风月》等，是他的代表作。关汉卿塑造的"我是一颗捶不扁、炒不爆、砸不碎、煮不透响当当一颗铜豌豆"的形象也广为人称。水星上有一座环形山以他的名字命名。

马致远（1250 年？－1323 年？），字东篱，中国元代初期杂剧作家，大都（今北京）人。作品以反映退隐山林的田园题材为多，风格兼有豪放、清逸的特点。有描述王昭君传说的《汉宫秋》以及《任风子》等。《汉宫秋》被后人称做元曲的最佳杰作。作品收入《东篱乐府》。

郑光祖（？—？），字德辉，平阳襄陵（今山西襄汾县）人，生卒年不详。元代著名的杂剧家和散曲家。生平甚无记载，只知他"为人方直"，不善与人交往，一生写过 18 种杂剧，其中《倩女离魂》（全名《迷青琐倩女离魂》）著名。伶人称他为郑老先生，死后由伶人火葬于杭州灵隐寺。除杂剧外，郑光祖写曲词，有小令六首，套数二曲流传。郑光祖一生写过 18 种杂剧剧本，全部保留至今的，有《迷青琐倩女离魂》、《㑇梅香骗翰林风月》、《醉思乡王粲登楼》、《辅成王周公摄政》、《虎牢关三战吕布》等。

白朴，原名恒，字仁甫，后改名朴，字太素，号兰谷。生于金哀宗正大三年（1226 年），至元成宗大德十年（1306 年）在世，此后行踪不详。祖籍隩州（yù）（今山西河曲县），后徙居真定（今河北正定县），晚岁寓居金陵（今南京市）。他是元代著名的文学家、杂剧家。所作杂剧共 18 种，今存 8 种：《伊尹耕莘》、《三战吕布》、《无盐破环》、《王粲登楼》、《周公摄政》、《老君堂》、《翰林风月》、《倩女离魂》。另有《月夜闻筝》存残曲。

第七节　元末农民大起义

元朝末年，统治者对人民的剥削变本加厉，压迫得百姓吃不上饭，日子苦不堪言。元顺宗继位后，实施了一些想要挽救王朝没落的措施。但这些做法大多治标不治本，再加上整个统治集团的日益腐朽，元朝走向衰落的步伐开始加快。

韩山童和刘福通是河北一带的农民，他们利用百姓对元朝统治者的仇恨，成立了民间秘密宗教组织白莲会，暗地组织农民反抗官府。公元 1351 年，韩山童和刘福通借元军逼迫民工疏通黄河、克扣工钱的机会，召集白莲教教民，发动反元起义。起义不久，韩山童就在战斗中被捕牺牲。刘福通领兵继续战斗。

刘福通率领的起义军，纪律严明，作战勇敢，很受百姓的欢迎，前来投奔的人越来越多，很快队伍就发展到了 10 万人。各地起义军将士头上包着红巾，因此百姓们都称他们为红巾军。刘福通的红巾军用了仅一个月的时间，就连续攻下了一批城池。元王朝见刘

元·大都遗址

福通声势浩大，赶忙调动大批官兵镇压红巾军。不料元朝内部发生内乱，元军不战而溃。红巾军趁机出击，大破元军。公元 1355 年，刘福通拥立韩山童的儿子韩林儿为帝，国号为宋，韩林儿被称作小明王。

与此同时，江淮一带的农民很早就受到白莲教的影响，他们见刘福通起义后势力发展很快，也纷纷起兵响应。这些起义军攻占了一些土地后，相继称王，建号改元，形成了与元王朝抗衡的群雄并立的局面。除了刘福通的队伍最先建立了反元武装外，最重要的起义队伍还有以下几支：一是芝麻李、赵均用、郭子兴等

部。芝麻李和赵均用首先率众起义，占领徐州。次年芝麻李败死，赵均用等投靠了濠州的郭子兴。二是徐寿辉、陈友谅部。公元 1351 年，徐寿辉以蕲水为都，自称皇帝，国号天完，改元治平。公元 1360 年，陈友谅杀掉徐寿辉，自立皇帝，国号大汉。三是张士诚部。公元 1353 年，张士诚聚众反元，建立大周，自称"诚王"。后来，张士诚贪图高官厚禄，投降元朝。

各地的红巾军起义沉重打击了元朝统治者，使元朝的政权从根本上发生了动摇。元王朝已经走到了尽头。

第九章　汉族复兴的王朝——明

　　明朝是中国君主专制政权发展至极从而逐渐扭曲的时期。它的皇权绝对化，宦官当权，"东厂"、"西厂"的设立，无一不是这一结论的阐释。与此同时，北方少数民族及东南倭寇的相继侵扰更使明王朝内忧外患，风雨飘摇。虽然后来有张居正的改革，但仍是杯水车薪无法挽救其衰败之势。唯一可提的是，郑和七次下西洋，成为中国乃至世界航海史上的壮举。

本章主要内容

第一节 朱元璋立国

元朝末年，统治腐朽，经济崩溃，黄河决口，灾害连年。农民无法生存，就掀起大规模的反抗斗争。

朱元璋出身贫苦，家里世世代代给地主种田，自己从小就替地主放牛。17岁那年，父母和兄弟都因为灾荒和瘟疫死了，生活没有了依靠，就到庙里当了小和尚。后来，全国各地起义不断，社会动荡，朱元璋在庙里呆不住了，就参加了郭子兴在濠州的起义队伍。

朱元璋作战非常勇敢，足智多谋，受到郭子兴的器重，并被郭子兴招为女婿。郭子兴死后，这支起义队伍就由朱元璋领导。

公元 1356 年，朱元璋亲率水陆大军攻克集庆路（今江苏南京），改名应天府。在应天，他接受朱升"高筑墙、广积粮、缓称王"的策略，招集贤能的武将谋士，重用李善长、刘基、宋濂、徐达、常遇春等人。他以应天为中心，四处征战，附近的元军据点都被他依次攻占。这时，朱元璋的占领地区

朱元璋像

东北邻张士诚，西邻陈友谅，东南邻方国珍，南邻陈友定，他们都割地称王，各霸一方。

公元 1363 年，陈友谅率领大军进攻洪都，朱元璋率军援救。两军相遇，展开了一场为期 36 天的决战。最后陈友谅战死，全军瓦解。

消灭了陈友谅，南方群雄中再也没有敢和朱元璋争锋的了。接着，朱元璋又举兵攻打张士诚。公元 1367 年，张士诚兵败而死，不久，方国珍也不战而降，这就奠定了朱元璋完成帝业的基础。此后，他依靠江南雄厚的财力，率领训练有素、纪律严明的强大军队，南征北伐，取得了节节胜利。

公元 1368 年正月，朱元璋改应天为南京，即皇帝位，定国号为"大明"，年号洪武，朱元璋就是明太祖。当年秋天，明军在大将徐达、常遇春的率领下，攻入元朝大都。元顺帝北逃，元朝在全国的统治结束。明朝建立后，各地的割据政权依然散存，朱元璋虽然已经掌握河南、江浙和闽广地区，但统一全国的任务还很艰巨。朱元璋一面着手恢复经济生产，一面继续完成统一全国的大业，又用了20 多年的时间，实现了全国统一。

第二章　胡蓝之狱

明朝初年，明太祖朱元璋的疑心很重，经常因为一些小事而杀死大臣。到了晚年，太子病死了，皇太孙成了皇帝的继承人。朱元璋考虑到皇太孙年幼文弱，怕自己死后幼帝控制不了权高望重的大臣，怕他们对皇室造成威胁，于是就找借口，大杀功臣，以消后患。

洪武初年的时候，丞相胡惟庸依仗自己功劳大和朱元璋对他的宠信，独揽大权，对朝廷大事，不向皇帝报告，就擅自做出决定，下达命令。各级官吏给皇帝的奏章，他也总是私自拆看，如果是对自己不利的，就扣下来，不上报给皇帝。朱元璋渐渐起了疑心。他不愿大权旁落，就动了杀机。这时，一些善于察言观色的官员看出了朱元璋的心思，就投其所好，向朱元璋告发胡惟庸谋反。朱元璋虽然知道没有什么证据，但还是派兵包围了丞相

胡惟庸案大捕杀

府，抓住胡惟庸，把他磔（分裂尸体的刑法）死了。这个案子牵涉的人并不多，但从此明太祖废除了丞相制度，让各部直接对皇帝负责，这样中央集权的专制统治大大加强了。

事隔十年，又有人揭发说胡惟庸曾私通日本和元朝的残余势力，企图发动政变。这时朱元璋年纪大了，疑心病越来越重，于是追究此事，很多人趁机报私仇，被揭发的人越来越多，受牵连的人，更是数不过来。这些人都被抄家灭族，共死了3万多人。历史上把这件事称为"胡党大狱"。

两年后，又发生了蓝玉案。蓝玉是开平王常遇春的妻弟，在帮助朱元璋平定天下的过程中立下赫赫战功，被封为凉国公。但他性格卤莽，性情粗暴，有时自作主张，不向皇帝请示，说话做事还不检点。朱元璋对此非常恼火，认为他太狂妄放肆，加上他兵权过重，朱元璋认为他将来会给皇储造成麻烦。

公元1393年，有人密告蓝玉要叛乱。朱元璋将蓝玉抓了起来，用酷刑逼他招出同伙。凡是和案件有牵连的人以及和蓝玉有来往的人，都被抄家问斩，一共杀了将近2万人。

胡、蓝两次大狱后，朱元璋几乎把明朝开国之初的功臣宿将和文武大臣都杀得差不多了。

第三节　靖难之役

明太祖朱元璋为了巩固明王朝的统治，把他的24个儿子分封到各地为王，其中的一部分藩王还拥有军队。明太祖死后，皇太孙朱允炆即位，历史上把他称为"建文帝"。

明长城示意图

这时，建文帝的很多叔叔都是地方上的藩王，他们眼看着皇位的继承权落到侄儿的手里，心里很不舒服，特别是驻守北平（今北京）的燕王朱棣，小时候就深得朱元璋的喜爱。有一次，朱元璋讲了句"风吹马尾千条线"，让建文帝作对子，建文帝想了想，对道："雨打羊毛一片膻。"老皇帝听了，觉得这对子平淡苍白，毫无生气，非常扫兴。这时，站在一旁的朱棣见了，立刻补上一句："日照龙鳞万点金。"朱元璋听了非常高兴。

后来，朱棣在抵抗元朝军队进攻时，多次立过战功，所以对建文帝更不服气。他一方面暗中练兵，准备谋反；另一方面，他为了麻痹建文帝，假装犯了精神病，成天胡言乱语，有时候还躺在地上，几天不起来。

有一天，建文帝派使臣去看望朱棣。朱棣为了消除建文帝的猜疑，就假装精神病发作，大热天还坐在火炉边烤火，嘴里不停地叫冷。使臣一汇报，建文帝也相信燕王真的疯了。

燕王知道建文帝毕竟是明太祖定下的皇帝，公开反叛，对自己不利，于是就找了个起兵的理由，说是帮助建文帝除掉奸臣。历史上把这场内战叫"靖难之变"（靖难是平定内乱的意思）。

公元 1399 年，朱棣起兵南下。建文帝得到消息，派兵抵抗。但是，他认为都是一家人，这样大动干戈，很不好，所以让将士作战时要特别小心，不得杀伤燕王，以免使皇帝担上杀害叔叔的罪名。

朱棣精于谋略，善用奇兵。建文帝的军队虽然数量多于燕王，却常常吃败仗。过了不久，燕王朱棣就攻入南京城，宫内起火，建文帝不知去向。朱棣登上了皇帝的宝座，就是后来有名的明成祖，年号永乐。

第四节　郑和下西洋

明成祖朱棣即位后，为了耀武扬威，加强与海外的联系，获得海外的奇珍异宝，于公元 1405 年正式任命郑和为使者，带领一支船队出使西洋。那时候，人们称的西洋，并不是指欧洲大陆，而是指我国南海以西的海域和沿海各地。

郑和本姓马，字三宝，是回族人，因靖难有功，深受明成祖信任，被赐姓名郑和。他带的船队，一共 27800 多人，除了兵士和水手，还有技术人员、翻译、医生等。他们乘坐 62 艘大船、200 多艘小船，满载丝绸瓷器，从苏州刘家河出发，经过福建沿海，浩浩荡荡，扬帆南下。郑和第一次出海，先到了占城（今越南南方），接着又到了爪哇、旧港（今印度尼西亚苏门答腊岛东南岸）、苏门答腊、古里、锡兰等国家。他带着大批金银财物，每到一个国家，先把明成祖的信递交国王，再把带去的礼物送给他们，希望同他们友好交往。西洋各国也都热情地接待了郑和的船队，并派了使者跟他一起回访。公元 1407 年 9 月回到国内，完成了第一次出使西洋的任务。

郑和墓

明成祖听了郑和第一次出海的经历，觉得这样既能提高国家的威望，又能促进与西洋各国的贸易往来，好处很多，所以从此以后，一次又一次派郑和带领船队下西洋。从公元 1405 年到公元 1433 年的这些年里，郑和出海 7 次，前后一共到过印度洋沿岸 30 多个国家，最远到达非洲的木骨都束国（在今索马里的摩加迪沙一带）。28 年的航海活动，耗尽了郑和的全部心血和体力，在最后一次远航归来不久，他就病死了。后来的明朝统治者们认为郑和七次出使"西洋"，用去了国库的大量财富，国家负担不起，出使海外就被禁止了。

郑和七次下西洋，这是世界航海史上的伟大壮举，它加强了中国同亚非国家的友好关系，促进了各国的经济、文化交流。郑和是打开从中国到东非航道的第一人，他的航行比哥伦布到达美洲大陆早 87 年，比达伽马绕过好望角到达印度早 93 年，比麦哲伦到达菲律宾早 116 年，他是世界航海事业的伟大先驱者。

第五节　明成祖治国

明成祖朱棣是一个非常有作为的皇帝。他不仅很有军事才能，也非常具有政治远见。

由于明成祖从小就被派到边关驻守，因此他经历了很多艰难挫折，也学会了许多本事，增长了见识。为了使未来皇位的继承人得到锻炼，他把太子也经常派到地方上去视察。这样一来，太子果然从小就体会到了百姓生活的艰苦，长大以后勤俭治国。

"靖难"期间，华北一带遭受战争，生产被破坏得很严重。明成祖就下令减免百姓赋税，还让地方官们制造农具给百姓们使用；对于因为战争而弃土离乡的农民，明成祖让他们返乡，并给他们发放种子和农具，以重新从事生产；除此之外，明成祖还让地方官在农闲的时候修筑河渠，疏通河道，以便利灌溉。

朱棣像

明成祖不但注意让百姓们休养生息，他自己也生活节俭，身体力行。一次，一个外国使臣送给他一对玉碗，他就对那个使臣说："我们国家的餐具很好，已经够我用的了。我们的国库里也有玉碗，我都从来没有用过。如果今天朝中大臣们知道我收了这个玉碗，日后他们也一定会竞相效仿，献这献那，这对国家又有什么好处呢？"随即就把玉碗还给了外国使臣。

对于那些曾经与他出生入死，帮助他夺得皇位的功臣们，明成祖从来不对他们猜忌。他经常注意大臣们的优点，量才任用。对于那些真有才能的人，明成祖大胆提用。有一个驻守西部的大将被弹劾说是擅自专权，自作主张，明成祖就说："任人不放手不能成事，何况大将远在边关，怎么能要求他事事都按照我的谕旨行事呢？"

另外，明成祖还经常鼓励大臣们敢于进谏直言。对于敢说真话的人，他总是加以奖励；对于不敢说真话的人，他就常常加以斥责。有一次，明成祖让六部的官吏下到地方，体察民情。可官吏们回来很久都没有向明成祖提出建议。于是，明成祖就把御史叫了来，说："你去告诉他们，我很想从他们口中知道一些地方上的情况。他们都从地方上回来很久了，怎么到现在还不提意见，难道真的是一点问题都没有吗？"

明朝在明成祖的精心治理下，终于取得了后代帝王难以比拟的成就，成为了当时整个东方最强大的帝国。

第六节　土木堡之变

明英宗朱祁镇刚刚即位的时候，只有 9 岁。他成天只知道追求玩乐，根本不问国事。一个名叫王振的太监钻了空子，他趁帮助明英宗批阅奏章的机会，把朝廷军政大权集中到自己手上。王振的权力越来越大，朝中的大臣们都非常害怕他。那些对王振不满的人，不是被撤了职，就是被关进了监狱，或者被流放到新疆充军。

这个时候，我国北方蒙古族的瓦剌部逐渐强大起来。公元 1449 年，瓦剌部的首领也先派 2000 多人向明朝廷进贡马匹。瓦剌部的使臣为了多得些赏赐，谎报来的使者是 3000 人。这件事让王振知道了，非常生气，大骂也先欺骗朝廷，削减了原定的赏金。也先想跟朝廷和好，就为自己的儿子向明朝求婚，遭到王振拒绝。这下惹恼了也先，他决定发兵中原，给王振一点儿厉害瞧瞧。

明英宗像

这年夏天，也先率领瓦剌的部队进攻大同，镇守大同的明朝官兵被打得大败，边疆告急。明英宗这时已经 23 岁了，可还是什么都不懂，凡事都听王振的。因为大同离王振家乡很近，王振担心自己的家产、田业被侵占，就劝说英宗率兵亲征。英宗一点儿主见都没有，就同意御驾亲征。

也先听说明英宗亲征，决定采用诱敌深入的办法，一举消灭明军主力。明英宗根本不会带兵打仗。他带领人马来到大同后，求胜心切，也不加休整，就命令将士进攻。由于仓促出兵，军队里粮饷都不充足，士气也十分低落。在与瓦剌军的交战中，各路明军纷纷溃败。王振看情况危急，下令退兵回北京。退兵途中，王振为了显威风，劝英宗去他的老家蔚州住几天。往蔚州走了 20 公里后，王振又担心大军损坏他家的庄稼，又命令往回走。这样一耽搁，明军就被瓦剌大军追上了，在土木堡被瓦剌人包围。一连困了三天，士兵饥渴难耐，陷入困境。也先指挥大军从四面进攻，明军抵抗不住，纷纷投降。英宗在逃跑的路上被瓦剌军活捉，王振被气愤的护卫将军用锤砸死，几百名文武官员也在这一战中丧命。历史上把这次事件称作"土木堡之变"。

第七节　于谦保卫北京

明朝军队在土木堡全线崩溃后，北京朝野上下一片慌乱。皇太后为了安定人心，宣布由英宗的弟弟朱祁钰出任监国，代理皇帝的职权。她还召集了文武大臣，共同商议对付瓦剌的办法。有的大臣胆子小，主张南逃。兵部侍郎于谦主张全力抵抗瓦剌，得到了很多大臣们的支持。皇太后和朱祁钰也下定了决心，坚守北京城。为了组织抗敌，稳定军心，公元 1450 年 9 月，皇太后正式宣布，朱祁钰即位称帝，被俘虏的明英宗改称太上皇。朱祁钰就是明代宗。朝廷稳定之后，于谦重新调整兵力部署，亲自率领 20 万人马驻扎到了北京城外。明军全军上下，一心抗敌，誓死保卫北京城。

不久，也先就率领瓦剌军，以护送明英宗回京为借口，大举进犯北京。于谦为了表示有进无退的决心，发出命令：在作战中有临阵后退或脱逃的，无论是将领还是士兵，一律处斩。也先把军队驻扎在北京郊外的土城后，派人侦察明军实力。于谦以百姓的房屋做掩护，派出一些散兵迷惑敌人，引诱他们进入埋伏圈。也先见明军人少而又分散，果然上当，立即派出一万多人对明军发动进攻。于谦

北京保卫战（油画）

等也先的军队进入埋伏圈后，一声令下，明军乱箭齐射，瓦剌军死伤无数。就在这时，明朝各地前来支援北京的明军也陆续赶到，向瓦剌军队发起了进攻。也先见形势不妙，命令瓦剌军队撤回土城，没想到半路遭到明军追阻，只好向南转移，途中又遇到明朝火枪队阻击，损失更为惨重。经过了这次战役，瓦剌军的形势急转直下，而明军则士气大振，加强了戒备。后来，也先又组织军队发动几次进攻，都遭到了明军的奋勇抗击。

也先遭到严重损失，不敢再战，就带着明英宗和剩下的残兵败将撤退了。他知道扣住明英宗也没有用处，就把明英宗放回了北京。于谦领导的北京保卫战终于取得了辉煌的胜利。

第八节 戚继光抗倭

明世宗的时候，我国东南沿海一带经常遭受日本海盗的骚扰。他们和中国的土豪、奸商相互勾结，到处抢掠财物，杀害百姓，闹得沿海不得安宁。历史上把这些海盗叫做"倭寇"。倭寇在浙江、福建一带烧杀抢掠，百姓十分痛恨他们，可明朝军队抵挡不住倭寇的进攻，倭寇在沿海的侵犯越来越严重。后来，朝廷派

了个老将俞大猷去抵抗。俞大猷一到浙江，就打了几个胜仗，但是不久，他就因为奸臣陷害被牵连坐了牢。沿海的防务没人指挥，倭寇的活动又猖獗起来。一位大臣向明世宗推荐了年仅27岁的戚继光。

戚继光是山东人，出身一个武官家庭，从小就决心要做一名好将军。他被调到浙江上任不久，就和倭寇展开了几场恶战，都大败倭寇。虽然打了胜仗，可是戚继光觉得明军的战斗力太差，军纪松散，就决定另外招募新军。他一发出招兵令，马上就有一些吃够倭寇苦的农民、矿工自愿参军，还有一些愿意抗倭的地主武装也参加了进来，一支抗倭新军组建了起来。

戚继光像

戚继光对这支军队进行了严格训练。他严明军纪，并根据江南一带多水泽、道路曲折的特点，想出了对付倭寇进攻的新阵法——鸳鸯阵。他还亲自教士兵使用各种长短武器。经过训练，这支军队作战顽强，纪律严明，很快成为抗倭主力，被人们称为"戚家军"。

倭寇在哪里骚扰，戚家军就打到哪里。几年内，他们先后在台州、宁德、牛田等地大败倭寇。倭寇不敢在浙江活动，就纷纷南下，进犯福建。福建沿海村镇从此不得安宁。戚继光又奉命到福建抗倭。

这时候，俞大猷已经复职，朝廷任命俞大猷为福建总兵，戚继光为副总兵。两个抗倭名将联合起来，共同打击倭寇。经过三年时间，戚家军和俞家军打了很多的胜仗，倭寇不是被消灭，就是被赶回老家。从此，东南沿海的百姓又过上了安稳的生活，百姓们记着戚继光的功绩，称颂他为"抗倭名将"。

第九节 张居正改革

张居正是明朝的一个能干的政治家。穆宗在位时，张居正任大学士，因为才能出众，得到明穆宗的信任，明穆宗多次提拔他。张居正总结嘉靖以来的种种弊端，向穆宗上了一封奏折，指出当时朝政荒疏、颓废不振，要想革除弊端，必须及早实行改革。他还详细列出急需改革的几件事。穆宗读后非常高兴，夸奖张居正见识不凡。可惜许多事情还没来得及实施，穆宗就去世了。

明神宗即位后，张居正等人就辅佐年幼的皇帝处理朝政。不久，张居正就成了内阁首辅。他对神宗的教育十分严格，神宗把张居正当严师看待，既尊敬又惧怕。再加上皇太后的支持，朝政大事几乎全部由张居正做主。由于这些有利的条件，张居正便开始推行自己的政治主张，大刀阔斧地在军事、政治、经济几方面做了一番整顿。

张居正首先着手整顿吏治。他认为朝廷腐败，百姓贫苦，其主要的原因是吏治不清。所以他提出考核吏治，惩处贪官污吏。张居正制定了一套考核官吏的办法，以所考察的官吏的政绩作为官吏提升、降职、罢免的依据。这样既提高了各级衙门的办事效能，又使贪赃枉法、坑害百姓的事减少了。

张居正为皇帝编著的《帝鉴图说》

张居正特别重视"惟才是用"，只要有真才实学，就破格提拔，加以重用。他重用了一大批有德有才的人治理国家，巩固边防。这样，社会逐渐安定，明王朝的统治也稳固了。

张居正改革的另一个主要内容是开源节流，增加国库财富，其中最重要、成效最大的措施，就是把当时各种名目的赋税和劳役合并起来，折合银两征收，称为"一条鞭法"。经过这种税收改革，防止了一些官吏的营私舞弊，增加了国家的收入，也减轻了农民的一些负担。

张居正还挑选了一批勇敢的将领训练士兵，驻守边防。他命令将士们在边境开垦田地，做到有备无患。他还大力支持开发边境贸易，重视农业生产，积极组织人力兴修水利，使百姓安居乐业。

张居正用了 10 年努力，进行了大胆的改革，使腐败的明朝政治有了转机。国家粮食充足，足够支用十年。

公元 1582 年，张居正病死。原来对张居正不满的大臣纷纷趁机陷害他。明神宗把张居正的官爵全部削掉，还派人抄了张居正的家。张居正的大儿子被逼自杀，子孙 10 多人被关在屋子里活活饿死。他执政期间进行的改革，也被废除。刚刚有了一点转机的明朝政治又走上了下坡路。

第十节　海瑞罢官

海瑞是广东琼州人。他从小死了父亲，靠母亲抚养长大，家里过着贫苦的生活。他 20 多岁考中举人后，当过县里的学堂教谕，不久又被朝廷命为浙江淳安县知县。

过去，淳安县的官吏审理案件，大多接受贿赂，胡乱定案。海瑞在淳安上任后，把多年来的案件重新审理了一遍；凡有差错的，一律平反，不管什么疑难案件，都调查的水落石出。当地百姓都称他是"青天"。

海瑞为人刚正不阿，不附权贵，对搜刮民脂民膏的贪官污吏从不手软，结果得罪了奸臣严嵩的干儿子鄢懋卿。鄢懋卿对海瑞怀恨在心，指使他的同党在皇帝面前狠狠告了海瑞一状，海瑞终于被撤了淳安知县的职位。严嵩垮台后，鄢懋卿也被充军到

海瑞像

外地，海瑞恢复了官职，后来又被调到京城做官。海瑞到了京城后，对明世宗的昏庸和朝廷的腐败情况见得更多了。明世宗整日求仙炼丹，已经20多年没有上过朝了。海瑞官虽然不大，却大胆写了一道奏折向明世宗直谏，把明王朝的腐败现象痛痛快快地揭露出来。他在奏章上写道："现在吏贪官横，民不聊生，天下的老百姓对陛下早就不满了。"

海瑞把这道奏章送上去以后，知道自己肯定要得罪皇上，皇上如果生气，自己可能性命不保。他在回家的路上，顺便到棺材铺去，买了一口棺材带回家来。妻子见他带着一口棺材，很诧异，就问："这是怎么回事？"海瑞将他上奏章骂皇帝的事告诉了妻子，并安排他母子赶快逃走，自己则坐在家里等着朝廷派人来逮捕他。果然，海瑞的这道奏章在朝廷引起了一场轰动。明世宗看了，又气又恨，下令把海瑞抓了起来，交给锦衣卫严刑拷打。直到明世宗死了，海瑞才被释放。不久，海瑞官复原职。但因生性耿直，后来又屡次被排挤出朝廷。

海瑞为官时两袖清风，身后也别无财物。他病死后，众人集资为他发丧，民间称他为"海青天"。

第十一节　努尔哈赤建立后金

明朝后期，朝政一天天腐败，政府对边境地区的统治也力不从心了。这时我国东北地区的女真族却不断扩大势力，日渐强大起来。

那时的女真族有三个比较大的部落：建州女真、海西女真和野人女真。其中建州女真实力最为强大，它的首领就是爱新觉罗·努尔哈赤。

努尔哈赤出身于建州女真的贵族家庭。他的祖父觉昌安和父亲塔克世都被明朝封为建州左卫的官员，对明王朝忠心耿耿。努尔哈赤从小爱好骑马射箭，练得一身好武艺。他25岁那年，建州女真有个土伦城的城主尼堪外兰为了得到建州女真的领导权，勾结明军前来攻打古勒寨城主阿台。阿台的妻子是觉昌安的孙女。觉昌安知道后，立即带着塔克世到古勒寨去探望孙女，没想到两人都被明军杀害。

努尔哈赤悲痛地埋葬了祖父和父亲，发誓要为他们报仇雪恨。他把父亲留下的十三副盔甲分给了他手下的士兵，带领他们向土伦堡进攻，杀掉了尼堪外兰，攻克了土伦城。努尔哈赤乘胜追击，又征服了建州女真的一些部落。

努尔哈赤灭了尼堪外兰后，声势越来越大。过了几年，他又统一了建州女真，这引起了海西女真和野人女真的恐慌。公元1593年，海西女真的叶赫部联合了女真和蒙古的九个部落，合兵三万，攻打努尔哈赤。

清太祖努尔哈赤像

努尔哈赤听说九部联军来攻，在敌军进犯的必经之路上布置好伏兵，在狭窄的谷口两侧山岭上堆放了大堆的木头和粗大的圆木。等敌军杀来后，纷纷被木桩绊倒，被建州军队打得大败。从此，努尔哈赤在女真中更是名声远播。没过几年，努尔哈赤就基本统一了女真族各部。

在统一女真的过程中，努尔哈赤把女真人分为八个旗。每个旗都既是一个行政单位，又是军事组织。旗下设有牛录，每个牛录三百人，平时耕田打猎，战时出征打猎。这样一来，女真不但生产得到了发展，军队的战斗力也得到了增强。为了麻痹明朝，努尔哈赤继续每年向明朝纳贡称臣。他还多次到北京，亲自察看明朝政府的虚实。公元1616年，努尔哈赤认为时机已经成熟，就在八旗贵族拥护下，在赫图阿拉（今辽宁新宾附近）即位称帝，国号大金，改元"天命"，公然与明朝分庭抗礼。历史上为了和前面的金朝区别，将这个大金称作后金。

第十二节　萨尔浒之战

努尔哈赤建立后金政权后，觉得自己羽翼丰满，兵强马壮，不愿再受明朝的统治，就提出了同明朝的"七大恨"，对明朝发动战争。

努尔哈赤亲自率领两万兵马进攻抚顺，不久就将抚顺攻陷了。抚顺失陷的消息传到北京，明朝政府非常震惊，感到建州女真势力强大，辽东将要不保，下决心竭尽全力拼死一战。明政府派遣曾经当过辽东巡抚的杨镐为总指挥，率兵讨伐后金。杨镐集合了十几万人，兵分四路进攻后金首都赫图阿拉。为了恐吓后金，杨镐对外扬言："明军发来了四十万兵马，不踏平赫图阿拉决不收兵！"

努尔哈赤的八旗军总共不过六万人，听说明朝来了四十万大军，一些人就害怕了。但努尔哈赤却镇定自若地说："不管他有几路兵马，我只用一路去对付他！"

萨尔浒之战的遗物—明军铁炮

杨镐派出的中路由杜松统率。杜松虽然身经百战，但这次却惨遭失败。他从抚顺出发，想夺头功，首先占了萨尔浒山口，再兵分两路，一路扎营萨尔浒，一路攻打藩城。努尔哈赤没有去营救藩城，而集中全力攻打杜松在萨尔浒的大本营。由于留在萨尔浒的全是老弱病残，努尔哈赤一攻即破。杜松听说金军抄了后路，兵士也开始动摇起来。努尔哈赤回头再攻打杜松时，杜松被打得溃不成军。杜松和他的军队全部被歼灭。

接着，金军又歼灭了马林率领的北路军和刘綎率领的东路军。杨镐在沈阳听说三路军队被歼灭，急忙命令南路军撤兵。

就这样，努尔哈赤在五天之内，在三个地方连续打了三仗，消灭明朝军队四万五千多人，文武将官死伤三百多人。从此明朝元气大伤。而后金经过这次战争，政权更加巩固。不久，努尔哈赤就将京城从赫图阿拉迁到沈阳，将沈阳改称盛京。

第十三节　魏忠贤专权

　　明朝从中期开始逐渐走向衰落，到明熹宗朱由校即位时，朝政已经腐败得不可救药了。这时，大太监魏忠贤把持朝政，把明朝的宦官专政推到了顶峰。

　　魏忠贤是河北肃宁人。他20多岁的时候，因为赌博输光了钱，走投无路进宫做了太监。他善于溜须拍马，得到了明熹宗的喜爱，很快就从低等的小太监爬到了司礼监的执笔太监，签发诏令圣旨。他一面尽力讨取小皇帝的欢心，一面在朝廷中培植自己的党羽。从朝廷六部到地方督抚，魏忠贤在重要职位上都安排了自己的爪牙。这些魏阉死党横行内外，肆无忌惮。有的大臣对他们稍有微词，他们就编造罪名，把这些人投入大狱，谁要是还不服，就会被立即处死。

　　左副都御使杨涟看到魏忠贤和他的党羽们这样胡作非为，十分气愤，就联合了一些大臣，上疏弹劾魏忠贤，并陈列了他的24条罪状。魏忠贤知道后，又气又怕。他先下手为强，跑到小皇帝面前哭诉一番，并诬陷杨涟谋反。明熹宗听信了魏忠贤的话，下旨斥责杨涟。这件事引起了朝中大臣们的公愤，他们联名上疏弹劾魏忠贤。魏忠贤气急败坏，把他们全部搜捕入狱，严刑拷打，最后把他们害死在狱中。

　　魏忠贤不但是皇帝的执笔太监，还是特务机关东厂的督领。他在全国各地设下东厂的特务，谁要是说了他的坏话，就会大祸临头。他大批更换朝臣，把朝廷变成了他自己的天下。那些阿谀奉迎他的人们不但

魏忠贤像

把他称为"九千岁"或"九千九百岁"，还在各地为魏忠贤建立祠堂，让魏忠贤

活着的时候就受到焚香礼拜，成为万民崇敬的神灵。在南京，甚至把魏忠贤的生祠建立在朱元璋皇陵的旁边。

就在魏忠贤和他的爪牙们不可一世的时候，明熹宗突然病死了，他的弟弟朱由检即位，就是崇祯帝。崇祯皇帝早就痛恨魏忠贤，他即位后不久就下令罢免了魏忠贤，把他发配到外地，随后又命令锦衣卫将魏忠贤和他的同伙逮捕，严加查处。魏忠贤知道后非常害怕，还没等锦衣卫到来，就悬梁自尽了。

第十四节　东林党争

明朝末期的时候，一些江南士大夫借讲学之机，讽议朝政，要求改良社会，得到了社会各界的响应，形成了一股较有影响的政治势力。由于这些人以无锡的东林书院为中心，那些反对他们的人就把这些人称为"东林党"。

东林党最初的发起人是顾宪成。他本来是朝廷中的官员，因为直言进谏，得罪了明神宗，被撤了职。顾宪成回到无锡老家后，约了一些志同道合的朋友在东林书院讲学。顾宪成非常憎恨朝廷黑暗，他在讲学的时候，经常议论朝政，还批评一些当政的大臣。一些对世道看不惯，与当局合不来而退处林野的士大夫纷纷来到东林书院响应附和，来的人多得连书院都容不下。许多朝中的官僚士大夫也赞同他们的观点，与他们遥相呼应。

明思宗朱由检像

东林党人目睹政治的腐败，要求改革弊政，缓和社会矛盾。他们在位时敢于弹劾执政大臣，上书皇帝，批评朝政弊端；退隐闲居时，则以"清议"的方式，发表政治主张。魏忠贤专权后，胡作非为，引起了东林党人的强烈愤慨。杨涟和左光斗对阉党的行为气愤不过，大胆上书明熹宗，列出魏忠贤 24 条罪状，打击魏忠贤。但是，由于明熹宗的昏庸和阉党的强大权势，魏忠贤不但毫发无伤，逍遥法外，带头上书的杨涟和左光斗反而被撤职查办。

经过这次事件之后，魏忠贤对东林党深恶痛绝。他和他的党羽们拼命为东林党人编造罪名，逐一施行残酷的打击迫害，企图对他们赶尽杀绝。公元 1625 年，魏忠贤逮捕了杨涟和左光斗等 6 名东林党领袖，对他们严刑拷打，折磨至死。第二年，魏忠贤又捕杀了东林党 7 人，对他们逼供审讯。历史上将在这两次大狱中受难的东林党人称为"前六君子"、"后七君子"。一时之间，东林党人被疯狂迫害，阉党势力嚣张一时。直到明思宗朱由检即位清除阉党势力之后，东林党人才获得平反。

第十五节　宁远大捷

萨尔浒之战以后，后金步步紧逼，在辽东取得节节胜利。公元 1621 年，后金军攻下了沈阳，不久又攻占了辽阳，明朝在辽东的势力全面崩溃。后金军日益逼近山海关，对明朝京城构成极大的威胁。明熹宗派遣袁崇焕带兵守卫辽东，保卫京师。

明·皇都积胜图（局部）

袁崇焕来到辽东后，仔细地考察了塞外的整个形势，认为应该赶快将宁远城建设为新的军事重镇。他很快就带兵来到宁远，在这里组织军民加高城墙，修筑炮台，制造火器，储备粮食，训练士兵，整顿好宁远的防务。后来，他又带兵收复了宁远附近的几座城市，形成了新的防线，保持了四年的安宁。宁远也成为了明朝在关外的军事重镇。可是不久，魏忠贤为了争夺权力，把自己的爪牙高第派到了宁远。高第一意孤行，把宁远附近的防御设施一一撤除，将军民赶到了关内。

努尔哈赤觉得时机到了，就亲自率领了13万大军，围攻宁远城。这时，宁远城只剩下1万多士兵，处境十分孤立。但是袁崇焕并不气馁，他写下抗金血书，激励将士英勇作战。袁崇焕的勇敢精神感动了全体将士，大家都决心与袁崇焕死守宁远城。

袁崇焕命令城外百姓全部带了粮食、用具撤进城内，把城外的民房烧掉，叫后金军队来了没有地方住，没有粮食吃。他还通知山海关守将，凡是从宁远逃进关的将士，一律斩首。这些命令一下，宁远的人心都安定下来，大家团结一致，准备抗击努尔哈赤的进攻。

几天之后，努尔哈赤带领后金军气势汹汹地来到了宁远城下。他们顶着盾牌，冲到城下，架起长梯开始爬城。城上的明军用火炮、弓箭、石块还击。明军虽然英勇，但后金军倒下一批，又来一批。在这紧要的关头，袁崇焕下令动用早就准备好的大炮，向后金发射，这才将后金兵打败。

第二天，努尔哈赤亲自到前线督战。袁崇焕也登上城楼，密切监视后金军的行动。后金军刚冲到逼近城墙的地方，袁崇焕就命令炮手开炮。后金士兵被炸得血肉横飞，努尔哈赤也身受重伤，不得不下令退兵。宁远城的包围解除了，明朝取得了与后金开战以来的第一次胜利。

努尔哈赤受了重伤，回到沈阳后又气又恨，过了不久就含恨而死。

第十六节　闯王李自成

明朝后期，陕西发生了严重灾荒。百姓没有饭吃，官兵却照样逼百姓交租，人们实在忍不下去了，陕西各地相继爆发了农民起义。李自成就是这些起义队伍中的一个著名的首领。

李自成出生在陕西一个农民家庭，从小就喜欢骑马射箭，练得一身好武艺。后来，他参加到高迎祥的起义队伍中去。李自成作战勇敢，处事果断，很快赢得了高迎祥的信任。有了李自成这样一位将领，这支农民起义军实力大增，成为当时义军的主力。高迎祥死后，李自成在部将的拥戴下做了"闯王"。

闯王李自成

那时候，河南一带灾荒严重。李自成率起义军进入河南，提出"均田免粮"的口号，受到城乡人民拥护。后来，李自成又抓获了作恶多端的福王，洛阳人民拍手称快，兴高采烈地奔走相告："李闯王来了，福王被抓啦！"当天晚上，起义军在城里举行庆功大会杀了福王，把他的肉混在鹿肉里一起煮，然后用煮好的肉下酒，名为"福禄酒"。然后，李自成又命令士兵打开洛阳的粮仓和金库，把粮食和金银财物都分给老百姓。

李自成率领起义军东征西战，受到广大农民的热烈欢迎，到处传唱着"杀牛羊，备酒浆，开了城门迎闯王，闯王来时不纳粮"的歌谣。

公元1643年，李自成占领西安。第二年初，农民军建立政权，国号大顺。紧接着，李自成向北京进军，沿途宣传"三年免征，一民不杀"、"平买平卖"。各地人民热烈欢迎农民军。3月，农民军兵临北京城下。城内乱作一团，崇祯皇帝也手足无措，不知如何是好。最后，崇祯皇帝强迫皇后自杀，又砍死了他的妃子和女儿，然后跑到景山吊死了。

起义军顺利攻占了北京。公元1644年3月19日，李闯王头戴笠帽，身穿青衣，跨着骏马，在人民的欢呼声中进了北京城。进了北京城，李闯王却纵容部下奸淫掠夺，纵容他的大将刘宗敏霸占把守山海关的明朝统帅吴三桂的爱妾陈圆圆，拘禁了吴三桂的父母，促吴三桂投降了清朝，带着清兵攻打李自成。李自成被打败后撤出北京，退到陕西。最后，在湖北被地主武装杀害。

第十章　末代封建王朝——清

这是中国历史上最后一个封建王朝。在这200多年的时间里，既有繁荣昌盛的封建盛世，又有备受欺凌、任人宰割的屈辱时刻；既有开明的君主、开放的文化，又有文字狱的文化桎梏以及对外的闭关锁国；它前期尚武，广占土地，在鸦片战争中却一再割地求和。终于，1911年的辛亥革命将这个走到末路的王朝一举推翻，中国历史开始了新的时代。

本章主要内容

第一节 清朝建立

努尔哈赤死后，他的儿子皇太极接替他做了后金的大汗。

皇太极英勇善战，长于计谋。他即位后为了保住自己的汗位，想方设法扩大自己的权力和势力。他首先抑制了诸贝勒的权力，提高了自己的威望。随后，他对内安定民心，减轻对汉民的压迫，使汉民逃亡的少了，开始安心发展农业，后金的粮食供应有了保障。国内安定以后，皇太极实行反间计，让人谣传袁崇焕引导金兵进犯，使明熹宗对袁崇焕起了疑心，杀掉了袁崇焕。明朝再也没有能够抵抗住金兵的大将了。公元 1635 年，皇太极将女真族改名为满洲。第二年，皇太极在盛京（今辽宁沈阳）称帝，改国号为清。

公元 1644 年，就在李自成攻进北京之时，皇太极病死。他 6 岁的儿子福临即位，皇太极的弟弟多尔衮当了摄政王，独揽了

清太宗皇太极像

清朝大权。多尔衮听说李自成推翻了明朝，就决定进军中原。多尔衮与那些简单鲁莽的满族权贵不同，他有勇有谋，深知要完成祖宗大业，光靠武力是行不通的。于是，他竭力拉拢汉族谋士，并且严格惩办欺压汉人的满族人，许多汉族大臣都慕名前来为多尔衮出谋划策。

那时，守卫山海关的是明朝将领吴三桂，他手中握有几十万大军。李自成为了攻克山海关，想要招降吴三桂。可吴三桂听说李自成的部下拘禁了自己的父母，又霸占了自己的爱妾，就给多尔衮写了一封信，决定投降清朝。多尔衮喜出望外，带领十几万清军日夜不停地赶赴山海关。清军到了山海关下，吴三桂亲自带着 500 个亲兵出关迎接多尔衮，把清军迎进关内，与清朝订立了同盟。

李自成得知吴三桂不肯归顺农民军，便率军来到山海关，征讨吴三桂。双方刚一交战，明军就将李自成的人马包围起来。这时，早就埋伏好的清军杀了出来，农民军猝不及防，败下阵来。李自成这才明白吴三桂已经投降了清朝，他知道战局对农民军不利，决定退出北京，做长期抗清的准备。

两天以后，清军浩浩荡荡地开到了北京城下。北京城里的明朝官员听到消息，连忙出城迎接。多尔衮实现了努尔哈赤和皇太极多年的夙愿，占领北京之后，不顾众臣的反对，立刻把都城迁到了北京。从此，清朝从偏居东北的小朝廷，成为了统治全国的大清帝国。

第二节　史可法血战扬州

清军入关以后，其统治范围仍然局限在黄河以北。为了实现全国统一，多尔衮决定率军南下，彻底清除明朝的残余势力。

这时，崇祯帝自杀的消息早已传到了江南，陪都南京的文武百官非常痛心，立誓要光复大明江山。他们立了一个逃到南方的皇族朱由崧做皇帝，在南京建立了一个政权，历史上把它叫做"南明"，把朱由崧称为"弘光帝"。

南明朝廷虽然占据了江淮以南的广阔土地，但弘光帝每天纵情声色，对国事不闻不问，根本不想抵抗清兵。可没多久，多铎就带着清兵南下，打到了距离扬州只有30里的地方。当时镇守扬州的是南朝兵部尚书史可法，他为人正直，作风廉洁，与士兵们同甘共苦，在将士中威信很高。他听说清军南下，国难当头，觉得报效国家的时候到了，就主动要求上前线，杀敌报国。

当时，多铎对史可法有所耳闻，非常敬佩

殉难扬州的史可法像

他的为人，就想将他招降。多铎多次派遣使臣劝史可法投降清朝，并答应给他高官厚禄，都被史可法一口回绝。多铎恼羞成怒，刚到扬州，就下令把扬州城紧紧包围起来。史可法自知兵力太弱，无法与清军抗衡，就令城外所有部队开进扬州城，将城门紧闭，决定死守扬州。史可法将全城官员都召集起来，勉励他们同心协力，抵抗清兵。他分析了一下形势，认为西门是最重要的防线，就亲自带兵防守。将士们深受感动，纷纷表示一定要与史可法一起，与扬州城共存亡。

很快，清兵就开始了没日没夜地轮番攻城，并用大炮轰击史可法防守的西北角城墙。城墙渐渐被炸开了缺口，大批清兵蜂拥着涌进城内。守城的将士们与清军展开了肉搏战。史可法眼看扬州城已经没法再守，就拔出宝剑，准备以死殉国。他的侍卫一把夺下了宝剑，让将士们把史可法护送到小东门突围。这时，一批清兵发现了他们，见史可法身穿明朝的官服，就问他是谁。史可法怕伤害别人，就高声说：“我就是史督师，你们快杀我吧！”公元1645年4月，扬州城陷落，史可法被害。清军杀进扬州城后，开始了灭绝人性的大屠杀。10日之内，80万人被杀，历史上将这件惨案称作“扬州十日”。

扬州失陷后，南京不攻自破，弘光帝朱由崧被抓到了北京斩首。南明弘光政权就这样灭亡了。

第三节　郑成功收复台湾

台湾自古以来就是中国的领土。明朝末年，荷兰人趁明王朝腐败无能，霸占了台湾，向台湾人民勒索苛捐杂税。台湾人民不断反抗，遭到了荷兰殖民者的镇压。郑成功是福建人，他青年时代就参加了反抗清朝统治的斗争，在福建沿海一带，组织民间武装和清兵战斗。为了充实自己的实力，更好地抵抗清朝军队，郑成功决定赶走荷兰殖民者，收复台湾。

公元1661年3月，郑成功让他儿子郑经带领部分军队留守厦门，自己亲自率领25000名将士，分乘几百艘战船，浩浩荡荡从金门出发，挺进台湾。

荷兰侵略者听说郑成功要进攻台湾，十分惊慌。他们把军队集中在台湾城和赤嵌城两座城堡，还在港口沉了好多破船，想阻挡郑成功的船登岸。

这时，郑军的有些将士听说西洋人的大炮非常厉害，有点害怕。郑成功为了消除将士们的恐惧心理，就把自己乘坐的战船排在最前面，并且鼓励将士说："荷兰人的红毛火炮没什么可怕，你们只要跟着我的船前进就没事了，要死我先死嘛！怕什么？"

将士们看见自己的首领这么勇敢，非常感动，所以一个个像猛虎一样划着战船向台湾岛冲去。他们利用海水涨潮的时机，很快就登上了台湾岛。

台湾人民听说郑成功的部队来了，成群结队，推着小车，提着茶壶，慰问迎接亲人。躲在城堡里的荷兰侵略军头目气急败坏地派了100多个士兵冲来。郑成功率军在台湾人民的密切配合下，以弓箭和大刀等简陋武器战胜了拥有枪炮等先进武器的侵略者，击毙了侵略军头目，包围了荷兰侵略军的据点赤嵌城。在海上，郑成功用木船击沉了荷兰的战舰，控制了台湾海面，切断了荷兰殖民者的海上联系。

荷兰侵略军遭到惨败，一面偷偷派人去搬救兵，一面派使者到郑军大营求和，说只要郑军肯退出台湾，他们愿献上10万两白银慰劳。郑成功威严地说：

海上激战油画

"台湾本来就是我国的领土，我们收回这地方，是理所当然的事。你们如果赖着不走，就把你们赶出去！"此后，郑成功派兵猛攻赤嵌城，并长期围困台湾城，收复其他地方。荷兰侵略军最终走投无路，只好投降，于公元1662年初在投降书上签字，灰溜溜地离开了台湾。

自此，被荷兰侵略者非法占据 38 年之久的台湾正式回归祖国怀抱，郑成功也成为了我国历史上杰出的民族英雄。

第四节　康熙智擒鳌拜

就在郑成功收复台湾那年，顺治帝病死了。他临死前，决定让玄烨继位，但考虑到玄烨年龄太小，还不能料理国家大事，便任命四位辅政大臣辅佐小皇帝治理国家。但是，这四人专权弄政，特别是鳌拜，野心更大。鳌拜武艺高强，骁勇善战，在清朝开国时就屡立大功。他一心想当首席辅政大臣，排斥异己，在重要官缺上安置自己的亲信，独揽大权。他把所有的政事都先在私家议定，再让康熙帝批奏。有时甚至公然抗旨不遵，根本没把小皇帝放在眼里。

有一次，鳌拜装病在家没有上朝。康熙帝带领几名侍卫到他府上看望。鳌拜听家人来报皇上到府，急忙上床装病。他做贼心虚，为以防万一，就把宝刀藏于席下。康熙帝进屋后，他也没起身拜见，只在床上说了句"有劳皇上"，但脸露惊慌之色，将刀柄露在了外面。康熙帝表面上不动声色，可回宫以后，想起鳌拜平时的所作所为，不禁心中暗想：此贼不除，我皇位难保。

青年康熙皇帝画像

打那以后，康熙帝便决心除掉鳌拜。他派人物色了一批十几岁的贵族子弟担任侍卫，这些少年个个长得健壮有力。康熙帝把他们留在身边，天天练摔跤。鳌拜进宫去，常常看到这些少年吵吵嚷嚷在御花园里摔跤，只当是孩子们闹着玩，一点都不在意。

一天，康熙帝下令召见鳌拜，要他单独进宫商量国事。鳌拜刚一进宫，一群少年就围住了他，有的拧胳膊，有的掐脖子，有的拖大腿。尽管鳌拜武力过人，可是这些少年人又多，又都是练过摔跤的，不一会儿就把鳌拜捆了起来。

康熙皇帝召集议政王和群臣上殿，宣布鳌拜罪状。议政王和大臣们一致要求处死鳌拜，但康熙帝念他效力年久，从宽发落，将他革职为民。鳌拜的死党也被一网打尽，处死的处死，判刑的判刑。

鳌拜被除后，朝廷上下都很高兴。从那以后，康熙帝一面着手改革农业生产，一面惩办贪官污吏，整顿朝政，清王朝从此渐渐地稳住了阵脚。

第五节　三藩之乱

康熙帝时，南方有三个藩王权力很大。这三个藩王就是驻守在云南、贵州的平西王吴三桂；驻守在福建的靖南王耿精忠；驻守在广东的平南王尚可喜。他们本来是投降清朝的明军将领，因为他们帮助清朝消灭南明，镇压农民军，清王朝以为他们有功，封他们为藩王。

三藩之中，又数吴三桂最强。吴三桂当上藩王后，十分骄横，不但掌握地方兵权，还控制财政，排挤朝廷派来的官吏，不把朝廷放在眼里。

康熙帝知道要统一政令，三藩是很大的障碍，一定得找机会削弱他们的势力。正好这时尚可喜老了，想回辽东老家，康熙帝就趁机下诏撤藩。吴三桂听到这个消息后，暴跳如雷，便密谋反清。

公元1673年，吴三桂在云南起兵。起兵初期，吴三桂兵势极盛，攻陷大城多座，清军则因准备不足而连连败退。吴三桂又派人跟福建的耿精忠和广东的尚可喜的儿子尚之信联系，约他们一起叛变。这两个藩王有吴三桂撑腰，也反了。历史上把这件事称做"三藩之乱"。

三藩叛乱后，整个南方都被叛军占领，朝廷上一片混乱。但康熙平定

吴三桂坐像

三藩的决心非常坚定，决定派八旗军全力讨伐吴三桂，坚决镇压叛军。康熙帝调兵遣将，集中兵力讨伐吴三桂，对耿精忠和尚之信则软硬兼施，一边劝降，一边攻打，没多久，这两路叛军就投降清朝了。

吴三桂的兵势强大，给清政府造成了极大的威胁。但是吴三桂目光短浅，没有乘胜追击，贻误战机，给了清政府一个喘息的机会。康熙帝从容应战，派出的清兵越来越多，越打越强，吴三桂的力量渐渐削弱，处境十分孤立。但他还想最后挣扎一下，公元1678年，吴三桂自称皇帝，国号"大周"。他虽然当了"皇帝"，但局势并没有好转，众叛亲离，大势已去，他怎么也高兴不起来，于是当了不到5个月的"皇帝"，吴三桂就连愁带恨，生了一场大病断了气。

公元1681年，清兵分3路攻进云南昆明，吴三桂的孙子吴世璠自杀，清军最后平定了叛乱势力，统一了南方。

第六节　清军收复雅克萨

公元17世纪中叶，沙皇俄国趁清朝统治还没有巩固的机会，侵入到我国黑龙江流域。他们先后侵占了雅克萨（今黑龙江北岸俄罗斯境内）、尼布楚（今俄罗斯涅尔琴斯克）等地，并在雅克萨修建据点，四处抢掠，杀人放火，干了很多坏事。康熙帝刚刚平定了三藩之乱，听到东北边境遭到侵犯，非常气愤。他决心清除这些强盗，彻底解决沙俄对东北边境的侵扰。

雅克萨之战（油画）

为了弄清敌情，他亲自到盛京，一面派人以打猎之名到边境侦察；一面要当地官员修造战船，建立城堡，准备征讨敌人。做好准备之后，康熙帝派人送信给雅克萨的俄军头目，命令他们趁早退出雅克萨。但是俄军根本不理会，反而向雅克萨增兵。康熙帝忍无可忍，下令向雅克萨进军。

公元 1685 年，清政府水陆两军 15000 余人开抵雅克萨城下，向俄军发起进攻。黑龙江人民大力支援清军，他们踊跃修筑堡垒、建造船舶和运送粮草，还配合清军侦察敌情。6 月底，清军包围了雅克萨，开始猛烈攻城。俄军的塔楼和城堡，被熊熊的大火吞灭，俄军死伤惨重。侵略军头目托尔布津走投无路，只得在城头上扯起白旗，宣布投降。

清军对俄军很宽大，允许他们带走武器和财产，但必须保证不再侵占雅克萨。在举行完投降仪式后，俄军残兵败将灰溜溜地退走了。

但是，沙俄侵略者并不甘心失败，当清军撤走以后，他们重新侵占了雅克萨。公元 1686 年，康熙帝再次派出水陆大军围攻雅克萨。清军士气很旺，附近各族的弓箭射手主动协助清军作战。入侵的俄军 800 多人，几乎全部被歼灭，最后只剩下 60 多人。

这时沙俄政府慌了神，赶忙派使者到北京，同意清政府提出的谈判要求。公元 1689 年，中俄两国在尼布楚举行谈判，在中国政府作出让步的情况下，双方正式签定了第一个边界条约，即《中俄尼布楚条约》。条约明确划分了中俄两国东段的边界，从法律上肯定了黑龙江和乌苏里江流域包括库页岛在内的广大地区，都是中国的领土。沙俄同意把入侵雅克萨的军队撤回本国。我国同意把贝加尔湖以东尼布楚一带原属中国的地方让给俄国。

第七节　改土归流运动

清朝在安定东北边疆、巩固内地的统治以后，开始注重西南少数民族地区的治理。

从元朝开始，朝廷就在西南地区的四川、云南、贵州、广西以及湖南、湖北等少数民族地区实行了土司制度，意思就是在少数民族生活的地区，建立土司，任命少数民族上层人物做土知府或土知州，来管理少数民族地区。这些被朝廷任命的土官有很多特权，他们不仅职位可以世袭，而且不受朝廷流官的管辖，平时管理本地区事务，朝廷也不加干涉。

这种土司制度在开始的时候起到过一些安定边疆的作用。但到后来，土司们的势力越来越大，很多土司都拥有了自己的军队和监狱，他们任意向百姓征收赋税，并且不向朝廷纳贡。有时，土司之间为了争夺财物，不断进行械斗。有些与外国邻近的土司，还勾结外国势力侵犯中国内地。

土司制度造成的隐患越来越突出，从明朝时中原统治者就想要改变一下少数民族地区的土司制度。

进贡图

但由于那时朝廷忙于剿灭倭寇，对抗后金，始终没有将改土归流的措施推行下去。到了清朝，土司的问题更加严重。有个叫作鄂尔泰的地方巡抚向当时的雍正皇帝上了一本奏折，建议立即实行改土归流，以稳定少数民族边疆地区。

鄂尔泰认为，现在的土司制度有这样几个问题急需解决：首先，土司管辖的区划不合理，不能及时制止土司头目的骚乱；另外，土司对民众管理不当，随意欺压百姓；第三，土司械斗没完没了，影响边疆稳定；第四，部分地区与外国接壤，便利了土司与外国势力勾结。雍正帝听了非常赞同，就批准鄂尔泰在西南地区正式实行改土归流。

鄂尔泰采取了以和平招抚为主，武力征服为辅的办法。他先是让土司主动交出土地和印信，并对积极配合的土司给予优待和赏赐，并授予新的官职和土地；如果有抗拒改革甚至发动叛乱的，就坚决出兵剿灭，没收其财产，并把土司及其家属迁到外地。

改革措施推行得非常顺利。朝廷把原来的土司地区一一改设府县，设立军事机构，并清查户口，建筑城池，兴办学校。边疆地区经济文化得到快速发展，不安定因素减少，我国多民族国家的统一得到了巩固。

第八节　三征噶尔丹

《中俄尼布楚条约》签定后，康熙帝决定对西北用兵，平定进犯漠南的准噶尔部。

那时候，蒙古族分为漠南蒙古、漠北蒙古和漠西蒙古三个部分。除了漠南蒙古早就归属清朝外，其他两部也都臣服了清朝。准噶尔部是漠西蒙古的一支，它的首领噶尔丹很有野心，他把漠西蒙古的其他部兼并的兼并，挤走的挤走，控制了阿尔泰山地区，又向东进兵，企图占领漠北。

漠北蒙古抵抗一阵后失败了，几十万的漠北蒙古人逃到漠南，请求清政府保护。噶尔丹以追击漠北蒙古为名，大举进攻漠南。

康熙帝见噶尔丹这样猖狂，非常气愤，觉得如果任噶尔丹得寸进尺，漠南的内地将不得安宁，便决定征讨噶尔丹。

公元 1690 年，康熙帝亲征噶尔丹。清军兵分两路，右路军队先接触噶尔丹军，打了败仗。左路清军反击，在乌兰布通将叛军杀得七零八落，狼狈而逃。

北征督运图册（局部）

噶尔丹一看形势不利，就假意求和，带领剩余的兵士逃回漠北。但噶尔丹并不死心，他暗地里招兵买马，扩充势力，并扬言从俄国借来 6 万枪兵，要大举进攻内地。

公元 1696 年，康熙帝第二次亲征，分三路夹击噶尔丹。噶尔丹一见清军队伍整齐，军旗飘飘，知道无力对抗，就连夜下令拔营逃走。康熙帝一面指挥清军紧紧追击，一面命令东西两路清军火速行军，在半路上截住噶尔丹。两军在昭莫多相遇，清军前后夹击，大败噶尔丹。噶尔丹率十几名骑兵脱逃。

康熙帝两次亲征噶尔丹，消灭了噶尔丹的大部分力量。为了北方的安宁，康熙帝原想要噶尔丹归顺，但噶尔丹野心不死，还想找机会南侵。为了彻底解除威胁，公元1697年，康熙帝第三次西征。这时候，噶尔丹原来的根据地已经被他的侄子策妄阿布坦趁机占领，并向清政府表示忠顺，得到康熙帝的支持。噶尔丹的左右亲信听说清军来了，也纷纷投降。噶尔丹走投无路，只好服毒自杀了。

从此以后，清政府重新控制了漠北地区，赐给当地蒙古贵族各种封号和官职，又设立乌里雅苏台将军，统辖漠北蒙古。北方的边境安定下来了。

第九节　文字狱

满族人统治了中原后，经常担心汉族地主和知识分子看不起他们，并利用民族意识反抗清朝统治。于是，清朝统治者一边努力学习汉族文字，一边对汉族文人进行防备，大兴文字狱。

文字狱，就是从诗词文章中找出一些被认为是影射、攻击清朝统治者的字句，然后进行治罪。不但写文字的作者本人要被治罪，连他的家人、亲友，甚至是刻书、卖书、买书的人都要受到牵连，并且往往被施以很严酷的惩罚。

文字狱在很多朝代都曾经有过，但在清朝最为残酷。康熙时，有个浙江人为了附庸风雅，出资刻了一本《明史》。书中在说到明朝末年的历史时，对努尔哈赤等人直呼姓名，没有避讳，并且还在记载南明活动时，使用了南明的年号。于是，清朝统治者就把这个浙江人斩首，并把与这本书有关联的人全部治罪，被牵连的人达几百个。

后来，又有人检举说戴名世所著的《南山集》中记载了南明抗清的历史，并且带着同情的口气。康熙帝立即下令将戴名世关进大牢，后又处死。这一案件受牵连的有300多人。

到了雍正皇帝时，文字狱除了镇压有反清复明思想的知识分子外，还成了统治阶级内部斗争的工具。案件数目增多，吹毛求疵，花样翻新。许多案件并不是单纯由于文字内容而获罪，而是雍正皇帝以文字为借口，打击政治异己。

扬州八怪·汪士慎·镜影水月图轴

公元 1726 年，礼部侍郎查嗣庭到湖南考试，出了一道作文题是"维民所止"。这句话本来是从古书《大学》上摘下来的，但有人却告密说，"维"和"止"两个字正好是"雍正"去了头，是要砍雍正帝的脑袋。查嗣庭马上被捕，被判了死罪。

雍正时期最重大的文字狱就是吕留良案。吕留良是明朝的官员，明朝灭亡后，参加过反清复明的斗争。他死后，他生前的著作被一个叫曾静的文人见到了。曾静对吕留良的主张非常信服，就想把吕留良的主张付诸实行。曾静听说陕甘总督岳钟琪是汉族，还是岳飞的后代，就派自己的学生张熙去找岳钟琪，劝他起兵反清。哪知岳钟琪根本不想反清，就把这件事奏给了雍正帝。

雍正帝非常生气，把已经死了 40 多年的吕留良开棺鞭尸，把他的亲朋好友一律处死，犯人的家人也被流放。由于这次案件牵连的人太多，雍正帝害怕激起人们的反抗情绪，就赦免了曾静和张熙。但到了乾隆帝即位时，又把他们两人抓了回来，凌迟处死。

清朝统治者大兴文字狱，给当时的社会造成了一种恐怖气氛。知识分子们为了明哲保身，纷纷逃避现实，埋头于整理和考证古籍。

第十节　土尔扈特回归祖国

明末清初的时候，蒙古族分成了漠南、漠北和漠西三部分，他们先后臣服了清朝。土尔扈特属于漠西蒙古的一支，他们因为经常与临近的部落发生冲突，就向西迁徙，来到了人烟稀少的伏尔加河下游地区。但是，这里属于沙皇俄国的势力范围。沙皇经常派军骚扰土尔扈特部，强迫他们宣誓效忠沙皇俄国。土尔扈特部的蒙古牧民不愿宣誓效忠，就与沙俄军队发生冲突。

土尔扈特牧民非常怀念祖国，多次派出使者向清政府上表，进献土特产品，诉说遭受沙俄欺凌的情况。公元 1712 年，土尔扈特的使节来到北京。康熙帝对远道而来的使节给予热烈欢迎，并派出使团探望土尔扈特。两年后，清朝的使团经过俄国的西伯利亚，来到伏尔加河下游，见到久别了的蒙古同胞，向他们转达了清朝皇帝的问候。

土尔扈特部游牧图

公元 1771 年，沙皇俄国正与土耳其打仗，急需兵员，就强迫土尔扈特的男子到俄国当兵。土尔扈特的百姓忍无可忍，在首领渥巴锡的率领下，宣布脱离沙皇俄国的统治。他们杀死了沙俄的官兵，收拾好自己财物，带着自己的家人，向东方进发。沙俄女皇叶卡捷林娜知道土尔扈特发生暴动后，大发雷霆，派出军队围追堵截。土尔扈特挑选出 9000 名勇士担任后卫，与沙俄军队进行殊死搏斗。他们在敌众我寡的情况下，全部牺牲。

经过了 8 个月的艰苦行程，渥巴锡率领大队人马战胜了严寒酷暑和疾病的重重磨难，最终到达了伊犁。土尔扈特的蒙古牧民为了回到祖国，付出了沉重的代价。他们出发的时候，男女老幼加在一起共有 17 万人，但回到伊犁的时候就只剩下 7 万人了。甚至活着的人，也都个个面容憔悴，衣衫褴褛。

乾隆皇帝知道土尔扈特重返祖国后，连忙派出清军前去迎接他们，及时地为返回的牧民发放救济品，划定牧地，进行安置。公元 1775 年，乾隆帝在承德接见了渥巴锡首领，把他封为卓哩克图汗。后来，乾隆帝又在承德命人刻立石碑，并亲自撰写了两篇碑文，以纪念土尔扈特回归祖国的壮举。

第十一节　康乾盛世

康熙帝是清朝的第四代君主。他执政 61 年，不但成为了我国历史上在位时间最长的皇帝，也是最有作为的皇帝之一。他一生的文治武功为古今所少见：平定三藩，统一台湾，两次击败雅克萨沙俄军队，三次出征准噶尔，派兵进入西藏，在台湾设立府县，使国家实现了空前的统一；他还十分重视文化，整理文化遗产，对后世产生了很大影响；他业绩辉煌，但力戒骄奢，节用爱民，推行廉政，开创了中国古代社会最繁荣的社会局面。

乾清宫

公元 1661 年，康熙帝刚刚即位的时候，各种矛盾十分尖锐，生产亟待发展，国家财政也十分困难。为了了解民情，他经常巡视各地，体察民间疾苦。他重视生产，下令停止圈地运动，把在战争中夺得的汉人土地归还给耕种者，称为"更名田"。为了制止黄河泛滥，他亲自来到黄河北岸视察各项重要工程，并采取了有效措施，使黄河水顺势东下，从此不再发生决堤危险。

对于国家的统一与主权的独立，康熙帝有着较为进步的思想。当国外势力想要侵占我国领土时，他坚持我国领土一山一河不可弃的原则，坚决与外国势力进行抗争。对于国内，康熙帝也历来反对分裂割据，不断出兵收复失地、平定叛乱，维护了国家统一与领土的完整。

康熙帝在位期间，是清代中西文化交流最为活跃的时期。他曾命令南怀仁监造西洋大炮，大大提高了清军的战斗力。他还亲自学习西方科学知识，将欧洲科学在中国推广。

康熙帝去世以后，先后继位的雍正帝、乾隆帝继续励精图治，使清朝社会出现了繁荣景象。尤其是到了乾隆帝即位以后，他胸怀大志，勇于进取，在文治武功方面都做出了超越他祖父的重大贡献。

乾隆帝在位期间，清政府统一了蒙古准噶尔部和回部，拓疆两万余里，使西北和北方彻底安定。他还在西南实行改土归流，使西部民族地区牢固内附，西藏隶属中央，从而最后奠定了近代中国的版图。在对外关系上，乾隆帝限制英、美等国的侵略活动，在一定程度上延迟了中国沦为半殖民地社会的时间。乾隆帝还先后5次下令免去天下钱粮，国库存银长期保持在6000万以上，成为历史上的罕见。

经过康熙、雍正和乾隆三代人的精心治理，清王朝达到了强盛的顶峰，中国以强大的形象屹立于东方。后人就把从康熙到乾隆这130多年的时间称为"康乾盛世"。

第十二节　大贪官和珅

和珅是清朝满洲正红旗人。他本来只不过是皇帝出行时护轿的一个校尉，但他聪明机灵，在一次偶然的机会得到乾隆帝的赏识，被提升为御前侍卫。和珅非常珍惜这个机会。他用心揣摩乾隆帝的心思，办事处处迎合乾隆帝的心意，有些事还没等乾隆帝张口说，和珅已经将它办好了。乾隆帝年纪大了，喜欢听颂扬的话，和珅就尽挑些顺耳的话说。时间一长，和珅就逐渐成了乾隆帝最信任的人。和珅的官位，也从御前侍卫升到户部侍郎、尚书、军机大臣、大学士，成了权倾朝野的人物。后来，乾隆帝还把他最疼爱的女儿和孝公主嫁给了和珅的儿子。和珅的权势更大了。

和珅手中掌握了大权，就开始想办法搜刮钱财。他不但暗地里贪污受贿，而且还公开地勒索掠夺。有人送礼给和珅，和珅就在乾隆帝面前替这个人美言几句；不肯送礼给他的人，和珅就想方设法在乾隆帝面前说他的坏话。这样一来，朝廷中的官员们都争相向和珅送礼。和珅的胃口也越来越大，有时候连地方官员送给皇帝的礼物，和珅都要事先查看一番，有他喜欢的，他就留下来，然后将他挑剩下的送到宫里去。

有一个地方官为了进京见乾隆帝，准备了一件用珍珠雕刻而成的鼻烟壶。和珅见到了，非常喜欢，就让这个地方官把鼻烟壶送给他。地方官说明这个鼻烟壶是为乾隆帝准备的，日

郎世宁·弘历雪景行乐图

后可以再送一件给和珅。和珅听了一脸不高兴，说："既然是献给皇上的东西，我怎么敢要，只不过是跟大人开个玩笑罢了。"结果鼻烟壶送到宫中没几天，和珅就想办法将它弄到了自己的手中。

和珅这样贪婪专权，朝中也有一些大臣看不惯，就上奏乾隆帝，说和珅贪赃枉法。结果乾隆帝不但没有处罚和珅，还将上奏的大臣革了职。从此以后，就更没有人敢得罪和珅了。

乾隆帝退位后，嘉庆帝做了皇帝。嘉庆帝早就知道和珅的所作所为，很想除掉他，但有乾隆帝在，嘉庆帝还不敢动手。三年后，乾隆帝一死，嘉庆帝立刻把和珅抓了起来，并派人查抄了他的家产。和珅一生贪婪，他的豪富本来是出了名的。但查抄的结果，还是震惊了整个朝野。和珅家里的金银财宝，珍稀古物，多得数不清，据估算，能折合白银8亿两，相当于整个中央财政十年的收入。但是，这些财产查抄后，并没有上交国库，而是直接运到了嘉庆皇帝的后宫。所以，民间百姓就编了一句顺口溜："和珅跌倒，嘉庆吃饱。"

第十三节　林则徐虎门销烟

18 世纪时，英国是世界上最强大的资本主义国家。他们为了打开中国的市场，从印度向广州偷运鸦片。仅 19 世纪的头 40 年里，英国向我国输入的鸦片，就从每年的 4 千多箱增加到每年 4 万多箱。鸦片泛滥，不但使中国的白银大量流入海外，而且中国人民的健康受到很大威胁，清政府的政权也不再稳固。

那时候，正是道光皇帝统治时期，一些爱国官员看到鸦片的危害，纷纷提出禁烟的主张，其中林则徐最为坚定。在林则徐担任湖广总督期间，就曾采取有效措施实行禁烟，取得了显著效果。他曾说："如果不赶快禁烟，几十年后，恐怕没有能打仗的士兵，国库里也没有能充作军饷的白银了。"

公元 1838 年，道光皇帝就派林则徐去广州禁烟。林则徐到了广州，把禁烟运动迅速开展起来。他一面整顿海防，严打烟贩；一面命令外国商人必须在 3 天之内交出全部鸦片，并写出永远不再贩运鸦片的保证书，今后如果再贩运，则货物没收，贩人处死。林则徐自己则在给外国烟商的信中说："若鸦片一日未绝，本大臣一日不回。"

林则徐像

林则徐和总督邓廷桢协力查办，严令英、美烟商交出鸦片 2 万箱，共 237 万斤。

1839 年 6 月 3 日，林则徐把缴来的鸦片集中在虎门海滩上当众销毁。他率领广州的文武官员亲自监督。他让士兵在海滩挖两个 15 米见方的大池子，每个池子前挖有涵洞，通向大海，池后有水沟。先在池中加上食盐，再把切碎的鸦片投进去，浸泡半日，再投入生石灰。生石灰将池水煮沸，就把鸦片销毁了。退潮时，士兵启放涵洞，池中水汤随浪潮鼓动送入大海。然后再用清水洗刷池底，不留下半滴烟灰。

这么多箱的鸦片整整焚烧了 20 多天，直到 6 月 25 日才全部销毁干净。

销毁鸦片的时候，广州人民纷纷前来观看，很多外国人也来观看，人山人海，拥挤异常。人民热烈拥护这一措施，外国人看到这种情景，也为林则徐禁烟的坚定决心所震撼。林则徐虎门销烟，向全世界表明了中国人民禁毒和反抗外国帝国主义侵略的决心。

第十四节　鸦片战争爆发

林则徐虎门销烟的消息传到英国后，英国政府大为震惊。英国早就想侵略中国，把中国变成他们永久性的殖民地，这次终于找到借口了。1840 年 4 月 7 日，英国议会通过了一项议案，决定派遣 48 艘军舰和 4000 名士兵，组成一支远征舰队，任命乔治·懿律为侵华英军总司令，向中国发动战争。

6 月，英军舰队到达广州海面。林则徐早有准备，带领军队和渔民用火箭、火罐和喷筒等武器主动进攻，烧毁了英军不少船只。英军在广州附近站不住脚，便沿海岸向北进攻，想寻找一个突破口。道光皇帝和清朝政府并没有做打仗的准

清人吸食鸦片的情景

备。当英军攻陷浙江定海，又北上到达天津白河口时，他们就慌了。一些本来就反对禁烟的大臣趁机向道光皇帝进谗言说："这都是林则徐惹下的祸。他在南方禁烟，落个好名声，却唆使英国人北上找皇帝闹事。"

道光皇帝是个没有主见的人，这时也认为林则徐禁烟过激，连忙撤了林则徐的职，并派软弱妥协的琦善和奕山为钦差大臣到广州和英军交涉。最后订立了《广州和约》，赔款 600 万两银。

清朝政府的软弱退让，使英军的气焰更加嚣张，提出的要求越来越高。为了彻底打垮清政府，英国政府加派了援军，命濮鼎查为全权公使，到中国进一步扩大侵略战争。从此，双方在东南沿海各地展开了更加激烈的战斗。

1841年8月，英军攻陷厦门，10月，又进攻定海。镇守定海的三位总兵葛云飞、王锡朋、郑国鸿誓死抵抗，率领官兵血战六昼夜，壮烈牺牲，定海失陷。

接着，英军又攻打浙江镇海，两江总督裕谦亲自指挥战斗，兵败投水自尽。英军乘胜又攻占了宁波、慈溪、乍浦等地。到了这时候，战争已经断断续续地进行了将近两年。1842年，英军攻占吴淞、上海、宝山，又进犯镇江。驻守镇江的两千多名官兵在没有增援的情况下，与英军血战，直至全部壮烈牺牲。

镇江失守了，南京就暴露在敌人面前。还没等英军攻打，清政府已经吓破了胆，决定投降。于是，中国近代第一个不平等条约就在南京产生了。1842年8月，中英签定《南京条约》，条约的主要内容是：中国开放广州、厦门、福州、宁波、上海为通商口岸；把香港割让给英国；赔款2100万两银；中国关税由中英双方协定。第二年续订的补充条约，又使英国取得了领事裁判权和单方最惠国待遇。接着，美国、法国也逼迫清朝签定《望厦条约》和《黄埔条约》，获得了很多利益。从此，外国殖民者打开了中国的大门，并且一步步地扩大对中国的侵略。封建的中国开始变成半殖民地半封建的社会。

第十五节　辛酉政变

在清朝末年的中国政坛上，慈禧太后是一个举足轻重的人物。

慈禧太后出身在满洲叶赫部那拉氏家族中，小名兰儿，16岁时被选到宫中做了秀女。最开始时她并未得到咸丰皇帝的宠爱，但是为了出人头地，她想尽办法接近皇上。有一天，她看到咸丰皇帝在园中散步，就故意躲在树丛后面，唱起了一段动听的民歌，咸丰帝果然对她产生了好感，封她为贵人。后来慈禧生下了载淳，更得到咸丰帝的宠爱，被封为贵妃，地位仅次于皇后。

慈禧是一个非常有政治野心的人，她在咸丰帝病重的时候经常帮助批阅一些奏本，这使她不仅熟悉了朝廷要员的情况，也掌握了处理朝廷政务的办法。渐渐地慈禧开始不满足于这种局面，她希望能独掌大权、做大清实际上的皇帝。咸丰帝死后，六岁的载淳继位，就是同治帝，以肃顺为首的八位辅政大臣帮助同治处理朝政。慈禧为了独揽大全，对八位辅政大臣恨之入骨，一心想要除掉他们。可她毕竟身居宫中，对搞政治阴谋还缺乏经验，于是她就秘密地与恭亲王奕䜣勾结起来，联合对付这些辅政大臣。

奕䜣是咸丰帝同父异母的弟弟。他从小天资聪慧，深得道光皇帝的宠爱。但道光帝最后经过再三犹豫还是选中了咸丰。咸丰帝即位后，为了树立权威有意排斥奕䜣，奕䜣一直不得志。咸丰帝死后，奕䜣以为自己是小皇帝的亲皇叔，一定会被立为辅政大臣，哪知咸丰帝的遗诏里根本没有提他。奕䜣为了自己掌握大权，与慈禧一拍即合。

慈禧太后像

1861年，奕䜣以吊丧的名义来到承德与慈禧密谋。他们决定一面找人上奏折正式提出由两位太后垂帘听政，把八位大臣的权力夺回来；一面拉拢掌握北京一带军队的僧格林沁等人，以保证不出意外。

10月26日，咸丰帝的灵柩从承德起运到北京。慈禧故意隔离肃顺，让他负责护送灵柩，让其余的七位大臣先行回京。慈禧抢先到达北京，第二天就将在承德拟好的懿旨，以载淳的名义发出，将七位大臣逮捕。肃顺对北京发生的事情一无所知，因此毫无准备。当他走到密云时，被慈禧的侍卫拿下。11月20日，载淳正式登基，年号"同治"。这一天还颁布了"垂帘章程"，由太后批阅奏章，召见群臣。

从此，清朝进入了太后"垂帘听政"时期。每次上朝，慈禧都坐在小皇帝的后面，前面用帘子挡住，处理国家大事。慈禧历经同治、光绪两代，统治中国近半个世纪。她的统治给中国带来沉重的灾难，使中国一天天走向衰落。

第十六节　太平天国运动

鸦片战争以后，清政府要向英国侵略者支付巨额赔款，于是加紧搜刮人民，国内阶级矛盾更加尖锐了。各地农民不断举行起义，规模最大的就是广西桂平金田村爆发的太平天国运动。

这场革命运动的领导者是洪秀全。他年轻的时候，一心苦读圣贤书，想科举做官，光宗耀祖，但几次去广州应试都名落孙山。后来，他看了一本牧师发送的《劝世良言》，书中宣扬的"平等观念"，对洪秀全影响很大。一天夜里，洪秀全做了个梦，梦见上帝让他称王，兴兵推翻清朝。之后，洪秀全就断绝了功名念头，决定起兵反清。

《天朝田亩制度》封面

1843 年，洪秀全创立了拜上帝教，利用宗教来宣传革命。他和同乡好友冯云山在广西紫荆山一带传教，发动群众加入拜上帝教。几年之间，革命力量迅速发展起来。洪秀全看到起义的时机已经成熟，就号召各地的拜上帝教信徒到金田村集合，准备发动起义。起义队伍被命名为"太平军"。

太平军从广西出发，经过湖南、湖北、江西、安徽等省。他们打到哪里，就镇压哪里的贪官污吏和恶霸地主，烧毁田契和债卷，得到人民的热烈拥护。1853 年 3 月，太平军攻下南京，在这里建都，把南京改为"天京"，建号太平天国。定都天京后，太平天国颁布了《天朝田亩制度》，规定"有田同耕，有饭同吃"，得到广大人民的热烈拥护。

洪秀全坐上天国的宝座以后，沉迷于宫殿生活，疏远了和天国将领以及百姓的关系，他的左膀右臂杨秀清和韦昌辉火拼，石达开出走，使得太平军实力大大削弱。更主要的是，太平天国运动震惊了中外反动势力，他们联合起来对太平军进行围攻。1862 年 10 月，天京被包围，太平军进行了轰轰烈烈的天京保卫战。1864 年 3 月，太平军的江苏南部和浙江根据地也基本瓦解。清军向天京发起了总攻，大肆屠杀太平军与民众，天京血流成河。太平天国就这样悲壮地失败了。

太平天国革命运动前后坚持斗争了 14 年，作战地区扩展到 18 个省，沉重打击了地主阶级和外国侵略者，动摇了清政府的统治。太平天国革命运动是我国近代历史上规模最大的一次农民革命战争。

第十七节　火烧圆明园

第一次鸦片战争后，西方列强虽然强迫清政府签定了不平等条约，打开了中国的大门，但他们贪婪的欲望并未就此得到满足。他们不断地向清政府提出修改

圆明园大水法遗址

条约的要求，企图获取更大的利益。清政府当然不肯轻易答应，于是，西方列强便再次寻找借口向中国发动战争。

公元 1856 年，英法联军发动了侵略中国的第二次鸦片战争。他们从广州扬帆北上，来到天津，攻占了大沽炮台，扬言说要先打下天津，然后进攻北京。清政府大惊，连忙派人与英国、法国议和。但侵略者提出了很高的条件，谈判破裂

了。英法联军逼近通州，清军在八里桥一带与其展开激战。清军英勇抗击，战斗持续了三四个小时。最后清军溃败。咸丰帝见洋鬼子马上就要打到京城，急忙带领后宫及部分亲信大臣逃到承德，只留下恭亲王奕䜣与英法议和。很快，英法联军打到了北京城下，他们以为中国皇帝住在圆明园，便首先向圆明园进攻。

圆明园是北京西郊的一座皇家园林，面积约 350 公顷。清朝从康熙皇帝起就开始修建这座园林，以后的历代皇帝也不断对它进行扩充和完善。他们征调了全国的能工巧匠，花费了 150 年的时间，建成了当时世界上最壮观的园林建筑群。圆明园的建筑者们利用当地的优越自然环境以及自己的智慧和力量，把祖国的锦绣山河都集中到了一座园林中来。在这里，人们不但可以欣赏庐山的瀑布、杭州的西湖，也可以领略神话传说中仙人居住的海岛宫阙。圆明园还大胆吸收了国外建筑艺术，修建了许多具有中国风味的西洋楼。圆明园不但是园林建筑史上的一个伟大创举，也是人间罕见的文化艺术博物馆。每座殿堂里，都陈列着各种金、银、铜器，每件器物上还镶嵌着贵重的翡翠、珠宝等饰品。圆明园中还收藏着历代著名书法家的艺术精品和珍贵的图书典籍。人们都把圆明园称为"万园之园"。

1860 年 10 月，英法联军闯入圆明园后，立刻被圆明园里瑰丽的建筑和如山的珍宝惊呆了，他们像发狂的野兽一样，扑向各个宫殿，疯狂地抢夺各种珍宝。每个侵略者的腰包里都装得满满的。有的强盗手上拿不下了，就将珍宝套在脖子上，顶在头上，叼在嘴里。实在拿不走的东西，他们就统统砸碎。一连几天，圆明园被洗劫一空。

英法联军为了进一步威胁清政府，就将圆明园放火烧毁。大火烧了三天三夜，这个凝聚了中国人民一百多年的血汗、综合中西建筑艺术、聚集古今艺术品的园林宫殿，就这样变成了一片片的残垣断壁。

第十八节　洋务运动

在 19 世纪 60 年代到 90 年代这几十年中，清政府的一些思想开放的官僚以"自强"和"求富"为口号，在军事、政治、经济、文教以及外交等方面进行了一系列的革新运动，历史上称为"洋务运动"。

　　丧权辱国的《北京条约》签定后，中国的国门再次被打开。清政府在中央设立总理衙门，以适应列强对华外交的需要。奕䜣和文祥是洋务运动的代表人物。后来，清政府又设立了南、北洋通商大臣，管理南北各通商口岸的商务和处理各种对外事务。洋务派地方大臣以曾国藩、左宗棠、李鸿章及张之洞为代表。

江南制造总局造炮厂

　　洋务运动开始时，以"自强"活动为中心，在天津、上海、广州、福州、武昌等地聘用外国教官、购买枪炮、训练洋枪队。同时，洋务派官僚在各地创办兵工厂，制造枪炮和船舰。最早的是1861年曾国藩在安庆设立的军械所。后来，他还在苏州设立了洋炮局。1865年，李鸿章创立江南制造总局，专门制造枪炮和轮船。

同年，李鸿章又把苏州的洋炮局迁至南京，扩充为金陵制造局。70年代后，西安、兰州、福州、广州、北京等地都相继设立了中小型军火厂。兵工厂的设立，对改造清军的军事装备，促进中国军事科技的发展，起了一定作用。

　　为适应洋务运动规模日益扩大的需求，清政府派遣了中国第一批留学生。同时，洋务派还开办学校，培养了一批技术人才。1875年，清政府又派李鸿章、沈葆桢分别筹建北洋、南洋海军。

　　在建立大批军事工业之后，洋务派出现了资金短缺、材料、燃料和运输等方面的困难。这时候，洋务派又提出了"求富"的口号，兴办了一批民用的工矿业和运输业。就这样，全国掀起了开办洋务运动的高潮。

　　洋务运动的开展使中国在军事、经济、科技、教育等方面有了一定程度的发展，开始了具体地向西方学习先进技术的进程，打破了中华文明几千年来封闭的格局。但是，洋务运动并没有触及中国落后的政治制度，没有使中国走上富强的道路。

第十九节　左宗棠收复新疆

第二次鸦片战争期间，沙俄趁火打劫，侵吞了我国北方的大片领土。公元1858年，沙俄又以武力进行威胁，强迫清政府签订了不平等的《瑷珲条约》，侵吞了我国黑龙江以北，外兴安岭以南的60多万平方公里的领土。英法联军侵占北京后，沙俄以"调停人"的身份进入北京，逼迫清政府签订中俄《北京条约》。条约将乌苏里江以东、包括库页岛在内的40万平方公里的中国领土划归俄国。在第二次鸦片战争中，沙俄侵吞中国北方领土共达140多万平方公里，成为了骇人听闻的无耻掠夺。

1871年，中亚浩罕国军官阿古柏带军侵入中国新疆北部，建立政权。沙俄趁新疆发生动乱之际，出兵占领了新疆西北的重镇伊犁。清政府见事态严重，就任命左宗棠为钦差大臣，领兵收复新疆。1876年，左宗棠指挥大军踏上了征途。他召集将领，进行部署，决定采取"先北后南，缓进急战"的策略，先去北疆攻下乌鲁木齐，然后进军南疆，荡平匪巢。

随后，清军主力越过天山，向乌鲁木齐挺进。乌鲁木齐条件艰苦，但清军将士却斗志昂扬。清军来到乌鲁木齐后，趁夜来到敌人阵地，突然发起进攻，歼敌5000人，攻下了乌鲁木齐。不久，阿古柏在北疆的势力就被清除了。

平定北疆后，左宗棠又指挥大军马不停蹄直奔南疆阿古柏的老窝。阿古柏节节败退，率领部分残兵败

左宗棠像

将向西逃走，在路上被同伙杀死。阿古柏死后，英军出面干涉，请求当中国的保护国。左宗棠非常气愤，痛骂英国使者，并派兵继续收复新疆其它地方。到了1878年1月，除伊犁外，新疆其它地方全部被收复了。

由于伊犁一直被俄国人占领，清政府便派大臣崇厚到俄国谈判。结果崇厚在俄国人的愚弄下，擅自签订了一个丧权辱国的条约，以中国的大片领土和利益来与俄国人交换伊犁。左宗棠对此非常不满，强烈主张要做好与俄国作战的准备。清政府接受了左宗棠的建议，一面派曾纪泽去与俄国人谈判，一面让左宗棠整顿军队。但是不久，清政府就在西方列强的压力下与俄国妥协，命左宗棠回京。左宗棠虽然不能为新疆一战，可他为收复伊犁所作的军事准备，却成为了曾纪泽谈判的主要后盾，使中国收回了新疆。

第二十节　中日甲午战争

日本本来是个落后的国家。1868 年以后，它通过"明治维新"，走上了资本主义道路，逐渐强大起来，开始向外进行扩张。1894 年，朝鲜发生农民起义，朝鲜政府请求清政府派兵支援。日本趁机出兵朝鲜，对中国军队进行挑衅。

那时候，慈禧太后正在忙着办她的 60 岁大寿，不愿发动战争搅了兴致。而主管外交的北洋大臣李鸿章则希望列强能够从中调解，避免中日开战。日本见清政府这样软弱可欺，胆子就大了起来。1894 年 7 月 25 日，日本海军在丰岛海面击沉了中国运兵船，又在朝鲜牙山发动偷袭，进攻那里的清军。清政府迫不得已，在 8 月 1 日对日宣战。由于这一年用农历纪年是甲午年，所以这次战争又叫"甲午战争"。

中日谈判，签订《马关条约》

日军牙山袭击后，清军主将叶志超逃回了中国境内。中国决定加派兵力。9 月 17 日，北洋海军提督丁汝昌率主力舰队护送运兵船到鸭绿江口的黄海大东沟。当他们返航时，遭到了日本舰队的突然袭击。丁汝昌果断命令列队迎战。北洋舰队以定远、镇远两个主力舰队居中，迎着日舰冲了上去。日舰瞄准丁汝昌所在的定远号，集中火力向定远号射击。定远号被击中，丁汝昌身负重伤，但依然在甲板上指挥作战。致远号的管带（清末海军名，相当于现在的舰长）邓世昌指挥致远号勇往直前，顽强作战，坚持了一个小时之久，舰上的弹药已经用完，舰体也多处中弹严重倾斜。这时，日本主力舰吉野号驶近致远号，横冲直撞，对北洋海军构成了极大的威胁。在这危急时刻，邓世昌不顾个人安危，毅然对大家说：“大丈夫在战场上生死早已置之度外。我决定以我舰撞沉敌舰吉野号，以死壮大北洋声威，报效国家！”于是，邓世昌亲自操舵，开足马力，向吉野号冲去。不幸，致远号被敌军的鱼雷击中，邓世昌和舰上 200 余名将士壮烈牺牲。邓世昌的壮举激励了北洋海军的将士，他们与敌人展开了殊死激战，击退了日军舰队。

　　1895 年 1 月，日军又在山东半岛包围了北洋海军驻地威海卫。由于北洋海军一向由李鸿章主持，他怕自己实力受损失，就主张“避战保船”，不准北洋海军出战。最后，北洋海军陷入了敌军的包围之中，全军覆没。

　　清政府不敢再战，向日本求和。1895 年 4 月，李鸿章代表清政府与日本签订了《马关条约》。这个丧权辱国的条约规定：台湾、澎湖列岛等割让给日本；赔偿军费 2 亿两白银；允许日本在中国开设工厂。中国半殖民地程度大大加深了。

第二十一节　中法战争

　　法国侵略者从 18 世纪就开始公然侵略越南，到了 19 世纪 80 年代，法国企图占领整个越南，再向中国的西南发展。这时，越南是清王朝的藩属国，法国出兵越南后，清政府派出部分军队驻扎在越南北方。但是，清政府负责外交的奕䜣和李鸿章惧怕法国的势力，主张向法国让步。法国认为中国软弱可欺，越来越嚣张。法国不但加紧了对越南的侵略，还要求清政府解散中国的抗法组织黑旗军，并强行接受中国军队的驻防地，与中国军队发生了冲突。中法战争爆发了。

　　战争开始后，清政府仍然想以议和解决矛盾。但法国悍然袭击马尾港，把清军水师的 7 艘军舰全部击沉。1885 年 2 月，法国攻占镇南关（今广西友谊关），战火眼看就要烧到了中国境内。这时，两广总督张之洞力荐老将冯子材出兵抗法，得到清政府批准。

"番鬼托梁"木雕 中法战争后，广西民众建房时将过去镇压于房梁之下的鬼怪改为法国人

冯子材来到前线后，将士们见老将出马，士气高涨起来。法军听说后，也怕中国军队不好对付，就退出了镇南关。冯子材率领士兵积极准备反攻。他把队伍开到地势险要的关前隘，在这里赶修了几座炮台。他还在这里修筑围墙，墙下挖沟，派兵严格把守。1885年3月25日，法军兵分三路，进攻镇南关。法军依仗优势的炮火，很快就攻占了炮台。但中国军队在冯子材的带领下奋勇杀敌，把敌人的攻势压了回去。后来，一路清军还截断了法军的粮食补给线，法军慌忙撤回。

不久，法军增加兵力，再次向清军驻地发起猛攻。他们在强大炮火的掩护下，将围墙炸出一个个豁口。眼看围墙有被攻破的危险，冯子材杀出前来，挥刀杀向敌群。将士们见老将冲锋陷阵，也一起冲出，与敌人展开肉搏战。法军再次战败。不久，清军就乘胜追击，攻克了法军驻地文渊阁，并收复了一些失地，将中法战争的局势扭转了过来。

但是，清政府一直与法国寻求议和。他们见冯子材在镇南关打了胜仗，就想利用这个有利时机与法国和谈。1885年6月，李鸿章与法国公使正式签订了《中法新约》。中国承认越南是法国的保护国，撤出在越南的军队，允许法国在中国西南通商。法国虽败犹胜。

第二十二节　戊戌变法

甲午中日战争以后，帝国主义企图进一步瓜分中国，对中国的侵略比以前更严重了。一些爱国知识分子面对日益严重的民族危机，企图实行变法，效仿西方资本主义的政治制度，以实现中国的富强。康有为、梁启超、谭嗣同等人就是这些爱国知识分子中的代表。

1895年，康有为和梁启超联合在京考试的举人向光绪帝上书请愿，要求朝廷拒绝与日本签定丧权辱国的《马关条约》，并通过变法来自强自立。这次上书的行动虽然没能阻止《马关条约》的签定，却在全国造成了广泛的影响，维新变法运动也拉开了帷幕。

后来，康有为又多次上书光绪帝，痛切陈述国家处于危亡时刻，皇帝应该亲自出面，倡导变法，任用维新人士参预政权。在奏折中，康有为恳切地写道："皇上您应当用雷霆霹雳一样的气概，建立像重造天地那样的大功，学习日本，全面改革维新。"

康有为像

光绪帝看了康有为的奏折很激动。他虽然名义上是自己管理朝政，但实际上大权还是掌握在慈禧太后手中。光绪皇帝对慈禧太后专权非常不满，希望通过改革使中国富强起来，也借此摆脱慈禧太后的控制。所以他对康有为的主张很赞同。没过多久，光绪帝就召见了康有为，同他谈了两个多小时。康有为向光绪帝进一步陈述了自己的变法思想，指出：在外国的欺辱和瓜分之下，中国已经到了生死存亡的时刻，不进行变法，就不能自强。光绪帝很感动，决心采用康有为的建议，变法维新。

1898年6月11日，光绪皇帝正式颁布诏书，宣布变法。其内容主要包括：办新式学堂，培养人才；翻译西方书籍，传播新思想；创办报纸，广开言论；改革政府机构，任用维新人士；训练新式的海军陆军；鼓励私人兴办工矿企业等。

但是，清政府的大权仍然把持在以慈禧太后为首的顽固派手中，光绪帝并没有实权。变法实行了没多久，就遭到了顽固派们的反对。这年9月，慈禧太后发动了政变，把光绪帝囚禁在中南海的瀛台，还下令捉拿康有为、梁启超、谭嗣同等人。康有为、梁启超被迫逃走。谭嗣同不肯走。他说："各国变法，都是经过流血才成功的，中国还没有这样的人，让我来做第一个吧！"

　　9月28日，谭嗣同等六人被清政府杀害，当时人们称他们为"戊戌六君子"。变法就这样失败了。因为变法的这一年是农历戊戌年，人们就把这次变法叫做戊戌变法；从1898年6月11日开始，到9月21日结束，共103天，因此历史上又把它叫做"百日维新"。

第二十三节 义和团抗击八国联军

　　鸦片战争以后，许多外国传教士来到中国。他们凭借在不平等条约中取得的特权，强占中国的大量田地、房屋、庙宇，极力扩大教会势力。每当教民与中国的百姓发生矛盾时，教会总是无视中国法律，庇护教民。清政府的地方官也不敢得罪洋教士，经常帮助外国人压迫中国百姓。外国教会与中国百姓之间的矛盾越来越尖锐。

日军与清朝巡捕在安定门外残杀义和团团民

　　1898年，义和团在山东兴起。义和团原名义和拳，本来是山东一带的民间习武组织。随着外国侵略势力的不断加深，义和拳以"扶清灭洋"为口号，发展成了反教会、反侵略的爱国组织。

　　1899年，义和团首先在山东平原县发动起义。他们在朱红灯的率领下，四处打教会，烧教堂，与同教士狼狈为奸的地方官作对。清政府害怕义和团惹恼了西方列强，连忙命令山东的地方官镇压。山东巡抚毓贤对义和团采取抚剿并施的措施，一边承认义和团是合法的民间组织，一边对义和团进行镇压。

　　义和团的势力不断壮大。不久，天津、直隶地区也相继爆发了大规模的义和团运动。1900年，山东、河北两省义和团联合起来向北京进军。慈禧太后害怕继续镇压会危及自己的统治，又想利用义和团来对付外国势力，就暂时承认了义和团的合法地位。

义和团的浩大声势震动了西方列强。他们先是逼迫清政府镇压，后来看到清政府无法控制局面，就决定出兵。1900年6月，英、美、德、法、俄、日、意、奥八国组成联合军队向北京进攻。清政府被迫向八国联军宣战。但清政府抗敌决心并不坚定，他们一边听任义和团进攻外国大使馆，一边派人送去粮食和水果慰问使馆中的外国侵略者。由于义和团组织松散，战斗的方式和武器都比较落后，抗击战争终于失败，北京陷落。慈禧太后带着皇帝逃到西安。

为了向列强求和，清政府出卖了义和团。他们宣布义和团是"拳匪"，并任袁世凯为山东巡抚，与外国军队联合绞杀了义和团。1901年，清政府与八国联军签订了《辛丑条约》。从此以后，清政府完全成为帝国主义统治中国的工具。

第二十四节　辛亥革命

孙中山是我国民主革命的先行者。他很早就开始关心国家的命运，努力寻找救国救民的道路。

1894年，孙中山在檀香山创建了我国第一个资产阶级革命团体——兴中会。1905年，他又在日本联合一些革命团体的成员，把各地的革命组织统一起来，成立了全国性的革命政党——中国同盟会，并提出了"驱除鞑虏，恢复中华，创立民国，平均地权"的革命纲领和"民族、民权、民生"的三民主义。同盟会成立后，孙中山与其他革命党人策划了多次武装起义，但都没取得成功。

1911年5月，清政府成立责任内阁，其中多数成员都是皇族。这个内阁一上台，就把原来答应让

孙中山像

各地商人修建的铁路收了回来，然后交给外国人修建。这件事引起了人们的强烈不满，很多省都发生了激烈的保路运动。

这时，湖北一带聚集着很多革命党人，他们建立了大大小小的革命团体。共进会和当地新军文学社是其中主要的两个。这两个组织联合起来，组成了领导机关，准备发动起义。10 月 10 日，武昌起义爆发。一夜之间，武昌城就被攻占。随后，各地纷纷响应，全国掀起了革命的浪潮。到 11 月下旬，全国 25 个省区中，已有 15 个省宣布独立。清王朝的统治迅速崩溃。由于这一年是中国旧历辛亥年，历史上把这次革命称为辛亥革命。

1912 年 1 月 1 日，中华民国南京临时政府正式宣告成立。孙中山由于对革命事业做出的巨大贡献和在革命党人中的崇高威望，被推选为临时大总统。南京临时政府以资产阶级民主政权的三权分立精神为准则，颁布了具有资产阶级民主性质的《中华民国临时约法》，保证了人民的民主权利，使民主共和的观念深入人心。

但是，西方列强拒绝承认临时政府。他们扣留临时政府的海关收入，企图另外培养一个统治工具。他们扶持起用袁世凯，利用革命党人和清政府之间的矛盾获取了大权，逼走孙中山。袁世凯窃取了辛亥革命的果实，当上了临时大总统。北洋军阀开始统治中国，中国重新陷入了黑暗与战乱之中。

第二十五节　袁世凯复辟

辛亥革命胜利以后，孙中山当选为中华民国第一任临时大总统。但是，袁世凯依靠帝国主义的支持和手中握有的兵权，不断向革命党人施加压力。孙中山为了大局，不得不让位给袁世凯。1912 年 3 月，袁世凯在北京宣誓就任临时大总统，篡夺了辛亥革命的果实。为了限制袁世凯的野心，在孙中山的建议下，中华民国临时参议院制定了《临时约法》企图限制总统的权力。袁世凯表面上遵守《临时约法》，内心却绝对不肯做没有实权的总统。

那时，同盟会已经联合一些党派，组建了国民党，孙中山任命宋教仁为代理事长。宋教仁对袁世凯的反动本质认识得非常清楚，不断地与袁世凯进行斗争。1912 年，正式的国会选举开始，国民党在国会中占了绝大多数席位。如果依法办事，宋教仁势必出任总理。于是袁世凯图穷匕首见，露出杀机。1913 年 3 月 20 日，宋教仁在上海火车站遭到袁世凯派遣的暴徒枪击，不久就去世。

袁世凯像

宋教仁被刺使国民党与袁世凯公开决裂。为了对付国民党，袁世凯与五国签订《善后贷款合同》。有了军费，袁世凯开始调兵遣将，并逐步免去一些国民党人的职位。在忍无可忍的情况下，国民党人发动"二次革命"，讨伐袁世凯。但是，在北洋军的炮火下，讨袁军很快就被击败，"二次革命"完全失败。

镇压了国民党之后，袁世凯踌躇满志，开始上演总统变皇帝的丑剧。总统必须由国会选举产生。国会里的多数议员是国民党，袁世凯需要他们投自己的票。1913 年 10 月 6 日，国会召开总统选举会。袁世凯派了几千名便衣警察和地痞流氓，组成所谓的公民团，将国会团团围住，所有的人只能进不能出。一部分议员看穿了袁世凯的伎俩，故意不投他的票，以致投票进行了三次，才凑满了袁世凯当选总统的法定票数。袁世凯正式就任大总统。

1914 年 5 月，袁世凯废除了《临时约法》，公布了《中华民国约法》，使自己拥有了与皇帝一样的权利。1915 年，袁世凯为了换取日本对他复辟帝制的支持，几乎全盘接受了灭亡中国的"二十一条"。11 月，由袁世凯一手操纵的"国民代表大会"举行"国民投票"，一致赞成君主制。12 月 12 日，袁世凯假装接受民意，正式称帝，改元"洪宪"。总统变皇帝的丑戏终于完成了。

袁世凯的倒行逆施激起全国人民的强烈反对，蔡锷首先在云南起兵讨伐袁世凯，掀起了护国运动。在全国一片讨袁声中，袁世凯被迫撤销帝制，在愁困中死去。

第十一章　由衰而兴——现代

封建王朝虽然被彻底推翻了，可中国人民的苦难并没有随之结束。列强瓜分、军阀混战、日本侵略……数不清的痛苦和磨难仍然缠绕在中国这片饱经风霜的土地上。在经历了半个世纪的战乱之后，中国人民终于重新站了起来，建立了新中国，中华大地开始了社会主义的新纪元。

本章主要内容

第一节　五四运动

第二节　府院之争

第三节　张勋复辟

第四节　中国共产党建立

第五节　第一次国共合作

......

第一节 五四运动

1914年，第一次世界大战爆发。日本趁西方列强在欧洲作战之机，加紧了对中国的侵略。日本先是借口对德宣战，派兵强占了德国控制下的胶州铁路和青岛。随后，它又向袁世凯提出了企图灭亡中国的"二十一条"。最后，日本向当时执政的段祺瑞政府提出了独占山东的要求。

上海工人、学生、市民团结一致举行"三罢"大游行示威

一战结束后，英、美、法、日等战胜国在巴黎召开了对战败国的和约会议。中国作为"战胜国"，也派代表出席了会议。会上，中国提出希望帝国主义放弃在华特权，取消"二十一条"，收回山东的一切被日本夺去的权利，但要求遭到了拒绝。北洋军阀政府竟然准备在和约上签字。

消息传到国内，举国愤怒。1919年5月4日下午，北京十多所学校的数万名学生在天安门前举行集会，高呼"誓死争回青岛"、"还我山东"、"惩办卖国贼曹汝霖、章宗祥、陆宗舆"等口号。会后进行游行示威。学生们的行动惊动了京城各界。北洋政府派出警车前来阻止游行，但学生们仍继续前进。

游行队伍来到曹汝霖家所在的赵家楼胡同时，曹家大门禁闭。曹汝霖躲到了小储藏室中，章宗祥则藏在地下锅炉房中。学生将大门撞倒后蜂拥而入，找到了章宗祥，将他痛打了一顿，后来又放了一把火烧了赵家楼。尾随学生的警察趁机逮捕了 32 名学生。

消息传出后，北京众多专科以上学校的学生纷纷罢课，发出通电表示抗议，要求释放被捕学生。天津、长沙等城市的学生也开始纷纷举行集会，游行示威，以声援北京学生。这场爱国运动波及的范围越来越大，没几天，西安、济南等地的学生也都罢课游行。6 月 3 日，上海的学生罢课，商人罢市。六七万工人联合举行了政治大罢工。上海的"三罢"运动，迅速地影响了全国 20 多个省、150多个城市，形成了全国性的各行各业共同参加的爱国运动。

在全国人民的共同努力下，北洋军阀政府被迫释放全部被捕学生，撤去曹汝霖、章宗祥、陆宗舆的职务，并且拒绝在和约上签字。

五四运动标志着中国新民主主义革命的开端。从此以后，中国革命进入了一个新的历史阶段。

第二节　府院之争

袁世凯死后，中国进入了军阀割据时期。各个军阀都有自己的地盘，独霸一方，相互混战。在众多军阀之中，北洋军阀势力最为强大。北洋军阀又分为直系和皖系。直系以冯国璋为首，是亲英美派，占据直隶、江苏、江西和湖北；皖系的头子是段祺瑞，底盘主要是在安徽、山东、浙江和福建，并且控制了北京政府，他们以日本为后台。

段祺瑞内阁成员合影

当时担任大总统的是黎元洪，段祺瑞任国务院总理。两人上任不久，就开始发生矛盾。段祺瑞觉得，黎元洪没有地盘和军队，能当上总统全是靠他帮忙，所以他根本不把黎元洪放在眼里。而黎元洪也对段祺瑞的霸道作风非常反感，不愿在段祺瑞的控制之下做傀儡总统。时间长了，两人的矛盾越来越大。由于他们两人一个在总统府，一个在国务院，因此人们就把他们两人的矛盾称为"府院之争"。

后来，两人因为中国是否参加第一次世界大战的问题矛盾激化起来。1917年春天，第一次世界大战已经打了3年。美国一直在一旁观战，没有参战。这时，美国突然决定对德宣战，准备加入协约国，希望中国与美国一同行动。但是，日本却担心美国会利用中国参战捞到好处，就来了个180度大转弯，鼓动段祺瑞对德宣战。美国一看日本这样，也改变了主意，又主张中国暂时无须对德宣战。黎元洪担心如果中国参战，段祺瑞的权势就会大过自己，所以他倾向于不绝交，更不参战。国会的议员们也多数支持黎元洪的主张。于是，段祺瑞企图使用武力威胁的手段来对付反对势力。他召集了各地皖系督军向黎元洪和国会施加压力。他还雇了一批流氓、地痞组成请愿团，控制国会，逼迫议员同意参战。许多议员都对段祺瑞的流氓做法不满，纷纷提出辞职。

黎元洪见段祺瑞的气焰受到了打击，就在英美的支持下将段祺瑞免职。段祺瑞咽不下这口气，跑到天津筹备组织临时政府，并唆使皖系和奉系军阀独立，准备以武力推翻黎元洪。黎元洪在束手无策的情况下，邀请张勋进行调停。

第三节　张勋复辟

张勋是清朝的旧军官，思想守旧又反动。辛亥革命推翻了清政府后，全国人民都兴高采烈，把象征着清朝顺民的辫子剪掉，可张勋却始终不剪，始终想要找机会把已经倒台了的清政府再扶起来。袁世凯建立"洪宪帝制"遭到唾骂以后，张勋大肆招兵买马，扩展自己的军队，企图等袁世凯死了以后，自己扶植溥仪重新建立清王朝。由于张勋的军队穿着民国的军装，脑后却拖着长长的辫子，因此人们都把张勋的军队称作"辫子军"。

府院之争以后，黎元洪害怕段祺瑞闹兵变，就邀请张勋到北京进行调解。张勋见机会来了，非常高兴，但他又有自己的一番打算。他要搞复辟，并不害怕黎元洪，却十分担心握有军权的段祺瑞。因此，张勋接到黎元洪的邀请后，首先到天津拜访了段祺瑞。段祺瑞也想利用张勋的力量赶走黎元洪，就对张勋表示，只要逐走黎元洪，解散国会，他不反对复辟，并且还可以保证各地的皖系军阀会为他提供武装力量。

1917年7月1日复辟时的溥仪（朝服像）

于是，张勋就率领5000人的辫子军来到北京。到了北京后，张勋立即向黎元洪下通牒，让他在48小时内解散国会，否则各省的督军将自由行动。黎元洪这才自己尝到了苦果，只好在6月13日宣布解散国会。随后，张勋立即派人到清宫迎接清朝废帝溥仪。1917年7月，在张勋的策划下，紫禁城的养心殿里举行了复辟大典，溥仪再次地登基为皇帝。

张勋的复辟活动遭到了全国人民的一致反对。各地报刊纷纷登出文章斥责张勋。孙中山也发表了《讨逆宣言》，号召全国人民起来讨伐张勋，反对清室复辟。而段祺瑞最初支持张勋复辟也只是为了借张勋的力量驱逐黎元洪。现在他目的已经达到，就组织了"讨逆军"，进军北京。北京的辫子军不堪一击，很快就被打败。溥仪又一次宣布退位。复辟经过了短短12天就宣告结束。

张勋复辟失败后，段祺瑞重新出任国务院总理，掌握了北京政府的大权。他正式对德宣战，并与日本勾结，通过借款来扩充自己的实力。他还拒绝恢复《临时约法》和国会，准备建立起独裁统治。百姓的苦难越来越深，军阀之间的矛盾也越来越尖锐了。以孙中山为首的革命党人发动过几次斗争，都先后失败了。旧资产阶级民主革命已经走到了尽头。

第四节　中国共产党建立

五四运动以后，各种新的思潮像雨后春笋一样涌现出来。一些青年知识分子接受了马克思主义，成为了最早的共产主义者，毛泽东、周恩来、蔡和森、邓中夏、陈独秀和李大钊等人就是这些人的代表。他们创办刊物，宣传革命思想。马克思主义得到了广泛的传播。后来，这些具有初步共产主义思想的知识分子聚拢在了一起，开始准备筹备建立政党。从 1920 年开始，共产主义小组相继在各地涌现。

1921 年 7 月 23 日晚上，来自各地共产主义小组的代表来到了上海租界贝勒路树德里 3 号举行了第一次全国代表大会。当时出席会议的代表共有 12 人，包括毛泽东、何叔衡、董必武、陈潭秋、王尽美、邓恩铭、李达、李汉俊、张国焘、刘仁静、陈公博、周佛海。另外，共产国际的代表马林也出席了会议。李大钊和陈独秀因为有事没有到会，陈独秀派了包惠僧做了他的代表。大会由张国焘主持，毛泽东和周佛海记录。

参加会议的代表们商定，为了不被反动势力发现，大会要经常更换地点。7 月 30 号，会议在望志路 10 号进行，突然从外面闯进来一个陌生人，进门张望一下后，说了句："对不起，走错了"，就慌张地退了出去。参加会议的代表立刻提高警惕，迅速离开了会场。果然十几分钟之后，法租界的巡捕就包围了会场，他们把屋子翻了个乱七八糟，但什么也没翻出来。

经过了这次风险，大会被迫终止。但当晚代表们又商议决定：将第二天的会议转移到浙江嘉兴南湖的一艘游船上进行。第二天是个阴雨天，代表们来到嘉兴上了船，天就开始下起了雨来。远远望去，船上就好象坐着一些文人墨客在一边欣赏着湖上的雨景一边吟诗作对，但实际上，那却是中共一大的代表们在商讨中国的未来。

这次大会正式宣告了中国共产党的成立。会议讨论了当前中国的政治形势和党的基本任务，通过了党的纲领。大会还选举产生了党的领导机关——中央局，推选陈独秀为中央局书记，张国焘为组织主任，李达为宣传主任。中国共产党的诞生，使中国革命的面貌焕然一新。

第五节　第一次国共合作

中国共产党成立后，立即集中力量领导工人运动，掀起了全国工人运动的第一次高潮。从 1922 年 1 月至 1923 年 2 月，全国工人罢工达 180 多次。但是，1923 年 2 月 7 日，京汉铁路大罢工却遭到了血腥镇压，造成了震惊中外的"二七惨案"。血的教训使中国共产党人认识到，没有强有力的同盟者，只靠工人们的赤手空拳，要战胜强大的敌人是不可能的。

陈独秀像

与此同时，孙中山领导的民主革命运动也不断遭到失败。段祺瑞夺取国政大权后，孙中山领导资产阶级革命派举起"护法"旗号，向北洋军阀进行讨伐，但不久就失败了。后来，孙中山又起用了老部下陈炯明领导的粤军，重新组织军队，开始了第二次护法斗争。可是，正当孙中山四处奔走，组织北伐军，准备亲自率兵北上的时候，陈炯明竟然发动叛乱，想要阴谋杀害孙中山，拥兵自立。陈炯明叛变是孙中山遭受到的一次最痛苦的失败。他最伤心的是，断送革命大业的竟是他亲手培养起来的陈炯明。究竟谁才是革命真正可以依靠的对象呢？孙中山苦苦地思索着。

就在这时，共产国际的代表和中国共产党的代表找到了孙中山。他们都对孙中山的革命精神表示钦佩，并且认为，要想革命不能依靠军阀打军阀。他们还指出了国民党组织混乱、作风不正的毛病。孙中山听了非常赞同，经过深思熟虑，他决定与苏俄合作，与中国共产党合作，并且整顿和改组国民党。

1923 年 6 月，中国共产党召开第三次代表大会，决定与国民党合作，建立革命统一战线，共产党员以个人身份加入国民党。

不久，国民党第一次全国代表大会也在广州召开。在参加会议的 165 名代表中，共产党员占了 14%。会上，孙中山制定了联俄、联共、扶助农工的三大政策，把旧三民主义发展为新三民主义。国民党从一个资产阶级政党转变为各革命阶级联合的组织。第一次国共合作正式建立。

后来，为了培养革命的武装力量，孙中山在广州黄埔成立了黄埔陆军军官学校，由蒋介石任校长，廖仲恺任党代表，周恩来任政治部主任。孙中山改组了国民党，又建立了军队，精神为之一振，就开始准备北伐，实现打倒军阀，统一全国的理想。

第六节　国民革命运动

国共合作加快了中国革命的进程。就在孙中山准备下令北伐的时候，北洋军阀冯玉祥在北京发动了政变，掌握了北京政权。冯玉祥主动邀请孙中山北上，共同商议统一全国的大计。孙中山受到邀请后非常高兴，决定放弃武力北伐的计划，北上与冯玉祥共商国是。

可不久，张作霖就与段祺瑞勾结起来，排挤了冯玉祥，共同执掌北京政权。1924 年 12 月，孙中山抱病抵达北京。在与段祺瑞和张作霖商谈无效后，孙中山于 1925 年 3 月在北京病逝。

叶挺独立团在北伐中英勇作战

孙中山的逝世使广州的国民党内部出现了权力真空。蒋介石趁机夺取了国民党的军政大权。1926 年 6 月 6 日，国民政府任命蒋介石为国民革命军总司令。7 月，国民革命军在广州举行誓师典礼后，分三路出发，一场轰轰烈烈的北伐的战争开始了。

北伐军受到了各地人民的热烈欢迎，迅速取得了一个又一个的胜利。他们在广大工农群众的热烈支持下，在十个月的时间里，先后打败了北洋军阀吴佩孚、孙传芳的四十多万军队，攻占了武昌、南昌、九江、福建、浙江等省，占领了长江以南的大半个中国，基本摧毁了北洋军阀的反动统治。

与此同时，共产党也在长江各省领导码头工人和海员向英租界发起进攻，不久，英国政府被迫将汉口和九江交还中国。同时，毛泽东开始在湖南考察农民运动。1927年3月，在周恩来的指挥下，上海工人发动武装起义，成立上海市特别临时政府。

但是，随着北伐的顺利进行和工农革命运动在各地的蓬勃发展，共产党的组织迅速扩大，这引起了帝国主义的恐慌和蒋介石的不满。1927年3月，国民党在上海召开紧急会议，决定反共清党。随后，蒋介石指使白崇禧在上海发动政变，占领上海总工会会所，逮捕了共产党员和工人1000余人，又对上海共产党员和群众进行屠杀。仅三天之内，就有300多人被杀，几千人失踪。蒋介石踩着共产党员和群众们的鲜血，走上了独裁的统治道路。不久，汪精卫也在武汉发动"七一五"反革命政变，提出"宁可枉杀一千，不可使一人漏网"，下令驱逐、逮捕、杀害共产党员和革命群众。第一次国共合作就这样破裂了。

第七节　红色政权的建立

中国共产党在大革命失败以后，总结教训，继续高举革命的旗帜，把中国革命推到了一个新的阶段。其中，南昌起义就是这个新阶段的开端。

1927年8月1日，共产党人打响了武装反抗国民党的第一枪，发动了南昌起义。起义队伍奋不顾身，猛烈冲击，只用了4个小时就全歼守敌，占领了南昌城。起义胜利后，以共产党为核心的革命委员会迅速组织起来。国民党知道后大为震惊。蒋介石急忙调兵遣将，准备扑灭革命的烈火。面对优势的敌人，起义队伍主动撤离了南昌，进一步南下。

1927年8月7日，中共中央在汉口召开紧急会议，史称"八七会议"。会议确定了土地革命和武装反抗国民党反动派的总方针，认为中国革命还处在资产阶级民主革命阶段，中国革命目前的内容仍然是解决农民的土地问题。同时，会议还决定在基础较好的地方发动秋收起义。

根据"八七会议"的精神，毛泽东在湖南领导秋收起义。他指挥部队兵分三路取道浏阳向长沙进发。但不久，由于敌人反扑，起义遭到挫折。毛泽东决定向敌人统治力量薄弱的湘赣粤边农村进军。1927 年 9 月 29 日，部队到达江西省永新县三湾村，进行了著名的三湾改编，确立了中国共产党领导军队的一整套制度，奠定了新型人民军队的基础。10 月底，起义部队到达井冈山的茨坪，点燃了"工农武装割据"的星星之火。后来，朱德、陈毅领导南昌起义后南下的部分队伍到达井冈山，与毛泽东的部队胜利会师，成立了中国工农革命军第四军，后来又改称工农红军第四军。

起义军队伍来到井冈山后，在毛泽东的率领下分兵发动群众，打土豪、分田地，发展地方党组织，建立地方武装和各级政权。经过了半年的艰苦努力，以宁冈为中心的井冈山革命根据地建立起来。在建立根据地的同时，毛泽东注意总结关于中国革命道路的理论。从 1928 年 10 月到 1930 年上半年，毛泽东先后写出了《中国的红色政权为什么能够存在?》、《井冈山的斗争》、《星星之火，可以燎原》等一系列著作，分析了中国社会的特点，对中国革命道路问题做出了理论性的概括。

后来，各地其他起义部队也相继建立了革命根据地。到 1930 年上半年，全国已经开辟了 15 块根据地，红军发展到了近 10 万人。星星之火真的发展成为了燎原之势。

第八节　东北易帜

1928 年，正当国民党军队不断向北进发的时候，北洋军阀政府的最后一个统治者张作霖开始慌张起来。张作霖本来是奉系军阀的头子。他以日本为后台，控制了东北三省。1926 年张作霖趁段祺瑞下台之机，占领了北京。但是，他虽然把日本当作靠山，却又不是很听话，有时还与英国和美国勾勾搭搭，给予英美在东北的一些特权。这样，张作霖与日本人的关系就开始恶化了。

宣布东三省易帜时的张学良

眼见北伐军就要打到了北京，日本人见张作霖已经靠不住，就企图取代张作霖，直接控制中国北方。1928 年 6 月 4 日，张作霖乘坐专列返回奉天（今辽宁沈阳），在沈阳皇姑屯被日本关东军炸死。

张作霖死后，他的长子张学良于 6 月 17 日从北京秘密返回沈阳。日本人趁张学良为张作霖发丧之际，向张学良施加压力，怂恿张学良在东北策划独立，建立一个在日本控制下的独立王国。张学良早就知道了日本人想独霸东北的野心，他见日本人这样狂妄无理，非常气愤，将他们痛斥一顿，双方不欢而散。

就在这时，国民党的北伐军已经占领了天津和北京，除东北外，全国大部分地区都已经统一在国民党的青天白日旗之下。8 月 9 日，蒋介石派特使来到奉天，劝张学良把代表北洋政府的五色旗换成青天白日旗，归顺国民党政府，实现全国统一。

张学良早就十分渴望能够摆脱日本人的统治，全国实现统一。因此，在国民党的号召下，他派出三人代表到北平与国民党谈判，商议东北易帜、归顺南京政府等问题。在北平，东北代表提出了"南京政府承认东北三省自治"、"享有人事及其他支配权"、"南京势力不能直接伸入东三省"等作为易帜条件。经过两个月的往返交涉，双方终于达成了协议。10 月 8 日，国民党中央常务委员会议决定任命张学良为国民政府委员，10 日，张学良在沈阳正式就任。

1928 年 12 月 29 日，张学良顶住了日本的压力，毅然通电全国，"服从国民政府，改旗易帜"。至此，蒋介石实现了形式上的"全国统一"。

第九节 "九一八"事变

当蒋介石集中力量进攻红军的时候，驻扎在东北的日本军队却加快了战争的步伐，寻找各种机会准备发动战争。蒋介石认为：中国亡于帝国主义，我们还能当亡国奴，若亡于共产党，则纵肯为奴隶也是不可能的。因此，他推行"攘外必先安内"的政策，对日本的挑衅不断退让。

1931年9月18日晚22时20分，日本驻守在中国东北境内的关东军，命令守备队炸毁了南满铁路沈阳近郊柳条湖的一段路轨，又反诬是中国军队所为。随后，日本迅速向沈阳增兵。他们以此为借口，猛烈攻击在北大营驻守的中国军队，并进攻沈阳。

沈阳守将发急电到南京请求指示。南京回电说这只是日军的挑衅行为，为避免事态扩大，绝不抵抗。消息传到沈阳后，大部分军队都执行了"不抵抗"的命令。一夜之间，沈阳就沦陷了。张学良接连十几次致电南京向蒋介石请示，蒋介石都没有批准他的请战要求，只说："要等准备好了再干，一切事先从外交解决。"

九一八事变

第二天，南京政府正式向当时的"国际联盟"提起控诉，希望"国际联盟"对日军的行为进行干涉。但"国际联盟"没有回应。几天之后，安东、本溪、营口、牛庄等地也相继沦陷。

与此同时，日军向长春发动总进攻，中国守军奋勇抵抗，但蒋介石"不准抵抗"的命令还在从中央到地方一层层地不断下达，吉林军不得已撤退。当日晚22点，长春陷落。

11月4日，日军开始进攻黑龙江，马占山将军拼死抵抗。18日，日军发动总攻。清政府没给东北军任何支援，马占山孤军作战，弹尽粮绝，只好撤退。

1932 年 1 月 1 日，日本侵略军兵分三路向中国军队在东北的最后据点——锦州发动进攻。中国驻军三万人在国民政府不准抵抗的命令下，退入山海关内。2 月，东北三省全部沦陷。日本开始了对 3000 多万东北人民的殖民统治。

第十节 二万五千里长征

1927 年大革命失败后，中国共产党制订了土地革命和武装反抗的方针，建立起十多处革命根据地，力量不断壮大。蒋介石惟恐共产党势力发展，一心想消

遵义会议旧址

灭红军。1930 年，蒋介石纠集十万兵力，开始对红军进行"围剿"。红军沉着应战，巧妙利用战机，先后粉碎了国民党军队的四次"围剿"。

1933 年 9 月，经过半年多的准备之后，蒋介石调集了 100 万军队，200 架飞机，亲自任总司令，向中央根据地发动了第五次"围剿"。这时，共产党内部出现了以王明为代表的"左"倾错误路线。他们反对机动灵活的战术，认为要用阵地战取代游击战和运动战、实行军事冒险主义。结果红军苦战一年，节节败退，终于未能打破"围剿"。1934 年 10 月，中央领导机关和红军主力退出根据地，

被迫长征。

红军从江西的瑞金和福建的长汀等地分两路出发。蒋介石为了阻止红军西进，派出几十万军队前后夹击，红军以极大的代价突破重围，来到湘江以西地区，接着向贵州进军。

1935 年 1 月，中共中央在遵义召开了政治局扩大会议，撤消了"左"倾分子的领导职务，改组了中央领导机构，确立了毛泽东在全党全军的领导地位。

遵义会议以后，红军采取了正确的战略，变被动为主动。他们在毛泽东的亲自指挥下，转战贵州、四川、云南等地，四渡赤水；随后，红军又出敌不意，抢渡金沙江，摆脱了数十万敌军的围追堵截，于 6 月到达四川懋功，与红四方面军会合，共同北上。10 月，两支军队到达陕北吴起镇，同红十五军团胜利会师。1936 年 10 月，红二、四方面军到达甘肃省会宁地区，同红一方面军会师。

从 1934 年 10 月到 1936 年 10 月，红军用了两年多的时间，走过了全国 11 个省。他们爬雪山、过草地，没有粮食时就挖野菜，啃树皮，克服了今天人们难以想象的困难，徒步走了二万五千里的路程，最终胜利结束长征，摆脱了困境，实现了北上抗日的目的。

第十一节　西安事变

1935 年，日本势力开始侵入华北，民族危机日益严重。在全国人民抗日热情不断高涨的时候，蒋介石仍然坚持"攘外必先安内"的政策，命令在西北的东北军和西北军全力"围剿"红军，两支军队的主要统帅就是张学良和杨虎城。

张学良和杨虎城本来就对蒋介石在民族危机加深的紧要关头推行内战的政策很不满意。而且，张、杨二人在"剿共"过程中连吃败仗，丧失了很多兵力。蒋介石不但不加以支援，还对两支部队减发军费，取消被消灭部队的番号。张、杨二人对蒋介石的这种做法十分气恼。

与此同时，中国共产党不断对两人宣传抗日民族统一战线的思想和政策，希望国共合作共同抗击日本。张、杨二人深受这种思想感召，开始主动与红军联系，休兵罢战，并劝蒋介石联共抗日。蒋介石听到二人的抗日主张后，勃然大怒，将他们大骂一顿，并威逼二人继续进攻红军。

张学良与杨虎城见劝蒋抗日无望，决定实行"兵谏"，逼蒋抗日。1936年12月12日凌晨，张、杨命令部队包围蒋介石所在的华清池，将蒋介石捉住。之后，张学良和杨虎城立即通知红军，请红军代表来西安共商抗日救国大计。

事变发生后，举国震惊。国民党内部立即分成了两派：以何应钦为首的一派主张讨伐张学良和杨虎城，而以蒋介石夫人宋美龄为首的一派则主张和平解决。

中共中央接到张学良的通告后，主张和平解决"西安事变"，派出周恩来、叶

西安事变前夕的张学良（左）和杨虎城

剑英、秦邦宪三人组成的代表团到西安调停，争取蒋介石抗日。

12月22日，宋美龄、宋子文等也抵达西安。三方于第二天上午，开始了正式谈判，宋子文代表南京方面，张学良和杨虎城代表西安方面，周恩来代表中共方面。在巨大的压力面前，蒋介石同意停止内战，一致抗日。

12月25日，蒋介石被释放，张学良亲自陪同蒋介石返回南京。蒋介石一到南京就下令囚禁了张学良，进而威逼杨虎城出国，不久就扣押杀害了杨虎城。

但是，全国的抗日要求已经越来越强烈，蒋介石不得不在实际上改变剿共政策，开始与共产党谈判。因此，西安事变的和平解决促成了国共的第二次合作，十年内战基本结束。

第十二节　抗日战争爆发

"九一八"事变以后，日本对中国的侵略越来越严重。1935年，日本将魔爪

伸入到我国华北地区，向国民党政府提出了许多企图控制华北的无理要求，并以武力相要挟，强迫国民党政府签定了《何梅协定》，夺取了华北地区的大部分主权。华北地区名存实亡。

随后，日本步步为营，很快就使北平和天津也完全处于包围之中。位于北平西南的卢沟桥，已成为了北平联系内地的惟一通道。

7月7日夜里，日军中队长清水节郎率领驻守丰台的日军，在卢沟桥以北地区举行以攻取卢沟桥为假想目标的军事演习。不久，日军就借口一名士兵失踪，

在全面反攻作战中，日军向八路军缴械投降

企图连夜进城搜查，并要求中国驻军撤出宛平等地。这些无理要求遭到了中国驻军将领的拒绝，日军立即包围宛平城。第二天凌晨两点，中国驻军将领怕将事情闹大，与日方协定，互派官员前往调查。但是，日本并没遵守协定，它趁中日交涉之机，向宛平城和卢沟桥发动了猛烈进攻。中国守军再也不能忍受日军的挑战，奋起还击。日军在一天之内连续进攻三次，全部被中国守军击退。

7月8日，中共中央向全国发出通电，指出中华民族已经到了危急关头，只有实行全面抗战，中国才会有出路。中共中央还通电号召全国人民团结起来，保卫华北，不让日本帝国主义占领中国寸土。7月17日，蒋介石发表《庐山讲话》，表示"地无分南北，人无分长幼，无论何人，皆有守土抗战之责任"。抗日战争终于全面爆发。

9月22日，国共两党正式建立第二次合作。中共发表《抗日救国十大纲领》，动员全国人民进行全面抗战。红军经过改编，成为国民革命军第八路军和陆军新编第四军。国民党军队承担的正面战场同共产党领导的八路军、新四军以及其他人民军队开辟的敌后战场相互配合，开始了长达八年的抗日战争。

第十三节　南京大屠杀

1937 年淞沪会战结束后，日军直逼南京，企图用武力迫使中国投降。12 月 9 日，日军开始大举攻城。15 万南京守城部队与日军交战三四天就全军溃败。守城总司令唐生智仓皇而逃，中国军队被迫撤退。

12 月 13 日，日军侵占南京。谷寿夫师团从中华门进入南京，血洗了聚集在中山北路、中央路的难民区，南京大屠杀拉开了序幕。14 日，日军又在汉西门外集体屠杀难民和非武装军警 7000 余人。15 日，日军将俘虏的南京军民 9000 多人押到上元门外鱼雷营边，进行了集体屠杀，仅有 9 人幸免遇难。16 日，日军在下关煤炭港、鼓楼四条巷杀害中国人数万名。18 日，在谷寿夫的指挥下，日军将被囚禁在幕府山的男女老幼五万七千多人，以铅丝捆扎，驱赶到下关草鞋峡，用机枪射杀。一些躺在血泊之中但还能挣扎的人，都被用乱刀戳死，尸体被浇上煤油焚化，还有一些被扔进了长江。

杀人比赛

这场屠杀进行了六周。日本人以"搜查中国逃散官兵"为由，随意闯入百姓屋子里烧杀抢掠，见到青壮年男子当场就开枪射杀。对于在战场上抓获的中国官兵，或是集体枪杀，或是挖坑活埋。他们用尽一切灭绝人性的手段来残害南京的军民。他们把人头砍下后，就挂在城外的铁丝网上。有人叫骂怒视，就猛锥他的眼睛，再用刺刀穿破喉咙。至于焚尸灭迹，奸杀妇女的事情更是经常发生。日本人为了取乐，甚至搞起了杀人竞赛。日本的报纸《东京日日新闻》上以"杀人记录超百人"为题，刊登了日本士兵手拿战刀准备杀人的照片。杀人最多的一个日本士兵，竟然一连杀了 106 个中国人。南京顿时尸骨遍地，血流成河。

在长达六周的南京大屠杀中，仅被集体枪杀和活埋的中国军民就达 19 万人，零散被杀害能找到尸体的有 15 万人之多。中国军民在这次屠杀事件中遇害人数将近 40 万。这次事件日军手段之残忍，杀害的人数目之多，在现代战争中是罕见的。就连一个德国法西斯者在给德国政府做的报告中，也说日军简直就是"兽类的集团"。日本无条件投降以后，南京大屠杀的两个指挥者谷寿夫和松井石根被判处死刑。

第十四节　皖南事变

在抗日战争中，中国共产党领导的人民武装在敌后日益壮大，引起了蒋介石的强烈恐慌，他又掀起了一股破坏国共合作的逆流。

1939 年 1 月，国民党确定了"融共、防共、限共、反共"的方针，掀起了战时的第一次反共高潮。共产党针对这种情况以"有理、有利、有节"为斗争原则，坚决抵抗国民党军队，彻底粉碎了第一次反共高潮。1940 年 7 月，新四军渡过长江，向苏北发展。蒋介石再次命令国民党军队向新四军进攻。新四军以少胜多，大破敌军。国民党见在苏北无法抑制新四军的发展，便蓄意消灭在皖南的新四军，发动了第二次反共高潮。

1940 年 10 月，国民党当局指使何应钦、白崇禧以国民党政府军事委员会参谋总长的名义，打电报给朱德、彭德怀、叶挺，指责八路军、新四军自由扩充，吞并友军，限令新四军在一个月内全部撤到黄河以北。中国共产党严词拒绝这种无理要求，揭露国民党的反共阴谋。同时为了顾全大局，共同抗日，他们答应将皖南新四军调到江北。

1941 年 1 月 6 日至 14 日，新四军军部与所属部队 9000 人走到皖南泾县茂林地区，遭到国民党 7 个师 8 万余人的重重包围攻击。新四军顽强抵抗七昼夜，终于因为寡不敌众，除了两千余人逃出包围圈外，大部分壮烈牺牲，一小部分被俘，军长叶挺被扣，政委兼副军长项英遇害。这就是震惊中外的皖南事变。

事后，蒋介石宣布新四军为叛军，取消番号，将叶挺"交军法审判"。中共中央与国民党针锋相对，严厉谴责国民党反动派的暴行，并任命陈毅为新四军代理军长，刘少奇为政治委员，重建军部。周恩来于1月18日在重庆出版的《新华日报》上写了"千古奇冤，江南一叶，同室操戈，相煎何急！"的悼词，冲破国民党的封锁，把皖南事变的真相公布出来。

国民党反动派置民族危亡于不顾，残杀新四军的行为，遭到国内各方面的反对。国民党左派人士、民主党派和民主人士纷纷发起对国民党当局的抗议活动。英国和美国担心日本独占中国，也不赞成国民党发动内战。形势如此，国民党的第二次反共高潮只能悄然收场。

第十五节　日本战败投降

抗日战争到了1941年出现了转机。日本侵略者见一时之间难以征服中国，就开始将战场转移到别的地方。

1941年12月7日，日本出动飞机偷袭美国海军基地珍珠港，击沉击伤美国主力舰8艘、战斗机230架。太平洋战争爆发，英美对日宣战。日本节节胜利，在半年的时间里就先后攻占了香港、新加坡、菲律宾、印度尼西亚等地，控制了几乎整个东南亚。

日本投降（油画）

1942年，美军开始了对日本的反击战，逐渐掌握了战争的主动权。1944年，日本四面受敌，陷入被动。但日本并不甘心失败，从1944年6月开始，日本发动了对中国的一系列猛攻，企图迫使蒋介石政府投降，以解燃眉之急。

就在这时，美军开始大规模进攻东南亚的日本占领区，并对日本本土进行轰炸；1945 年 4 月，八路军、新四军等抗日武装从敌后对日军发动了攻击，争取到了战略上的主动权，7 月，国民政府军事委员会宣布全面反攻。8 月 6 日，美国空军在日本广岛投下了第一颗原子弹，造成了 40 万人伤亡。8 月 8 日，苏联军队进入中国东北，击溃了日本关东军。8 月 9 日，美国空军在日本长崎投下了第二颗原子弹，伤亡 10 万多人。8 月 10 日，朱德连发七道命令，命八路军及所属部队向全国各地进发，迫使日军投降。

在这种情况下，日本政府被迫于 10 日下午通过瑞士正式向中国转达投降请求。消息传到中国后，举国振奋。人们四处燃放炮竹，狂欢庆祝。重庆的市民们骑着车敲锣打鼓，绕城相告。在上海，人们自发地上街游行，欢呼中华民族的解放和胜利。抗日根据地接到消息后，迅速组织宣传队奔赴农村，传播胜利的消息。晚上，人们用木头棍扎成火炬，游行欢庆。

8 月 14 日，日本最高首脑会议在日本皇宫防空室里举行，讨论无条件投降的诏书问题。8 月 15 日，日本天皇正式播发《停战诏书》，宣布无条件投降。9 月 2 日，在美国密苏里号军舰上举行了日本投降签字仪式。中国代表在投降书上签字，接受投降。9 月 9 日，中日双方在南京举行受降典礼。历时八年的抗日战争终于胜利结束了。

第十六节　重庆谈判

抗日战争胜利以后，中国已是满目疮痍，人们渴望和平。社会各界人士强烈呼吁国共双方进行政治谈判，避免内战发生。

迫于国内舆论的压力，蒋介石一面在美国的支持下加紧准备内战，一面大肆玩弄"和平"阴谋。1945 年 8 月，蒋介石连发三次电报，邀请毛泽东到重庆进行"和平谈判"。蒋介石的如意算盘是：如果毛泽东不去，就借此宣布中共无和平诚意，把内战的责任加到共产党的身上；如果毛泽东去了，他们就可以利用谈判时机，进行内战部署。

为了尽可能争取和平民主，也为了揭露蒋介石的阴谋，团结教育人民，中共中央决定派毛泽东、周恩来、王若飞等赴重庆和国民党谈判。在重庆谈判期间，共产党为了顾全大局，主动作出让步，承认国民政府和蒋介石的领导地位；但要求承认共产党的合法地位，承认解放区部队及地方政权的合法地位等等。但是，国民党不肯承认接受共产党提出的十一点意见，坚持要求共产党"放弃地盘，交出其军队"。为了向共产党施加压力，蒋介石还命令阎锡山在谈判期间向共产党解放区发动进攻。在刘伯承和邓小平的指挥下，共产党军队坚决打击来犯之敌，俘获了国民党大批高级军官，有力地加强了共产党在谈判中的地位。

经过 43 天的谈判和斗争，1945 年 10 月 10 日，国共双方签订了《政府与中共代表会议纪要》。蒋介石被迫同意共产党提出的和平建国基本方针，同意召开有各党派代表及社会各界人士参加的政治协商会议。但在解放区政权和军队这个根本问题上，双方仍未能达成协议。

1946 年 1 月，在全国人民要求和平民主的压力下，蒋介石被迫在重庆召开政治协商会议。参加政治协商会议的人员有国民党、共产党、其他党派和无党派人士的代表共 38 人。会议通过了有关国家宪法、政治、军事问题的一系列协议，确认了和平建国的基本方针，实际上否定了国民党的一党专政，显示出人民要求民主、和平、反对内战的强烈愿望。可是不久以后国民党就把政治协商会议的精神破坏了。

1946 年 3 月，国民党进攻东北的营口、本溪等地，5 月攻陷长春，6 月进攻中原解放区，国民党开始发动全面内战，国共关系完全破裂了。

第十七节　三大战役

内战爆发初期，由于敌强我弱，解放军一直处与战略防御阶段。到 1948 年时，中国共产党的实力已经增长到与国民党相当的地步，转入战略反攻阶段。

当时，东北战场形势非常有利。国民党军在东北地区的总兵力共 48 万人，分别收缩在长春、沈阳、锦州三个孤立地区。东北野战军70余万人，在广大人民群众的支援下，于1948年9月12日发起了辽沈战役。10月14日，林彪率领东北野战军开始向锦州发起总攻。经过31个小时的激战，全歼10万多守城的国民党士兵，锦州解放。东北国民党军从陆上撤向关内的道路完全关闭。11月1日，野战军部队向沈阳市发动总攻。2日，将沈阳占领，歼国民党军13万人，俘获将级军官27人，高级军官66人。11月2日，解放军向营口市发起攻击，经过3小时的激战，营口被攻克，歼国民党军1.4余万人。辽沈战役胜利结束，东北全境解放，一共歼灭国民党军47万人。

1948年11月6日，淮海战役打响。在这次战役中，双方都集结了主力部队，规模之大是三大战役之最。蒋介石想在这里阻止解放军南进，派了陆军总司令顾祝同亲自布阵，并派兵团分别把守徐州四周各点，总兵力共80万人。解放军想在这里把国民党主力歼灭，也派出刘伯承、陈毅、邓小平等人，组成解放军总前委，领导作战。解放军还从华东、中原、华北各地方调来援军，总兵力有60万之多。战役共进行65天，人民解放军以13万人的伤亡代价，全歼国民党军55万余人，基本解放了长江以北的华东、中原地区，消灭了国民党的主力，国民党统治集团从此陷入了土崩瓦解的状态。

辽沈战役结束后，淮海战役还在顺利进行时，北平、天津一带的国民党军共60余万人收缩兵力，企图通过海运南逃或向西退到绥远。刚刚打完辽沈战役的东北野战军迅速挥师入关，与聂荣臻率领的华北兵团会合。当敌人发觉时，以北平、天津为中心的一条狭长地带已经被完全包围了。1949年1月15日，解放军攻克天津，负责守卫华北的傅作义被困在北平。他考虑到北平是中国古都，市内古建筑和文物古迹比比皆是，就接受了解放军和平解放的条件。1月31日，北平和平解放。

三大战役胜利结束后，中国人民解放军控制了东北、华北大部分和华中部分地区，解放全国指日可待。

第十八节　中华人民共和国成立

三大战役胜利以后，蒋介石被迫发表了求和声明，国共双方举行了谈判。但双方分歧太大，不久，谈判就破裂了。

1949 年 4 月 20 日夜里，人民解放军兵分三路强渡长江，向南京发起总攻。4 月 23 日，解放军攻进南京，在总统府插上了解放军的军旗，结束了蒋介石和国民党 22 年的统治。蒋介石从此退出大陆，撤到台湾。到 1950 年，中国大陆除西藏以外全部解放。

1949 年 9 月 21 日，中国人民政治协商会议第一届全体会议在北平中南海怀仁堂召开。这次会议由中国共产党发起并领导。参加会议的代表有各民主党派、无党派民主人士、人民团体代表和中国共产党代表。大会讨论了中华人民共和国成立的有关事宜，决定将新中国的国都定于北平，北平该名为北京；以《义勇军进行曲》为代国歌；中华人民共和国的国旗为五星红旗；新中国采用公元纪年。大会还选出了以毛泽东为主席的由 180 人组成的中国人民政治协商会议全国委员会。同时选举了由 63 人组成的中央人民政府委员会，毛泽东任中央人民政府主席。

10 月 1 日下午两点，中央人民政府委员会在北京就职，并举行第一次会议。会议决定：宣告中华人民共和国中央人民政府成立。会议选举林伯渠为中央人民政府委员会秘书长，任命周恩来为国务院总理兼外交部长；毛泽东为军委主席；朱德为中国人民解放军总司令。

当天下午，北京 30 万军民在天安门广场会集，参加开国大典。下午 3 点，毛泽东等党和国家领导人登上天安门城楼。乐队奏响国歌《义勇军进行曲》，54 门礼炮齐鸣 28 响。毛泽东在国歌的旋律中按动电钮，亲自升起中华人民共和国的第一面国旗，并向全世界庄严宣告中华人民共和国成立了。朱德总司令宣读了中国人民解放军总部命令，党和国家领导人检阅了海、陆、空三军队伍和群众们的游行队伍。这一天的夜晚，礼花齐放，灯火通明，北京各界人士都聚集在天安门广场，共同分享着新中国成立的喜悦。庆典一直持续到晚上 9 点 25 分才结束。

中华人民共和国的成立，结束了中国人民被压迫被奴役的历史，对国际局势和全世界人民的解放斗争产生了深远影响。从此，中华大地开始了社会主义中国的新纪元。

中国历史大事年表

一、原始社会（约170万年前到约公元前21世纪）

约170万年前元谋人生活在云南元谋一带。

约70~20万年前北京人生活在北京周口店一带。

约18000年前山顶洞人开始氏族公社的生活。

约5~7千年前河姆渡、半坡母系氏族公社。

约4~5千年前大汶口文化中晚期，父系氏族公社。

约4000多年前传说中的黄帝、尧、舜、禹时期。

二、奴隶社会（公元前2070年到公元前476年）

约公元前21世纪夏朝建立。

约公元前16世纪商汤灭夏，商朝建立。

约公元前14世纪盘庚迁都至殷。

约公元前11世纪武王灭殷，西周时期开始。

公元前841年国人暴动，共和行政。我国历史开始有确切纪年。

公元前771年犬戎攻入镐京，周幽王被杀，西周结束。

公元前770年周平王迁都洛邑。东周春秋时期开始。

公元前685年齐桓公即位，任管仲为相。

公元前684年齐鲁长勺之战。

公元前656年齐桓公率鲁、宋等七国联军伐楚。

公元前638年宋、楚泓水之战，宋襄公败。

公元前632年晋、楚城濮之战，楚军大败，晋文公称霸。

公元前623年秦穆公称霸西戎。

公元前597年晋楚邲之战，晋军大败。楚庄王称霸。

公元前551年孔子生。

公元前506年吴王阖闾伐楚。

公元前 496 年越王勾践大败吴军，阖闾死。吴王夫差即位。

公元前 475 年战国时期开始，我国进入封建社会。

公元前 473 年越王勾践灭吴。

公元首 403 年韩、赵、魏三家被立为诸侯。

三、封建社会（公元前 475 年到公元 1840 年）

公元前 359 年（一说，前 356 年）商鞅在秦变法开始。

公元前 341 年马陵之战，孙膑大败魏军。

公元前 307 年赵武灵王实行胡服骑射。

公元前 284 年乐毅率五国联军伐齐。

公元前 283 年蔺相如完璧归赵。

公元前 279 年田单用火牛阵攻燕，恢复齐国。

公元前 278 年诗人屈原投汨罗江。

公元前 270 年范睢入秦，秦实行远交近攻计。

公元前 260 年长平之战，秦白起大破赵括。

公元前 257 年魏信陵君救赵，大破秦军。

公元前 256 年秦灭周。

公元前 238 年秦王政亲政。

公元首 227 年荆轲刺秦王失败。

公元前 230 ~ 前 221 年秦灭六国。

公元前 221 年秦王改称始皇帝，建立郡县制。

公元前 213、前 212 年秦始皇焚书坑儒。

公元前 210 年秦始皇死，李斯、赵高立二世皇帝。

公元前 209 年陈胜、吴广起义，刘邦、项梁起兵。

公元前 207 年巨鹿之战，项羽大破秦军。

公元前 206 年刘邦灭秦。刘邦被封汉王。西汉纪年开始。

公元前 202 年楚汉战争结束，项羽自杀，刘邦称帝。

公元前 200 年汉高祖在白登被围。

公元前 196 年汉高祖杀韩信、彭越。

公元前 188 年吕太后临朝。

公元前 180 年吕太后死，陈平、周勃迎汉文帝即位。

公元前 167 年缇萦上书，汉文帝废除肉刑。

公元前 154 年吴楚七国之乱。

公元前 138、前 119 年张骞两次出使西域。

公元前 133 年汉武帝诱匈奴兵至马邑，汉、匈之间战争开始。

公元前 119 年卫青、霍去病大败匈奴，匈奴退至大漠西北。

公元前 100 年苏武出使匈奴，被扣留（十九年后回汉）。

公元前 99 年司马迁下狱。

公元前 87 年汉昭帝即位，霍光辅政。

公元前 33 年呼韩邪单于到长安，王昭君去匈奴。

公元 8 年王莽建立新朝，西汉亡。

公元 17 ~ 27 年绿林、赤眉起义。

公元 23 年昆阳之战，刘秀大破王莽军，新朝亡。

公元 25 年刘秀建立东汉。

公元 67 年汉使者从天竺取佛经回国。

公元 73 年班超第一次出使西域。

公元 132 年张衡制作地动仪。

公元 166 年第一次党锢事件。

公元 169 年第二次党锢事件，李膺、范滂等被杀。

公元 184 年张角领导黄巾军起义。

公元 189 年董卓进洛阳。

公元 190 年关东州郡起兵讨董卓。

公元 196 年曹操迎汉献帝迁都许昌。

公元 200 年官渡之战，曹操大败袁绍。

公元 208 年赤壁之战，孙权、刘备联军大破曹军。

公元 214 年刘备进占益州。

公元 220 年曹操死。曹丕称帝，国号魏。东汉亡。

公元 221 年刘备称帝，国号汉，史称蜀汉。

公元 222 年彝陵（猇亭）之战，刘备被陆逊所败。

公元 225 年诸葛亮平定南中，七擒孟获。

公元 229 年孙权称帝，国号吴。

公元 234 年诸葛亮屯兵五丈原，病死。

公元 249 年司马懿杀曹爽。

公元 263 年钟会、邓艾攻蜀，蜀亡。

公元 265 年司马炎废魏帝，建立西晋，魏亡。

公元 280 年晋杜预、王浚等伐吴，吴亡。

公元 291～306 年八王之乱。

公元 301 年氐族人李特率流兵起义。

公元 308 年匈奴人刘渊称帝。

公元 316 年匈奴刘曜攻占长安，西晋亡。

公元 317 年司马睿在建康即位，东晋开始。

公元 319 年羯族人石勒称赵王。

公元 354 年桓温北伐，到达灞上。

公元 376 年前秦苻坚统一北方。

公元 383 年淝水之战，苻坚大举进攻东晋失败。

公元 399 年孙恩起义。

公元 420 年刘裕建立宋朝（刘宋），东晋亡。南北朝开始。

公元 439 年北魏统一北方。

公元 462 年祖冲之创大明历。

公元 479 年萧道成称帝，建立南齐，宋亡。

公元 493 年北魏孝文帝迁都洛阳。

公元 502 年萧衍称帝，建立梁朝，南齐亡。

公元 523 年六镇起义。

公元 534 年北魏分裂为西魏、东魏。

公元 548~552 年侯景之乱。

公元 550 年高洋建立北齐，东魏亡。

公元 557 年陈霸先称帝，建立陈朝，梁亡。宇文觉建立北周。西魏亡。

公元 531 年杨坚称帝，建立隋朝，北周亡。

公元 589 年隋灭陈，统一中国。

公元 605 年隋建东都，开凿大运河。

公元 611 年隋末农民大起义开始。

公元 613 年隋炀帝再征高丽失败。杨玄感反隋。

公元 617 年瓦岗军占领兴洛仓；李渊太原起兵。

公元 618 年李渊称帝，建立唐朝；隋炀帝被杀，隋亡。

公元 621 年李世民平定东都。

公元 626 年玄武门之变，唐太宗即位。

公元 629 年玄奘赴天竺取经。

公元 630 年唐灭东突厥。各族君长尊称唐太宗为"天可汗"。

公元 641 年唐文成公主和吐蕃松赞干布结婚。

公元 683 年唐高宗死，武则天临朝。

公元 690 年武则天称帝，改国号为周。

公元 712 年唐玄宗即位，次年任姚崇为相。

公元 755 年安禄山叛乱，颜杲卿、颜真卿发兵抵抗。

公元 756 年马嵬驿兵变。唐肃宗即位。

公元 757 年张巡、许远守睢阳；郭子仪等收复长安、洛阳。

公元 762 年诗人李白死。

公元 763 年安史之乱结束。

公元 770 年诗人杜甫死。

公元 783 年朱泚之乱。

公元805年王叔文改革（永贞革新）。

公元817年裴度、李愬想平定淮西。

公元824年文学家韩愈死。

公元835年甘露之变。

公元846年诗人白居易死。

公元874年王仙芝起义。

公元880年黄巢进长安，建立大齐政权。

公元907年朱温称帝，建立后梁。唐朝亡，五代时期开始。

公元916年契丹耶律阿保机称帝。

公元923年李存勖灭后梁，建立后唐。

公元936年石敬瑭借契丹兵灭后唐，建立后晋，割让燕云十六州给契丹。

公元946年契丹灭后晋。

公元947年契丹改国号为辽。刘知远称帝，建立后汉。

公元951年郭威称帝，建立后周，后汉亡。

公元954年高平之战，周世宗大败北汉。

公元959年周世宗死。

公元960年赵匡胤称帝，建立北宋，后周亡。五代结束。

公元986年北宋征辽失败，杨业战死。

公元993年王小波、李顺起义。

公元1004年寇准保宋真宗亲征，宋辽澶渊之盟。

公元1038年党项族元昊称帝，建立西夏。

公元1043年范仲淹实行新政。

公元1069年王安石变法开始。

公元1084年司马光完成《资治通鉴》。

公元1115年女真族完颜阿骨打称帝，建立金朝。

公元1120年方腊起义。

公元 1125 年金灭辽。

公元 1127 年金兵攻入东京，北宋亡。宋高宗即位，南宋开始。

公元 1130 年钟相起义。韩世忠在黄天荡阻击金军。

公元 1140 年郾城之战，岳飞大破金军。

公元 1141 年宋金绍兴和议。次年，岳飞被杀害。

公元 1161 年采石之战，虞允文大败金军。

公元 1162 年辛弃疾到建康。

公元 1206 年韩侂胄北伐失败。铁木真统一蒙古，称成吉思汗。

公元 1210 年诗人陆游去世。

公元 1234 年蒙古灭金。

公元 1271 年忽必烈称帝，定国号为元。

公元 1276 年元军攻占临安。

公元 1279 年元军攻占厓山，南宋亡。

公元 1283 年文天祥就义。

公元 1351 年红巾军起义。

公元 1368 年朱元璋称帝，建立明朝；明军攻入大都，元亡。

公元 1403 年燕王朱棣进应天，建文帝下落不明。

公元 1403～1433 年郑和七次下西洋。

公元 1449 年土木堡之变；于谦率军民保卫北京。

公元 1457 年夺门之变；于谦被杀害。

公元 1510 年刘六、刘七起义。

公元 1565 年戚继光、俞大猷基本肃清倭寇。

公元 1572 年张居正辅改开始。

公元 1593 年李时珍去世。

公元 1601 年葛贤领导苏州织工反税监斗争。

公元 1616 年努尔哈赤建立后金。

公元 1619 年萨尔浒之战。

公元 1625 年杨涟、左光斗被阉党杀害。

公元 1626 年苏州市民暴动，颜佩韦等五人就义。宁远之战，努尔哈赤受重伤死。

公元 1628 年陕北农民起义。

公元 1633 年徐光启去世。

公元 1636 年李自成称闯王。后金皇太极称帝，改国号为清。

公元 1641 年李自成破洛阳，张献忠破襄阳。徐霞客去世。

公元 1644 年李自成建大顺政权，入北京，明朝亡；吴三桂降清，清兵入关。

公元 1645 年清兵南下，史可法守扬州。

公元 1647 年夏完淳被害。

公元 1652 年李定国在桂林击败清军。

公元 1662 年郑成功收复台湾。

公元 1681 年康熙帝平定三藩之乱。

公元 1682 年顾炎武去世。

公元 1685、1686 年雅克萨之战。

公元 1689 年中俄订《尼布楚条约》。

公元 1690、1696、1697 年康熙帝三征噶尔丹。

公元 1764 年曹雪芹去世。

公元 1782 年《四库全书》修成。

公元 1796 ~ 1805 年白莲教大起义。

公元 1840 年鸦片战争。

公元 1842 年 中英《南京条约》签订。

公元 1851 年 金田起义、太平天国建立。

公元 1856 年 ~ 1860 年 第二次鸦片战争。

公元 1858 年《爱珲条约》、《天津条约》的签订。

公元 19 世纪六七十年代 中国民族资产阶级产生。

公元 1860 年《北京条约》的签订。

公元 1864 年 天京陷落、太平天国运动失败。

公元 1883 年 ~ 1885 年 中法战争。

公元 1894 年 ~ 1895 年 甲午中日战争。

公元 1895 年 中日《马关条约》签订。

公元 19 世纪 90 年代 帝国主义在中国强占"租借地"划分"势力范围"。

公元 1898 年 戊戌变法。

公元 1900 年 义和团运动高潮，八国联军侵略中国。

公元 1901 年《辛丑条约》签订。

公元 1905 年 中国同盟会成立。

公元 1911 年 黄花岗起义、保路运动、武昌起义。

四、近代史民国（1912 年到 1949 年）

公元 1912 年 中华民国建立。

公元 1913 年 二次革命。

公元 1915 年 新文化运动、护国运动开始。

公元 1916 年 袁世凯恢复帝制失败。

公元 1919 年 五四运动爆发。

公元 1921 年 中国共产党成立。

公元 1923 年 京汉铁路工人大罢工。

公元 1925 年 五卅惨案、五卅反帝运动爆发。

公元 1926 年 国民革命军出师北伐。

公元 1927 年 南京国民政府建立，南昌起义。

公元 1928 年 井冈山会师。

公元 1931 年 九·一八事变。

公元 1934 年 红军长征开始。

公元 1936 年 西安事变。

公元 1937 年 卢沟桥事变，日军南京大屠杀。

公元 1940 年 百团大战。

公元 1941 年 皖南事变。

公元 1947 年 发动"反饥饿、反内战、反迫害"的爱国运动。

公元 1949 年 中华人民共和国成立。